Statistics and Computing 系列

R 语言统计入门（第 2 版）

[丹麦] Peter Dalgaard 著
郝智恒 何通 邓一硕 刘旭华 译

人民邮电出版社
北京

图书在版编目（CIP）数据

R语言统计入门：第2版 /（丹）达尔加德
(Dalgaard, P.) 著；郝智恒等译. -- 北京：人民邮电
出版社，2014.6
ISBN 978-7-115-34863-0

Ⅰ. ①R… Ⅱ. ①达… ②郝… Ⅲ. ①统计分析－统计
程序 Ⅳ. ①C819

中国版本图书馆CIP数据核字(2014)第068077号

版权声明

Translation from English language edition: Introductory Statistics with R by Peter Dalgaard
Copyright © 2008 Springer New York
Springer New York is a part of Springer Science+Business Media
All Rights Reserved.

本书中文简体字版由施普林格出版社授权人民邮电出版社出版。未经出版者书面许可，不得以任何方式复制或抄袭本书任何部分。
版权所有，侵权必究。

◆ 著　　　[丹麦] Peter Dalgaard
　　译　　　郝智恒　何 通　邓一硕　刘旭华
　　责任编辑　王峰松
　　责任印制　彭志环　焦志炜

◆ 人民邮电出版社出版发行　北京市丰台区成寿寺路11号
　　邮编　100164　电子邮件　315@ptpress.com.cn
　　网址　http://www.ptpress.com.cn
　　北京天宇星印刷厂印刷

◆ 开本：700×1000　1/16
　　印张：20　　　　　　　　2014年6月第1版
　　字数：448千字　　　　　2024年7月北京第33次印刷
　　著作权合同登记号　图字：01-2013-6324号

定价：59.90元
读者服务热线：(010)81055410　印装质量热线：(010)81055316
反盗版热线：(010)81055315

内容提要

本书以最恰当的方式向初学者介绍了 R 语言的全貌,内容涵盖基本的 R 编程方法、基本数据处理和一些高级数据操作的技巧,有助于读者理解 R 向量化编程的特点。此外,作者在本书中还详细描述了包含回归分析、假设检验、广义线性模型、非线性拟合等常用统计方法的原理。虽然本书以实际案例解析居多,但是并非不重视理论,作者恰当而到位地描述了理论方面的内容,既不晦涩,也非浅薄,而是向读者打开了一扇窗。作者希望这本书可以作为一道"开胃菜"引导更多的人投入到对统计和 R 的研究之中。

译者序

就在几年前，R 还被普遍认为是一个只适合学术研究，无法普遍使用于业界的统计软件。运算速度缓慢，无法处理大量数据，由统计学家发明而欠缺工程基因，开源而没有保障，这些都是 R 为人所诟病的。然而，短短的几年时间，这个世界已经发生了翻天覆地的变化。而在这场变化中，R 逐渐崭露头角，从学术界到业界，R 已经稳稳占据了一席之地。近几年的中国 R 语言大会，来自业界的 R 应用分享越来越多，R 所为人诟病的方面也在逐渐获得解决，R 几乎实现了从学界到业界的跨越，而且势头越来越猛。可以预见的是，R 的应用场景将更加广阔。而这一切，正是"开源的胜利"。

R 语言发展速度快，覆盖范围广，让人眼花缭乱。然而，有时停下来读读经典，看看这门语言最初的样子，也许会更加豁然开朗。Introductory Statistics with R 当属经典，作者 Peter Dalgaard 是 R 语言核心小组成员，而这本书也以最恰当的方式向初学者介绍了 R 的面貌。本书内容涵盖了基本的 R 语言编程方法、基本数据处理和一些高级数据操作的技巧，有助于读者理解 R 向量化编程的特点。此外，作者在本书中详细描述了包含回归分析、假设检验、广义线性模型、非线性拟合等常用统计方法的原理，内容全面。虽然本书以实际案例解析居多，但是并非不重视理论，作者恰当而到位地描述了理论方面的内容，既不晦涩，也非浅薄，而是向读者打开了一扇门。作者希望这本书可以作为一道"开胃菜"，引导更多人投入到对统计和 R 的研究之中。

我们坚信开源，分享和贡献会让这个世界变得更美好，并以我们自己的方式在努力。翻译者均来自中国 R 语言开源社区统计之都，目标也都非常单纯，因为他们在这个社区获得了帮助，也想更多地做出自己的贡献。来自中国农业大学数学系的副教授刘旭华翻译了本书的第 1 章至第 4 章，来自中山大学数学学院的何通翻译了第 5 章至第 8 章，统计之都的理事邓一硕翻译了第 9 章至第 12 章，来自淘宝的数据挖掘工程师郝智恒翻译了最后 4 章。何通和郝智恒对本书终稿进行了校对。南开大学数学院老师高建召对本书中一些疑难的翻译做了指导和校正。

由于译者对 R、统计以及对中文和英文的了解都非常有限，所以本书的中文译作难免会出现错误，欢迎读者反馈各种意见和建议。

献给 Grete，感谢她一直陪伴在我的身边

前言

R 是一款统计计算编程语言，你可以在通用公共许可（GPL）规则下从互联网获取它。也就是说，你可以免费获取它、发布它，甚至拿它来卖钱，只要获取者与你有相同的权利，并且可以免费获得源代码。R 可以在微软公司的 Windows XP 以及之后的版本中使用，在 UNIX，Linux 以及苹果公司的 Macintosh OS X 系统中也可以使用。

R 提供了统计计算以及绘图的环境。事实上，R 是一款完整的编程语言，尽管这一点在本书中鲜有提及。本书中，我们主要学习一些基本的概念，并且研究一些有指导性的例子。

R 可以在某个统计计算结果的基础上再进行扩展计算。此外，R 的数据可视化系统既允许我们使用诸如 plot(x,y) 这样的简单命令来进行绘图，也提供了对图形输出更好的控制。正因为 R 是一款编程语言，所以 R 非常灵活。其他一些统计软件，提供了更好的交互以及菜单表格类的选项接口，但是通常这样用户友好的界面反而会限制使用者进一步探索。尽管一些基本的统计只需要一些固定的计算过程，但是对于一个稍微复杂的数据进行建模，就需要一些特别设定的计算，而 R 的灵活性在这时就会成为显著的优势。

R 之所以被称为"R"，其实是一个互联网式的幽默。也许你知道 C 语言（C 语言之所以被称为 C 也是有一段故事的）。受到这种命名方式的启发，Bechker 和 Chambers 在 20 世纪 80 年代早期为他们新发明的语言起名为 S。这种语言后来被发展成一个商用的版本 S-PLUS，并被全世界各地的统计学家广为使用。新

2　前言

西兰奥克兰大学的 Ross Ihaka 和 Robert Gentleman 为了教学目的，写了一个 S 的简化版。这两位先生的名字都以 R 开头，好吧，还有什么理由拒绝以 R 作为这个语言的名字呢？

在 1995 年，Martin Maechler 劝说 Ross 和 Robert 在 GPL 规则下公开他们 R 语言的源代码。这与当时风行一时的 Linux 系统开源运动不谋而合。R 很快给那些需要在 Linux 上进行统计计算的人带去了福音。很快，交流故障与讨论 R 发展的邮件列表就被建立起来。

在 1997 年 8 月，我受邀加入了 R 语言核心小组，并且从那时起开始负责 R 语言的发展。R 语言核心小组也经历了扩展，目前共有 19 名成员。2000 年 2 月 29 日，R1.0.0 版本问世，而本书完成之际，版本已经更新为 2.6.2。

本书基于我在哥本哈根大学健康科学系教授健康研究的基本统计课程时的一系列笔记而成。该课程本来面向医药学的博士生而设立。在本书中，内容已经做过修正，这是因为我希望它能面向更多的读者。尽管如此，本书中的例子依然大多是生物统计方面的。

后来的几年中，在爱沙尼亚塔尔图大学每年的流行病学统计实践课程中，我也将此做为向年轻的统计学家和流行病学者介绍和体验 R 的资料。

本书并非 R 的手册，而是希望借此向读者介绍一些基本的概念和技巧，从而引导大家开始进行一些统计的实战。

本书覆盖了统计学和工科一年级学生所应该掌握的基本概念。这些学生需要进一步学习更为复杂的模型，同时也需要一些实际的工程经验，其中就包括了用 R 进行编程。

对于那些仅仅把基本的统计作为工具的领域和学科，这本书的内容相对来说走得更远。多元回归以及多因子试验的分析在这些学科中很少被教授，而在实际研究中则显得很重要。我选择了一些这方面的内容，并且使得本书的内容适合于初级水平的读者。然而，为了使得本书体系完整，第 1 章和第 2 章中的某些内容可能会让某些已经熟悉 R 的读者想要跳过。

综上，这本书试图对多个人群都有帮助，但是我也不能说单单这本书对这些人就足够了。我在介绍统计方法的时候，加入了一些理论的内容，而这些内容对于统计学新人来说，只是一道"开胃菜"，希望它们能够提醒大家去探索更多的统计学知识。

第 2 版需要注意的地方

第 1 版的第 1 章做了扩展,并被拆分为两章,在一些简单统计方法介绍之后,插入了一章介绍 R 语言高级数据处理的章节。此外,还新加了两章统计方法的内容,包括泊松回归以及非线性拟合。在描述性统计的章节,也新增了一些内容。第 1 版介绍方法论的部分稍作改动,仅仅为了适应当前 R 的版本。习题部分进行了修改,所有习题答案都放在附录 D 中。

致谢

显然,如果没有我在 R 核心小组的同事与朋友的帮助,以及那些贡献 R 包的作者,还有在邮件列表里的讨论,是不会有这本书的。

我非常感谢我的同事以及助教 Lene Theil Skovgaard, Bendix Carstensen, Birthe Lykke Thomsen, Helle Rootzen, Claus Ekstrom, Thomas Scheike。此外,还要感谢塔尔图课程的 Krista Fischer, Esa Läärä, Martyn Plummer, Mark Myatt, and Michael, Hills, 以及一些参与课程的学生的反馈。此外,Bill Venables, Brian Ripley, David James 等人对本书的初稿提出了很多宝贵的建议。

最后,我最诚挚地对自由软件社区表示感谢。没有他们的努力,就没有 R 的今天。

Peter Dalgaard
哥本哈根
2008 年 4 月

目录

第 1 章 基础知识 ... 1
1.1 初始步骤 ... 1
1.1.1 大型计算器 ... 2
1.1.2 赋值 ... 3
1.1.3 向量运算 ... 4
1.1.4 标准过程 ... 5
1.1.5 作图 ... 6
1.2 R 语言基础 ... 8
1.2.1 表达式和对象 ... 8
1.2.2 函数和参数 ... 9
1.2.3 向量 ... 10
1.2.4 引用和转义序列 ... 10
1.2.5 缺失值 ... 11
1.2.6 生成向量的函数 ... 11
1.2.7 矩阵和数组 ... 13
1.2.8 因子 ... 15
1.2.9 列表 ... 16
1.2.10 数据框 ... 17
1.2.11 索引 ... 17
1.2.12 条件选择 ... 18

目录

- 1.2.13 数据框的索引 19
- 1.2.14 分组数据和数据框 20
- 1.2.15 隐式循环 21
- 1.2.16 排序 23
- 1.3 练习题 24

第 2 章 R 语言环境 25

- 2.1 会话管理 25
  - 2.1.1 工作空间窗口 25
  - 2.1.2 文本输出 26
  - 2.1.3 脚本 27
  - 2.1.4 获取帮助 27
  - 2.1.5 包 28
  - 2.1.6 内置数据 29
  - 2.1.7 attach 和 detach 29
  - 2.1.8 subset，transform 和 within .. 31
- 2.2 作图系统 32
  - 2.2.1 图形布局 32
  - 2.2.2 利用部分构造图形 33
  - 2.2.3 par 的使用 34
  - 2.2.4 组合图形 35
- 2.3 R 编程 36
  - 2.3.1 流程控制 37
  - 2.3.2 类和类函数 37
- 2.4 数据输入 38
  - 2.4.1 读取文本文件 39
  - 2.4.2 read.table 的进一步讨论 41
  - 2.4.3 数据编辑器 42
  - 2.4.4 其他程序的接口 43
- 2.5 练习题 44

第 3 章 概率和分布 45

- 3.1 随机抽样 45

3.2　概率计算和排列组合 46
3.3　离散分布 47
3.4　连续分布 47
3.5　R 中的内置分布 48
　　3.5.1　密度 48
　　3.5.2　累积分布函数 50
　　3.5.3　分位数 51
　　3.5.4　随机数字 52
3.6　练习题 53

第 4 章　描述性统计和图形 54
4.1　单组的汇总统计量 54
4.2　分布的图形展示 58
　　4.2.1　直方图 58
　　4.2.2　经验累积分布 59
　　4.2.3　Q–Q 图 59
　　4.2.4　箱式图 60
4.3　分组数据的汇总统计量 61
4.4　分组数据作图 64
　　4.4.1　直方图 64
　　4.4.2　并联箱式图 65
　　4.4.3　带状图 66
4.5　表格 68
　　4.5.1　生成表格 68
　　4.5.2　边际表格和相对频数 71
4.6　表格的图形显示 72
　　4.6.1　条形图 72
　　4.6.2　点图 74
　　4.6.3　饼图 75
4.7　练习题 76

第 5 章　单样本与双样本检验 77
5.1　单样本 t 检验 77

5.2 Wilcoxon 符号秩检验 ... 80
5.3 两样本 t 检验 ... 82
5.4 比较方差 ... 83
5.5 两样本 Wilcoxon 检验 ... 84
5.6 配对 t 检验 ... 85
5.7 配对 Wilcoxon 检验 ... 86
5.8 练习题 ... 87

第 6 章 回归与相关性 ... 88
6.1 简单线性回归 ... 88
6.2 残差与回归值 ... 92
6.3 预测与置信带 ... 95
6.4 相关性 ... 98
6.4.1 皮尔逊相关系数 ... 98
6.4.2 斯皮尔曼相关系数 ... 99
6.4.3 肯德尔等级相关系数 τ ... 100
6.5 练习题 ... 100

第 7 章 方差分析与 Kruskal-Wallis 检验 ... 102
7.1 单因素方差分析 ... 102
7.1.1 成对比较和多重检验 ... 106
7.1.2 放宽对方差的假设 ... 107
7.1.3 图像表示 ... 108
7.1.4 Bartlett 检验 ... 109
7.2 Kruskal-Wallis 检验 ... 110
7.3 双因素方差分析 ... 110
7.4 Friedman 检验 ... 114
7.5 回归分析中的方差分析表 ... 114
7.6 练习题 ... 115

第 8 章 表格数据 ... 117
8.1 单比例 ... 117

- 8.2 两个独立的比例 118
- 8.3 k 比例，检验趋势 120
- 8.4 r × c 表格 122
- 8.5 练习题 124

第 9 章 功效与样本容量的计算 126
- 9.1 功效计算原则 126
  - 9.1.1 单样本 t 及配对样本 t 检验的功效 127
  - 9.1.2 两样本 t 检验的功效 128
  - 9.1.3 近似方法 128
  - 9.1.4 比较比例的功效 129
- 9.2 两样本问题 129
- 9.3 单样本问题及配对样本检验 131
- 9.4 比例的比较 131
- 9.5 练习题 132

第 10 章 数据处理的高级技术 133
- 10.1 变量的重编码 133
  - 10.1.1 cut 函数 133
  - 10.1.2 处理因子 135
  - 10.1.3 日期的使用 136
  - 10.1.4 多变量重编码 139
- 10.2 条件计算 140
- 10.3 合并与重构数据框 141
  - 10.3.1 追加数据框 141
  - 10.3.2 合并数据框 142
  - 10.3.3 重塑数据框 144
- 10.4 数据的分组及分案例操作 146
- 10.5 时间分割 148
- 10.6 练习题 152

第 11 章 多元回归 153
- 11.1 多维数据绘图 153

- 11.2 模型设定和模型输出 ... 155
- 11.3 模型筛选 ... 157
- 11.4 练习题 ... 161

第 12 章 线性模型 ... 162

- 12.1 多项式回归 ... 163
- 12.2 过原点的回归分析 ... 165
- 12.3 设计矩阵与虚拟变量 ... 166
- 12.4 组间的共线性 ... 168
- 12.5 交互效应 ... 172
- 12.6 可重复的双因素方差分析 ... 172
- 12.7 协方差分析 ... 173
  - 12.7.1 图形描述 ... 174
  - 12.7.2 比较回归线 ... 177
- 12.8 模型诊断 ... 183
- 12.9 练习题 ... 187

第 13 章 逻辑回归 ... 189

- 13.1 广义线性模型 ... 190
- 13.2 表格化数据的逻辑回归 ... 190
  - 13.2.1 偏差表分析 ... 195
  - 13.2.2 与趋势检验之间的关联 ... 196
- 13.3 似然剖面分析 ... 197
- 13.4 让步比估计的表达 ... 199
- 13.5 原始数据的逻辑回归 ... 199
- 13.6 预测 ... 201
- 13.7 模型检查 ... 202
- 13.8 练习题 ... 206

第 14 章 生存分析 ... 208

- 14.1 重要概念 ... 208
- 14.2 生存对象 ... 209
- 14.3 Kaplan-Meier 估计 ... 210

14.4 对数秩检验 213
14.5 Cox 比例风险模型 214
14.6 练习题 216

第 15 章 比率和泊松回归 217
15.1 基本思想 217
15.1.1 泊松分布 217
15.1.2 带有常数风险的生存分析 218
15.2 泊松模型的拟合 219
15.3 计算比率 223
15.4 带有常数强度的模型 226
15.5 练习题 230

第 16 章 非线性曲线拟合 231
16.1 基本用法 232
16.2 寻找初值 233
16.3 自启动模型 238
16.4 剖面分析 240
16.5 更好地控制拟合算法 241
16.6 练习题 242

附录 A 获取并安装 R 以及 ISwR 包 243

附录 B ISwR 中的数据集 246

附录 C 摘要 272

附录 D 练习题答案 283

第 1 章

基础知识

本章开始学习使用 R。假定你已经有可用的安装软件和包含本书所用数据集的 ISwR 包。附录 A 给出了获取和安装软件的方法。

本书针对 R2.6.2 版本讲解。在写作本书时，这是 R 的最新版本。我将尽最大可能使得问题的陈述与你使用的操作系统无关，并假设你具有基本的操作知识，如选择菜单、移动窗口等。然而，当讲解针对特定的平台和特定的性能时，确实也可能出现例外。

1.1 初始步骤

本节介绍 R 的计算环境并引导你了解其最基本的特征。开始运行 R 是很简单的，但方法取决于你的操作平台。你可以从系统菜单启动，双击图标或在系统命令行中输入命令"R"。这将产生一个控制台窗口，或在当前终端窗口启动一个交互式程序。在这两种情形下，R 都通过问答模式工作，即你输入命令行并按下 Enter 键，然后程序运行，输出相关结果，继续要求更多的输入。当 R 在准备输入状态时，它显示的提示符是一个">"符号。R 也可以作为纯文本应用程序或批处理模式来应用，但针对本章的目的，我将假设你处于一个图形工作站上。

如果你不仅安装了 ISwR 包，而且也加载到当前搜索路径，那么只要你把书中所写的例子完全复制，它们就都应该能够运行。通过在命令提示符下输入

```
> library(ISwR)
```

完成这一步。这里你不需要理解命令是如何处理的。2.1.5 小节将给出解释。

为了看一下 R 能做什么，先试着输入下述命令行：

```
> plot(rnorm(1000))
```

这个命令抽取 1 000 个服从正态分布的随机数（rnorm=random normal），并在一个弹出式窗口中绘图。图 1.1 是在 Windows 系统下的输出结果。

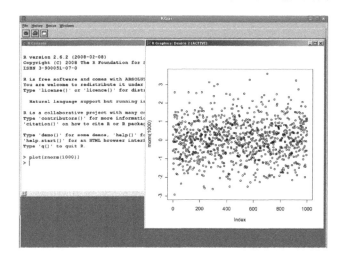

图 1.1　Windows 下 R 的屏幕

当然，此处你不需要猜测如何用特定的方法得到这个结果。选择这个例子是因为它可以展示活动中的用户界面的几个组成部分。在命令继续之前，有必要通过几个简单的例子介绍一些概念和惯例。

在 Windows 下，图形窗口设置键盘焦点在当前点上。点击控制台使其接受更多的命令。

1.1.1　大型计算器

R 中最简单的任务可能就是输入一个算术表达式并得到结果。（下面第 2 行是从机器上得到的结果。）

```
> 2 + 2
[1] 4
```

所以机器知道 2 加 2 等于 4。当然，它也知道如何做其他的常规运算。比如，如何计算 e^{-2}：

```
> exp(-2)
[1] 0.1353353
```

结果前面的[1]是 R 输出数字和向量的方式的一部分。这里它没有什么用处，但在输出较长的向量时它就有用了。括号中的数字是那一行第 1 个数字的序号，考虑从一个正态分布中产生 15 个随机数的例子：

```
> rnorm(15)
 [1] -0.18326112 -0.59753287 -0.67017905  0.16075723  1.28199575
 [6]  0.07976977  0.13683303  0.77155246  0.85986694 -1.01506772
[11] -0.49448567  0.52433026  1.07732656  1.09748097 -1.09318582
```

比如说，[6]在这里表示 0.079 769 77 是向量中的第 6 个元素。（出于排版的原因，本书采用的是缩短了的行宽。如果你在自己的机器上试一下，你将看到每一行输出的是 6 个数字而不是 5 个，数字本身也会不同，因为它们是随机产生的）。

1.1.2 赋值

即使只是一个计算器，你也会很快发现为了避免将计算中间结果一遍又一遍重复地输入，你需要某种方法来储存中间结果。像其他计算机语言一样，R 也有符号变量，即可以用来代表数值的名称。要给变量 x 赋值 2，你可以输入：

```
> x <- 2
```

字符<和-应该理解成一个符号。箭头指向的是被赋值的变量，它被称为赋值运算符。运算符中间的空格通常被 R 所忽视，但是注意到在<-之间增加一个空格会将其含义改变为"小于"号后面跟着"负号"（反之，当比较一个变量跟一个负数时，删除空格会引起意想不到的后果）。

这里没有立即可见的结果，但从现在开始，x 的值是 2 并将用于后续的算术表达式中。

```
> x
[1] 2
> x + x
[1] 4
```

在 R 中，变量名可以自由选取。它可以由字母、数字和点号构成。然而，有一个限制是不能以数字开头，数字后也不能紧跟点号。点号开头的变量名是特殊的，应尽量避免。一个典型的变量名可以是 height.1yr，可能用来描述 1 岁儿童的身高。变量名区分大小写，WT 和 wt 指的是不同的变量名。

有些变量名已经被系统使用。因此如果将它们用于其他地方，将导致混淆。最坏的情形是一些单字母变量名，如 c、q、t、C、D、F、I 和 T，但也有其他的，比如 diff、df 和 pt 等。这些大多是函数，被用作变量名通常也不会引起太大麻烦。但是，F 和 T 是 FALSE 和 TRUE 的标准简写，如果你重新定义，它们将失去原意。

1.1.3 向量运算

你不可能对单个数字做太多统计！但是，你会看到很多数据，比如说从一组病人中获得的数据。R 的强大功能之一就是把整个数据向量作为一个单一对象来处理。一个数据向量仅是数字的排列，一个向量可以通过如下方式构造：

```
> weight <- c(60, 72, 57, 90, 95, 72)
> weight
[1] 60 72 57 90 95 72
```

结构 c(...)用来构造向量。数字是编造的，但可能用来表示一组正常男性的体重（以 kg 为单位）。

这既不是 R 中输入向量的唯一方法，也不是一般首选的方法，但短向量可用于许多其他目的，故 c(...)结构还是得以广泛的应用。2.4 节将讨论读取数据的其他技术。现在，我们继续使用这一简单的方法。

你可以像对普通的数字一样对向量进行运算，只要它们有相同的长度即可。假设我们还有对应于上述体重的身高数据。一个人的体重指数（BMI）定义为体重（以 kg 为单位）除以身高（以 m 为单位）的平方。可以如下计算：

```
> height <- c(1.75, 1.80, 1.65, 1.90, 1.74, 1.91)
> bmi <- weight/height^2
> bmi
[1] 19.59184 22.22222 20.93664 24.93075 31.37799 19.73630
```

注意到该操作是按逐个元素的方式进行的（也就是说，BMI 的第一个元素是 $60/1.75^2$，以此类推），^运算符表示将一个值放到指数的位置上（在某些键盘上，^是一个"死键"，你可以通过按空格键之后使其显示）。

事实上，对不同长度的向量进行算术运算也是可能的。我们已经进行了这种计算，如在上面 height^2 的计算中，2 就是 1 维的。在这种情况下，较短的向量被循环使用了。这通常发生于长度为 1 的向量（标量），有时也会发生在其他情形下，比如在需要一个循环计算模式的时候。如果较长的向量不是较短向量的倍数的话，将会出现警告。

这些向量化计算的约定使得一些特殊的统计计算变得容易。比如，考虑上述 weight 变量的均值和标准差计算。

首先，计算均值，$\bar{x} = \sum x_i / n$：

```
> sum(weight)
[1] 446
> sum(weight)/length(weight)
[1] 74.33333
```

然后把均值保存在变量 xbar 中，继续计算 SD $= \sqrt{(\sum(x_i - \bar{x})^2)/(n-1)}$。我们逐一观察每个部分的结果，各个偏差是

```
> xbar <- sum(weight)/length(weight)
> weight - xbar
[1] -14.333333  -2.333333 -17.333333  15.666667  20.666667
[6]  -2.333333
```

注意长度为 1 的 xbar 被循环使用，被 weight 中的每一个元素减掉。偏差的平方是

```
> (weight - xbar)^2
[1] 205.444444   5.444444 300.444444 245.444444 427.111111
[6]   5.444444
```

由于该命令与之前的一个很相似，因此通过编辑之前的命令来进行输入就会很方便。在大多数运行 R 的系统中，之前的命令可以通过向上箭头键调出。

偏差平方和可以由下式得到：

```
> sum((weight - xbar)^2)
[1] 1189.333
```

最后可以得到标准差为

```
> sqrt(sum((weight - xbar)^2)/(length(weight) - 1))
[1] 15.42293
```

当然，由于 R 是一个统计计算环境，这种计算过程已经有现成的，你只需要输入下述命令就可以得到同样的结果：

```
> mean(weight)
[1] 74.33333
> sd(weight)
[1] 15.42293
```

1.1.4 标准过程

下面给出一个 R 做稍微复杂分析的例子，考虑以下内容：根据经验，一个正常体重的人的体重指数在 20～25，我们想知道的是数据是否系统地偏离了它。假设有来自于一个正态分布的 6 个人的体重指数，你可以使用单样本 t 检验方法来检验它们是否具有假设的均值 22.5。为此，你可以使用命令 t.test。（你或许不知道 t 检验的理论，这里的例子目的在于给读者一个大致的印象，什么是"真正的"统计输出。t 检验的完整介绍将在第 5 章给出。）

```
> t.test(bmi, mu=22.5)
        One Sample t-test
data:  bmi
t = 0.3449, df = 5, p-value = 0.7442
```

```
alternative hypothesis: true mean is not equal to 22.5
95 percent confidence interval:
 18.41734 27.84791
sample estimates:
mean of x
 23.13262
```

参数 mu=22.5 对一个形式参数 mu 赋值，其中的 mu 代表希腊字母 μ，通常用来表示理论均值。如果这里没有给定该值，t.test 将默认 mu=0，当然，这不是我们现在所关心的。

对于这样的检验，我们得到了比之前的例子更多的输出结果。输出的细节将在第 5 章解释，但是你可能关注 p 值，它用于对假设均值是 22.5 的检验。p 值不小，意味着如果均值确实等于 22.5 的话，那么得到那些观测数据不是不可能的。（一般来说，实际的 p 值是计算得到大于 0.344 9 或小于 –0.344 9 的 t 值的概率。）然而，你也可以看到真实均值的 95%置信区间。区间很宽，意味着我们得到的关于真实均值的信息其实很少。

1.1.5 作图

表达和分析数据的最重要的方面之一是生成适当的图形。类似于之前的 S，R 有一个构建图形的模型，可以进行简单的标准图形生成以及图形组件的精细控制。

如果你想研究 weight 和 height 之间的关系，第一想法就应是作图。命令如下：

```
> plot(height,weight)
```

执行后将得到如图 1.2 所示的结果。

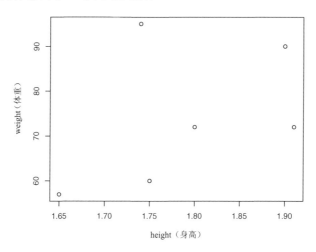

图 1.2　简单的 x-y 图

1.1 初始步骤

通常你会希望用不同的方式修改图像。为此目的,有很多作图参数供你设置。比如,我们试着使用关键字 pch(绘图符号)改变绘图符号:

```
> plot(height, weight, pch=2)
```

得到如图 1.3 所示形式,其中的点用三角符号标出。

BMI 计算的思想是这个值应该独立于人的身高,从而给出一个数字表明这个人是否超重以及超重多少。由于一个正常的 BMI 值应该是 22.5,故可以估计 $weight \approx 22.5 \times height^2$。因此,你可以在图中叠加一个基于 BMI 为 22.5 的体重估计的曲线:

```
> hh <- c(1.65, 1.70, 1.75, 1.80, 1.85, 1.90)
> lines(hh, 22.5 * hh^2)
```

得到如图 1.4 所示的形式。函数 lines 将通过一条直线将 (x, y) 值增加到现有的图中。

对 height 定义一个新的变量(hh)而不是使用原来的 height 变量的原因有两个。首先,height 和 weight 之间的关系是二次的,而非线性,虽然这一点从图上很难看出来。由于我们采用逐段的直线来近似一条曲线,因此用沿着 x 轴均匀分散的点比依赖于原始数据点的分散状态要好。第二,由于没有对 height 值排序,线段不会自动连接相邻的点,而是会在相隔很远的点间来回连接。

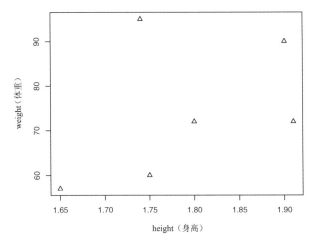

图 1.3 pch=2 的图

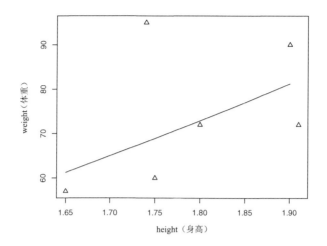

图 1.4 用 lines(...)添加一条参考曲线

1.2 R 语言基础

本节概述 R 语言的基本知识。用稍微简单的方式讲述，而将一些细节问题轻轻带过是有必要的。虽然包含一节关于编程的简单介绍，但是这部分内容的重点是介绍交互界面使用中的一些有用的东西，而不是具体编程。

1.2.1 表达式和对象

R 的一个基本交互模式是表达式求值。用户输入一个表达式，系统计算它并输出结果。一些表达式并不是为计算结果而是有一些其他用处，比如生成一个图形窗口或写入一个文件。所有的 R 表达式返回一个值（可以是 NULL），但有时它是不可见的，而且不被输出。

表达式通常包含变量引用、运算符（比如+）、函数调用，以及其他尚未介绍的项目。

表达式作用于对象。对象是一个抽象的术语，可以针对任何可以给变量赋值的事物。R 包含几种不同类型的对象。到目前为止，我们基本上只看到向量，但几种其他类型的变量也将在本章介绍。

虽然对象可以抽象地讨论,但如果没有如何生成它们以及可以用它们来做什么的例子来说明的话，读起来可能会十分枯燥。另一方面，许多表达式结构如果没有它们所针对的工作对象的知识的话，介绍起来也没有太大意义。因此，后续几节将在介绍新的对象和新的语言元素之间交替进行。

1.2.2 函数和参数

关于函数，你已经有过 R 是如何工作的印象了，我们也已经在讨论作图函数及其他函数时使用过一些特殊的术语。有一点是关键：R 中的许多工作都是通过函数调用来完成的，函数调用看起来像是一个或几个变量的数学函数的应用，比如 log(x)或 plot(height,weight)。

调用函数的格式是在函数名后由圆括号包含起来的一个或几个参数。比如在 plot(height,weight)中，plot 是函数名，参数是 height 和 weight。这些称为实参，仅适用于当前调用。函数也有形参，它们在调用中与实参相联系。

当你输入 plot(height,weight)时，R 假设第一参数对应 x，第二参数对应 y。这称为"位置匹配"。如果一个函数有很多参数，你不得不将每一个都输入而且记住它们在序列中的位置，所以使得函数调用起来很麻烦。幸运的是，R 中有方法避免这个问题：大多数参数有合理的默认值，在标准情形下可以省略，当你不希望是默认值时，也有非位置的方法指定它们。

plot 函数事实上就是一个有大量可选输入参数的例子，这些参数可以用来修改绘图符号、线宽、标题、坐标轴等。当用 plot(height, weight, pch=2)把画图符号变成三角形时，我们使用了指定参数的另外一种形式。

形式 pch=2 称为指定实际参数，它的名字可以用函数的形式参数匹配，从而允许参数的关键字匹配。关键字 pch 用来说明参数的作用是指定作图特征。这种类型的函数参数可以用任一顺序指定。因此，你可以输入 plot(y=weight,x=height)，也可以用 plot(x=height,y=weight)得到相同的图形。

参数设定的两种方式——位置和指定——可以在同一调用中混合使用。

即使一个函数调用中没有参数，你也必须写圆括号，比如 ls()用来显示工作区的内容。一个容易犯的错误就是略去了()，这将显示一段 R 代码，因为输入 ls 本身意味着你想看到函数的定义而不是去执行它。

函数的形参是函数定义的一部分。一个函数的形式参数可以通过如下方式看到，以 plot.default 为例（这个函数是当把变量 x 传递给 plot 时不指定特定的作图方法时调用的）：

```
> args(plot.default)
function (x, y = NULL, type = "p", xlim = NULL, ylim = NULL,
    log = "", main = NULL, sub = NULL, xlab = NULL, ylab = NULL,
    ann = par("ann"), axes = TRUE, frame.plot = axes,
    panel.first = NULL, panel.last = NULL, asp = NA, ...)
```

请注意，大部分参数都有默认值，这意味着假如你没有指定 type 参数，函数将认为你设定了 type="p"。对许多参数来说，NULL 被默认为参数未被具体指定的标志，允许函数内部定义一些具体的性能。比如，如果没有被具体指定，则 xlab 和 ylab 将由 x 和 y 传递的实际值来构造（具体细节在此不作过多解释）。

三联点（...）参数意味着还可以有未指定名称和数字的其他参数。这通常表示转化为其他功能，尽管有些函数对其有特殊的含义。比如，在 data.frame 和 c 中，...参数的名称就变成结果元素的名称。

1.2.3 向量

前面我们已经看到数值向量。还有其他两种向量，即字符向量和逻辑向量。

字符向量是一个字符串的向量，它的元素用引号来指定和输出：

```
> c("Huey","Dewey","Louie")
[1] "Huey"  "Dewey" "Louie"
```

用单引号或双引号都可以，只要保持引号左右两端一致则可。

```
> c('Huey','Dewey','Louie')
[1] "Huey"  "Dewey" "Louie"
```

然而，应该注意避免误用某些键盘上的撇号重音键（'）。为避免错误，本书将全部使用双引号。逻辑向量可以取值 TRUE 或 FALSE（或 NA；见 1.2.5 小节）。在输入的时候，你可以用简写 T 和 F（如果你足够仔细没有重新定义它们的话）。跟其他向量类型一样，逻辑向量也用 c 函数来定义：

```
> c(T,T,F,T)
[1] TRUE  TRUE  FALSE  TRUE
```

实际上，你不必经常指定如上形式的逻辑向量。更常用的是在函数调用中，使用一个单个的逻辑值决定打开还是关闭一个选项。多值向量通常会产生关系表达式：

```
> bmi > 25
[1] FALSE FALSE FALSE FALSE  TRUE FALSE
```

我们将在 1.2.12 小节条件选择情形下再回到关系表达式和逻辑运算上来。

1.2.4 引用和转义序列

对带引号的字符串需要特殊的考虑，比如，怎样在字符串中插入引号，怎样对待特殊符号，如换行符。这时需要使用转义序列。接下来我们将看到这些，但之前我们先要观察如下内容。

一个文本字符串本身和它的输出形式之间是有差别的。比如，给一个字符串"Huey"，它是一个有 4 个字符的字符串，不是 6 个。引号不是字符串的一部分，它们出现在这里只是系统要告诉你字符串和变量名称的区别。

如果要输出一个字符向量，通常引号将被加到每一个元素上。使用 cat 函数可以避免这个问题。例如：

```
> cat(c("Huey","Dewey","Louie"))
Huey Dewey Louie>
```

这就输出一个不带引号的字符串，而仅用空格字符分隔。字符串后也没有换行符，所以下一行输入的提示符（>）直接跟在这一行的末尾。（注意，当字符向量通过 cat 输出时，没有办法与单一字符串"Huey Dewey Louie"区分。）

为将系统提示符转到下一行，必须用一个换行符：

```
> cat("Huey","Dewey","Louie", "\n")
Huey Dewey Louie
>
```

在这里，\n 是转义序列的一个例子。实际上，虽然它表示一个单一的字符：换行（LF），但被表达成两个。反斜杠（\）被称为转移字符。同样，你可以用\"方式插入引用字符，如

```
> cat("What is \"R\"?\n")
What is "R"?
```

也有其他方式插入其他控制字符或特殊字形,但太过详细的讨论反而会使我们迷茫。当然，还有一个重要的问题，即转义字符本身怎么处理。它也必须被转义，所以要在一个字符串中插入反斜杠，就必须输入两次。在 Windows 中指定文件路径时，这一点是很重要的，见 2.4.1 小节。

1.2.5 缺失值

在实际数据分析中，数据点很多时候是无法得到的（病人没来，试验失败等原因），统计软件需要有办法来处理这种情况。R 允许向量包含特殊的 NA 值。这个值在计算中可以执行，从而对 NA 的操作也产生 NA 作为结果。还有一些与处理缺失值有关的特殊问题，我们将在后面碰到的时候讨论（参考索引中的"缺失值"）。

1.2.6 生成向量的函数

这里我们介绍 3 个函数：c、seq 和 rep，用于不同情形下向量的创建。

第一个函数 c，前面已经做过介绍了。它是"concatenate"（连结）的简写，含义是把各分项首尾连接，这正是这个函数要做的：

```
> c(42,57,12,39,1,3,4)
[1] 42 57 12 39  1  3  4
```

你也可以如下连接多于一个元素的向量：

```
> x <- c(1, 2, 3)
> y <- c(10, 20)
> c(x, y, 5)
[1]  1  2  3 10 20  5
```

不过，你不需要用 c 来创建长度为 1 的向量。人们有时会打出比如 c(1) 来，但实际上这跟直接打出 1 是一样的。

另外也有可能给某些元素命名。这改变了变量输出的方式，这样做通常是出于显示的目的。

```
> x <- c(red="Huey", blue="Dewey", green="Louie")
> x
    red    blue   green
 "Huey" "Dewey" "Louie"
```

（在这个例子中，用 c 确实是有意义的，即使针对只有一个元素的向量。）

名称可以被提取或使用 names 设置：

```
> names(x)
[1] "red"   "blue"  "green"
```

一个向量的所有元素类型都相同。如果你连接不同类型的向量，它们将被转化为最少"限制"的类型：

```
> c(FALSE, 3)
[1] 0 3
> c(pi, "abc")
[1] "3.14159265358979" "abc"
> c(FALSE, "abc")
[1] "FALSE" "abc"
```

也就是说，逻辑值被转换为 0/1 或 "False"/"True"，数字转换为它们的输出形式的字符串。

第二个函数 seq（"sequence"），用来建立数字等差序列。如

```
> seq(4,9)
[1] 4 5 6 7 8 9
```

产生如上所示的从 4 到 9 的整数。如果你希望序列的间距是 2，写

```
> seq(4,10,2)
[1]  4  6  8 10
```

这种类型的序列经常会被用到，特别是作图的时候。比如，我们之前用 c(1.65,1.70,1.75,1.80,1.85,1.90) 来定义曲线的 x 坐标，这个也可以写成 seq(1.65,1.90,0.05)（如果身高的步长是 1 cm 而不是 5 cm 的话，那么用 seq 的好处就更明显了）。

步长大小等于 1 的情形还可以用一种特殊的句法写出来：

```
> 4:9
[1] 4 5 6 7 8 9
```

上述结果完全等同于 seq(4,9)，只是更易于阅读。

第三个函数 rep（"replicate"），用来产生重复值。使用时有两个参数，依赖于第二个参数是一个向量还是一个数字，产生的结果会有不同：

```
> oops <- c(7,9,13)
> rep(oops,3)
[1]  7  9 13  7  9 13  7  9 13
> rep(oops,1:3)
[1]  7  9  9 13 13 13
```

调用的第一个 rep 函数对整个向量 oops 重复三次。第二次调用用一个有 3 个值(1,2,3)的向量代替了数字 3；这些值相应于 oops 向量的每一个元素，意味着 7 重复 1 次，9 两次，13 重复 3 次。rep 函数通常用于生成编码的情形：如果已知前 10 个观测者是男性，后 15 个观测者是女性，可以使用：

```
> rep(1:2,c(10,15))
 [1] 1 1 1 1 1 1 1 1 1 1 2 2 2 2 2 2 2 2 2 2 2 2 2 2 2
```

生成一个向量，给每一个观测标记它是来自于一个男性还是女性。

一个特例是当每一个分量有相同的重复时，可以使用 each 参数来获取。比如，rep(1:2,each=10) 与 rep(1:2,c(10,10)) 完全等同。

1.2.7 矩阵和数组

在数学上，矩阵就是一个二维的数值数组。矩阵在理论和实践统计学中有很多用途，但这里不假设读者对矩阵代数很熟悉。很多矩阵运算，包括矩阵乘法等，我们略过不讲（安装时自带的文档"R 语言介绍"很好地概述了这些内容）。然而，矩阵和更高维的数组确实也用于更简单的场景，主要是用于表格，故这里对其进行一些基本的介绍。

在 R 中，"矩阵"被拓展成任意类型的元素，所以，你也可以建立一个字符串矩阵。矩阵和数组被表达成带维数的向量：

```
> x <- 1:12
> dim(x) <- c(3,4)
> x
     [,1] [,2] [,3] [,4]
[1,]    1    4    7   10
[2,]    2    5    8   11
[3,]    3    6    9   12
```

dim 函数设置或更改 x 的维度，使 R 将一个 12 个数字的向量作为一个 3×4 矩阵处理。注意，矩阵的存储是以列为主的，即第二列元素跟在第一列元素的后面，以此类推。

创建矩阵的一个方便的方法是使用 matrix 函数：

```
> matrix(1:12,nrow=3,byrow=T)
     [,1] [,2] [,3] [,4]
[1,]    1    2    3    4
[2,]    5    6    7    8
[3,]    9   10   11   12
```

请注意，这里 byrow=T 将矩阵改变成以按行而不是按列形式填充。

对矩阵进行操作的有用函数包括 rownames、colnames、转置函数 t（注意小写 t 与代表"TRUE"的大写 T 对应），该函数对矩阵进行转置计算。

```
> x <- matrix(1:12,nrow=3,byrow=T)
> rownames(x) <- LETTERS[1:3]
> x
  [,1] [,2] [,3] [,4]
A    1    2    3    4
B    5    6    7    8
C    9   10   11   12
> t(x)
     A  B  C
[1,] 1  5  9
[2,] 2  6 10
[3,] 3  7 11
[4,] 4  8 12
```

特征向量 LETTERS 是一个包含大写字母 A—Z 的内置变量。其他有用的相似变量是分别表示小写字母、月份名称、月份名称缩写的 letters、month.name 和 month.abb。

可以按行或者按列分别使用 cbind 和 rbind 函数将向量"粘"到一起。

```
> cbind(A=1:4,B=5:8,C=9:12)
     A B  C
[1,] 1 5  9
[2,] 2 6 10
```

```
[3,]  3  7 11
[4,]  4  8 12
> rbind(A=1:4,B=5:8,C=9:12)
  [,1] [,2] [,3] [,4]
A    1    2    3    4
B    5    6    7    8
C    9   10   11   12
```

我们将在 4.5 节返回表格操作上来，讨论数据集中变量的表格化操作。

1.2.8 因子

分类变量在统计数据中是常见的，表明数据的某些细分属性，如社会阶层、主要诊断、肿瘤分期、青春期阶段等。通常它们用数字代码输入。

在 R 中，这些变量被指定为因子。这种数据结构使得不同的分类类别被赋予有意义的名称成为可能。

对 R 来说，区分类别编码和取值有直接数字含义的变量是最基本的（参考第 7 章）。

术语说一个因子有一系列水平——比方说 4 个水平。一个四水平因子包含两项含义：(a) 1 到 4 之间整数的一个向量；(b) 一个长度为 4 的包含字符串的特征向量。我们看一个例子：

```
> pain <- c(0,3,2,2,1)
> fpain <- factor(pain,levels=0:3)
> levels(fpain) <- c("none","mild","medium","severe")
```

第一个命令创建了一个数值向量 pain，对 5 个病人的疼痛水平编码。我们希望把它作为一个分类变量处理，所以我们通过它利用函数 factor 创建一个因子 fpain。它的调用除了 pain 以外，还跟着另一个参数，即 levels=0:3，这意味着输入的编码使用了 3 个值 0~3。后者在理论上可以省略，因为 R 默认使用 pain 中合理排序的值，但保留它是一个很好的习惯，如下所示。最后一行的作用是将水平名称转换为特定的 4 个字符串。

下面的结果是显而易见的：

```
> fpain
[1] none   severe medium medium mild
Levels:  none mild medium severe
> as.numeric(fpain)
[1] 1 4 3 3 2
> levels(fpain)
[1] "none"   "mild"   "medium" "severe"
```

函数 as.numeric 提取数字编码为 1~4，levels 提取水平的名称。注意根据数字 0~3 的原始输入编码不显示了，一个因子的内置表达方式始终是从 1 开始的数字。

R 允许创建一个特殊类型的因子，其水平是有顺序的。这通过 ordered 函数来完成，它类似于 factor。这可能是有用的，因为它们区分名义变量和顺序变量（可以认为 text.pain 应该是一个有序因子）。不幸的是，在 R 中，默认因子水平是等距离的（通过生成多项式对照），所以这个阶段最好忽略有序因子。

1.2.9 列表

把一系列对象组合成一个复合对象有时候是很有用的。这可以通过 lists 实现。

你可以通过函数 list 创建一个列表。

作为示例，考虑一组来自 Altman (1991, p. 183)的关于一群妇女月经前后的能量摄入数据。我们可以把这些数据按如下方式放在两个向量中：

```
> intake.pre <- c(5260,5470,5640,6180,6390,
+ 6515,6805,7515,7515,8230,8770)
> intake.post <- c(3910,4220,3885,5160,5645,
+ 4680,5265,5975,6790,6900,7335)
```

注意输入行可以中断并在下一行继续。当表达式在语句结构上不完整时，按下 Enter 键，R 认为表达式将会在下一行继续并改变正常的>提示符成为接续符+。这通常发生在不经意间忘了一个括号或其他类似的问题。这种情形下，可以在下一行完成表达式或者按 ESC 键（在 Windows 和 Macintosh 下）或 Ctrc-C（在 UNIX 下）。在 Windows 下也可以按这种组合键来停止。

把一些单独的向量组合成一个列表，可以用：

```
> mylist <- list(before=intake.pre,after=intake.post)
> mylist
$before
 [1] 5260 5470 5640 6180 6390 6515 6805 7515 7515 8230 8770

$after
 [1] 3910 4220 3885 5160 5645 4680 5265 5975 6790 6900 7335
```

列表各部分通过 list 中使用的参数名称来命名。命名的部分可以如下提取：

```
> mylist$before
 [1] 5260 5470 5640 6180 6390 6515 6805 7515 7515 8230 8770
```

许多 R 的内置函数计算结果不仅仅是一个向量，因此以列表的形式返回结果。

1.2.10 数据框

在其他统计软件包中，数据框被称为"数据矩阵"或"数据集"。它是一系列等长度的向量和/或因子，它们交叉相关，使得同一位置的数据来自同一试验单元（对象、动物等）。除此之外，它具有唯一的一组行名称。

你可以从一组业已存在的向量中创建数据框。

```
> d <- data.frame(intake.pre,intake.post)
> d
   intake.pre intake.post
1        5260        3910
2        5470        4220
3        5640        3885
4        6180        5160
5        6390        5645
6        6515        4680
7        6805        5265
8        7515        5975
9        7515        6790
10       8230        6900
11       8770        7335
```

请注意，这些数据是成对的，即同一个妇女在经前摄入 5 260 kJ，在经后摄入 3 910 kJ。

像 lists 一样，组分（单个变量）可以通过$符号获得：

```
> d$intake.pre
 [1] 5260 5470 5640 6180 6390 6515 6805 7515 7515 8230 8770
```

1.2.11 索引

如果你需要向量中一个具体的元素，比如第 5 个妇女的经前摄入能量，你可以用：

```
> intake.pre[5]
[1] 6390
```

方括号用来选择数据，也称为索引（indexing）或子集选择（subsetting）。如果你希望修改向量中元素的值的话，这也适用于左侧赋值（比如，你可以用 intake.pre[5] <- 6390）。

如果你希望一个包含多于一个妇女的数据的子向量，比如序号为 3、5、7、可以用一个向量来索引：

```
> intake.pre[c(3,5,7)]
[1] 5640 6390 6805
```

注意使用 c(...) 构造来定义包含数字 3、5、7 的向量是必要的。intake.pre[3,5,7]

则意味着完全不同的功能。它将指定索引一个三维阵列。

当然，如果一个索引向量储存在一个变量中，用这个向量进行索引也适用。当你需要用同样方式索引几个变量时，这种方式是很有用的。

```
> v <- c(3,5,7)
> intake.pre[v]
[1] 5640 6390 6805
```

值得一提的是，为了得到一列元素，比如前 5 个，你可以用 a:b 形式：

```
> intake.pre[1:5]
[1] 5260 5470 5640 6180 6390
```

R 的一个巧妙功能是可以使用负索引。你可以通过下式得到除了位置为 3、5、7 之外的所有其他元素：

```
> intake.pre[-c(3,5,7)]
[1] 5260 5470 6180 6515 7515 7515 8230 8770
```

正的和负的索引不能混合，否则将造成很大的混淆。

1.2.12 条件选择

我们在 1.2.11 小节看到如何使用一个或几个索引提取数据。实际中，你经常需要提取一些满足某种标准的数据，比如来自于男性的，或者青春期前的，或是患有慢性病的人数等。这可以通过插入一个关系表达式而不是用指标索引来完成：

```
> intake.post[intake.pre > 7000]
[1] 5975 6790 6900 7335
```

这产生了经后能量摄入超过 7 000 kJ 的 4 个妇女的经后摄入能量值。

当然，仅当进入关系表达式的向量与被检索的变量有相同长度时，这种表达式才有意义。

比较操作符有<（小于）、>（大于）、==（等于）、<=（小于或等于）、>=（大于或等于）、!=（不等于）。注意，双等号用来判断是否相等。这是为了避免与=混淆，=通常用来对函数参数进行赋值。此外，!=运算符也是新的符号，!符号表示否定。相同的符号也用于 C 编程语言中。

要结合几个表达式，你可以使用逻辑运算符&（逻辑"和"），|（逻辑"或"），!（逻辑"不是"）。例如，我们用下式找到经前摄入 7 000—8 000 kJ 的妇女停经后的摄入量值：

```
> intake.post[intake.pre > 7000 & intake.pre <= 8000]
[1] 5975 6790
```

还有&&和||符号，用于 R 编程中的流程控制。然而，它们超出了我们此刻的讨论范围。

值得仔细看一下的是，当你用逻辑表达式作为索引的时候到底发生了什么。逻辑表达式的结果是如 1.2.3 小节所描述的逻辑向量：

```
> intake.pre > 7000 & intake.pre <= 8000
 [1] FALSE FALSE FALSE FALSE FALSE FALSE  TRUE  TRUE FALSE
[11] FALSE
```

用逻辑向量进行索引意味着你选出来的是那些逻辑值为 TRUE 的值。所以在上一个例子中我们得到的是 intake.post 中的第 8 个和第 9 个值。

如果缺失值（NA，见 1.2.5 小节）出现在索引向量中，那么 R 将在结果创建一个元素，但它的值是 NA。

除了关系和逻辑运算符外，还有许多函数返回逻辑值。特别重要的一个是 is.na(x)，它用来寻找 x 中的哪些元素被记录成缺失（NA）。

注意，is.na(x)的一个必需之处在于你不能直接通过 x==NA 比较。否则将对任何 x 的值直接给出 NA 作为结果，因为与一个未知值比较的结果仍然是未知的！

1.2.13 数据框的索引

我们已经看到如何能从一个数据框中提取向量，比如通过输入 d$intake.post 语句。然而，也可以使用另外一种表示法，它直接使用类似于矩阵的结构：

```
> d <- data.frame(intake.pre,intake.post)
> d[5,1]
[1] 6390
```

给出第 5 行，第 1 列（第 5 位妇女的"前"测量数据），以及

```
> d[5,]
  intake.pre intake.post
5       6390        5645
```

给出第 5 位妇女的所有测量数据。注意，d[5,]中的","是必要的；没有","，比如 d[2]，你得到的是由 d 的第 2 列（更像 d[,2]，它是列本身）构成的数据框。

其他索引技术也可应用。特别地，对满足某些标准的个体，提取其所有的数据是有用的，比如那些停经前能量输入超过 7 000 kJ 的妇女：

```
> d[d$intake.pre>7000,]
   intake.pre intake.post
8        7515        5975
9        7515        6790
10       8230        6900
11       8770        7335
```

这里我们提取的是数据框中的某些行，它们满足 intake.pre>7 000。注意，行的名称与它们在原始数据结构中的一致。

如果想理解细节的话，把它分解成一些小的步骤看上去会更容易。作法应该如下：

```
> sel <- d$intake.pre>7000
> sel
 [1] FALSE FALSE FALSE FALSE FALSE FALSE FALSE  TRUE  TRUE  TRUE
[11]  TRUE
> d[sel,]
   intake.pre intake.post
8        7515        5975
9        7515        6790
10       8230        6900
11       8770        7335
```

sel（select 简写）变成一个逻辑向量，对 4 个满足条件的妇女，它的值是 TRUE。d[sel,]的索引生成了那些来自于 sel 是 TRUE 的行的数据，因为逗号后是空的，所以列取的是相应行的全部列数据。

看一下数据集中的前几个观测通常是一种方便的作法。这可以通过索引来完成：

```
> d[1:2,]
  intake.pre intake.post
1       5260        3910
2       5470        4220
```

这是经常会遇到的问题，为此有一个方便的函数 head。它默认显示前六行：

```
> head(d)
  intake.pre intake.post
1       5260        3910
2       5470        4220
3       5640        3885
4       6180        5160
5       6390        5645
6       6515        4680
```

类似地，tail 函数显示最后面的六行。

1.2.14 分组数据和数据框

在数据框中存储分组数据的自然方法是在一个向量中存储数据本身，另一个与之平行的因子（factor）记录哪些数据来自哪些组。例如，考虑下述消瘦和肥胖妇女的能量消耗的数据集：

```
> energy
   expend stature
```

```
1    9.21   obese
2    7.53   lean
3    7.48   lean
4    8.08   lean
5    8.09   lean
6   10.15   lean
7    8.40   lean
8   10.88   lean
9    6.13   lean
10   7.90   lean
11  11.51   obese
12  12.79   obese
13   7.05   lean
14  11.85   obese
15   9.97   obese
16   7.48   lean
17   8.79   obese
18   9.69   obese
19   9.68   obese
20   7.58   lean
21   9.19   obese
22   8.11   lean
```

这是一种方便的格式,因为它很容易推广到有多个标准的数据分类中去。然而,有时候希望对每一组有一个独立的向量存储数据。幸运的是,从数据框中可以很容易地提取这些数据:

```
> exp.lean <- energy$expend[energy$stature=="lean"]
> exp.obese <- energy$expend[energy$stature=="obese"]
```

或者你也可以使用 split 函数,它根据分组生成一系列向量:

```
> l <- split(energy$expend, energy$stature)
> l
$lean
 [1]  7.53  7.48  8.08  8.09 10.15  8.40 10.88  6.13  7.90  7.05
[11]  7.48  7.58  8.11

$obese
[1]  9.21 11.51 12.79 11.85  9.97  8.79  9.69  9.68  9.19
```

1.2.15 隐式循环

2.3.1 小节将描述 R 中的循环结构。就本书而言,读者可以略过这些内容。然而,下面一组 R 函数是很有用并值得学习的。

循环的一个常用功能是把一个函数应用到一组值或向量中的每一个元素,并将结果返回一个单式结构中。在 R 中,这被抽象成 lapply 和 sapply 两个函数。前者总是返回一个列表(故用'l'标识),而后者则尽可能将结果简化(用's'标识)成矢量或矩阵。因此,计算数值向量组成的数据框中每个变量的均值可以如下操作:

```
> lapply(thuesen, mean, na.rm=T)
$blood.glucose
[1] 10.3

$short.velocity
[1] 1.325652

> sapply(thuesen, mean, na.rm=T)
 blood.glucose short.velocity
      10.300000       1.325652
```

注意，两种情形下对结果附加具有一定含义名称的方式，这是人们倾向于使用这两个函数而不是显式循环的另一个原因。lapply/sapply 第二个参数是所应用的函数，此处是 mean。其他参数被传递到该函数中，这里我们用 na.rm=T 要求移除缺失值（见 4.1 节）。

有时候你只想多次重复某个过程，而仍将结果归结为一个向量。显然，这只在多次重复的计算结果不完全相同时才有意义，比如通常的模拟研究。这时可用 sapply 执行，但有一个更简化的版本，即 replicate，用它你只需给定一个数值和表达式就可以计算：

```
> replicate(10,mean(rexp(20)))
 [1] 1.0677019 1.2166898 0.8923216 1.1281207 0.9636017 0.8406877
 [7] 1.3357814 0.8249408 0.9488707 0.5724575
```

还有一个类似的函数 apply，用它可以针对矩阵的行或列（或广义下多维数组的下标）进行操作，如

```
> m <- matrix(rnorm(12),4)
> m
            [,1]       [,2]       [,3]
[1,] -2.5710730  0.2524470 -0.16886795
[2,]  0.5509498  1.5430648  0.05359794
[3,]  2.4002722  0.1624704 -1.23407417
[4,]  1.4791103  0.9484525 -0.84670929
> apply(m, 2, min)
[1] -2.5710730  0.1624704 -1.2340742
```

第二个参数表明将函数应用到哪个维度（或下标向量），上面操作执行的是逐列取最小值。

此外，还有一个函数 tapply 用来创建表格（用 t 标识），该表由函数关于第二个参数定义的子组上的返回值构成，其中参数可以是一个因子或一列因子。后一种情形将生成一个交叉分类表。（分组也可以通过普通向量定义，它们将在内部被转换为因子。）

```
> tapply(energy$expend, energy$stature, median)
 lean obese
 7.90  9.69
```

1.2.16 排序

对向量排序是常见的工作，只需使用 sort 函数即可。（我们这里使用内置数据集 intake；它包含在 1.2.9 小节使用的相同的数据。）

```
> intake$post
 [1] 3910 4220 3885 5160 5645 4680 5265 5975 6790 6900 7335
> sort(intake$post)
 [1] 3885 3910 4220 4680 5160 5265 5645 5975 6790 6900 7335
```

（由于已经排过序，故 intake$pre 就不用在这里了。）

然而，仅对一个单一的向量排序并不总能满足需求。你经常需要根据某些其他变量的值对一系列变量排序——如根据性别和年龄对血压排序。为此目的，有一个结构看上去可能很抽象，但确实功能强大。首先计算一个变量的次序。

```
> order(intake$post)
 [1]  3  1  2  6  4  7  5  8  9 10 11
```

结果是数字 1 至 11（或者其他的向量长度），根据 order 参数（这里是 intake$post）的大小排序。对 order 结果的解释有点棘手——应该是如下所述：通过将其值依次置于 3、1、2、6 等对 intake$post 排序。

要点在于，通过对这个向量的索引，其他变量可以依据同样的标准排序。注意，一个包含从数字 1 到元素个数的索引向量准确地相应于元素重新排序的序号。

```
> o <- order(intake$post)
> intake$post[o]
 [1] 3885 3910 4220 4680 5160 5265 5645 5975 6790 6900 7335
> intake$pre[o]
 [1] 5640 5260 5470 6515 6180 6805 6390 7515 7515 8230 8770
```

这里 intake$post 已经被排序了——正如 sort(intake$post)——同时 intake$pre 也已经被按照相应于 intake$post 的大小进行了排序。

当然，对整个数据框 intake 排序也是可以的。

```
> intake.sorted <- intake[o,]
```

有几个标准的排序可以通过设置 order 的几个参数来完成。比如 order(sex,age)，给出男性和女性的优先划分，然后在每一个性别中按年龄排序。当排序不能根据第一个变量完成时，将使用第二个变量。按逆序排列也可以处理，比如通过改变变量的符号来完成。

1.3 练习题

1.1 如果两个向量可能包含缺失（NA）值，如何检验它们是否相同？（不能使用 identical 函数。）

1.2 如果 x 是一个水平为 n 的因子，y 是一个长度为 n 的向量，计算 y[x] 的结果是什么？

1.3 写一个逻辑表达式，用于提取 juul 数据集中年龄在 7 岁至 14 岁之间的女孩的数据。

1.4 如果改变因子的水平数（利用 levels）并且给两个或更多的水平赋相同的值，会发生什么？

1.5 在 1.2.15 小节，replicate 通过重复 10 次如下操作，即从一个指数分布中产生 20 个随机数，模拟其均值的分布。如何用 sapply 完成相同的工作？

第 2 章

R 语言环境

这一章集合了一些关于 R 操作的实用方面的知识，描述了工作区的结构、图形设备以及它们的参数等问题，还有初级编程，也包含了虽谈不上完整但非常广泛的数据输入的讨论。

2.1 会话管理

2.1.1 工作空间窗口

在 R 中创建的所有变量被存储在一个共同的工作区。要了解哪些变量定义在工作区中，你可以使用函数 ls（列表）。如果你在上一章已经运行所有的例子，它的结果应该如下：

```
> ls()
 [1] "bmi"           "d"             "exp.lean"
 [4] "exp.obese"     "fpain"         "height"
 [7] "hh"            "intake.post"   "intake.pre"
[10] "intake.sorted" "l"             "m"
[13] "mylist"        "o"             "oops"
[16] "pain"          "sel"           "v"
[19] "weight"        "x"             "xbar"
[22] "y"
```

记住不能省略 ls() 的圆括号。

如果有时候输出看起来很乱，可以删掉某些对象。这可以通过 rm（remove）来完成，比如：

```
> rm(height, weight)
```

删除了变量 height 和 weight。

用 rm(list=ls()) 可以清空整个工作空间，在 Windows 和 Macintosh GUIs 下也可以通过菜单选项 "Remove all objects" 和 "Clear Workspace" 完成。以上方法不会移除那些名称以点号开头的向量，因为通过 ls() 不能列出它们——要列出它们，你需要使用 ls(all=T)，但由于这种名称都为系统本身所使用，故这样做是很危险的。

如果你熟悉 UNIX 操作系统（R 语言的前身 S 语言最开始就是为它而写），那么你会发现在 UNIX 中列出和删除文件的命令恰好也是 ls 和 rm。

在任何时候保存工作空间到一个文件都是可以的。如果你输入

```
save.image()
```

那么在你的当前目录下将被保存成一个称为.RData 的文件。Windows 版本的 File 菜单下也有这个选项。当退出 R 时，你将被询问是否保存工作空间影像；如果你选接受，同样的事情将会发生。具体指定一个其他文件名（用引号）也是可以的。你可以用 save 保存选择的目标。当 R 在它的目录被启动的时候，系统将自动装载.RData 文件。其他保存的文件可以用 load 装载到当前工作空间。

2.1.2 文本输出

在一次对话期间，工作区仅包含 R 对象，而不是产生的所有输出，注意到这一点很重要。如果想保存输出结果，点击 Windows 窗口中 File 菜单下的 "Save to File"，或用通常的剪切-粘贴快捷方式，也可以用 ESS(Emacs Speaks Statistics)，适用于所有平台。它是针对 Emacs 编辑器的一个 "模式"，在该编辑器下可以通过 Emacs 缓冲区运行整个会话。读者可以从 CRAN 下载 ESS 及其安装说明（见附录 A）。

将输出转化为文档的另一种方法是使用 sink 函数。这很大程度上是来自于 80×25 计算机终端年代的遗风，那时还没有剪切-粘贴技术，但有时它还是很有用的。特别是它可用于批量处理，工作方式如下：

```
> sink("myfile")
> ls()
```

没有输出！这是因为结果被保存到当前目录下的 myfile 文档中。系统将保持在处理命令的状态，直到正常状态由下述命令重建。

```
> sink()
```

当前工作目录可以通过 getwd()获取，通过 setwd(mydir)转换，此处 mydir 是字符串。初始工作目录依赖于系统，例如，Windows GUI 将其设置为用户的主目录，命令行版本中则使用启动 R 的目录。

2.1.3 脚本

如果要处理的问题比较复杂，你将不再希望用基于逐行交互的方式来使用 R。比如说，如果你已经输入一个 8×8 维的一个矩阵超过 8 行了，意识到你犯了一个错误，你会发现你需要使用向上箭头 64 次重新输入。这种情形下，最好使用 R 脚本，即 R 代码行的集合。它或者储存在一个文件中，或者想办法储存在计算机内存中。

选择之一是使用 source 函数，它有点像 sink 的反面。它提取输入（来自文件的命令）并运行它们。然而，要注意在执行之前，整个文件都要进行语法检查。在调用中设置 echo=T 通常会很有帮助，此时命令将随着输出结果一起显示出来。

另外一个选择本质上更具交互性。你可以使用一个脚本编辑窗口，它允许提交脚本文件中的一行或几行来运行，它的表现如同在提示符下输入相同的行。R 的 Windows 和 Macintosh 版本有简单的内置脚本窗口，也有一些脚本编辑器，具有发送命令到 R 的功能。Windows 下通常的选择包括 TINN-R 和 WinEdt。这也可以作为 ESS 的一部分使用（见前一节）。

在一个对话中输入的命令历史，可以使用 savehistory 和 loadhistory 命令保存和重新加载，它们也会映射到 Windows 的菜单项中。以保存的历史命令作为出发点对脚本编写来说是很有帮助的。还要注意，history()函数会显示在控制台输入的最后的命令（默认最多 25 行）。

2.1.4 获取帮助

R 能做的事情要多于希望一个典型的初学者需要甚至理解的内容。本书是这样安排的，你可能需要的与统计方法有关的大部分代码都在正文中描述，附录 C 提供基本的概述。然而，这明显不可能面面俱到。

R 还以文本形式配备了丰富的在线帮助以及一系列 HTML 文件，它们可以使用 Web 浏览器，如 Netscape 或 Internet Explorer 读取。帮助页面可以通过 Windows 菜单栏下的"help"获取，在任何平台下都可以通过 help.start()得到。你将发现页面是技术性质的。精确和简洁在这里优先于可读性和可教性（学着从对立面去欣赏的事物，你也许会欣赏这样的展现方式）。

在命令行中，你总可以通过输入 help(aggregate)或用前缀形式?aggregate 来获取 aggregate 函数的帮助。如果 HTML 浏览器工作的话，帮助页面将会显示出来。否则将作为一个文本显示，或者通过一个终端窗口的导航或者通过一个独立的窗口。

注意，帮助系统的 HTML 版本提供一个非常有用的"搜索引擎和关键字"功能，apropos 函数允许你得到一个包含给定样式的命令名称的列表。help.search 函数功能类似但使用模糊匹配并且搜索更深层的帮助页面，所以它可以定位，比如，如果使用 help.search("kendal")，可以定位到 cor.test 中的 Kendall 相关系数。

还可以从 R 版本中得到的是不同格式的一组文档。其中特别令人感兴趣的是"An Introduction to R"，最初是基于 Bill Venables 和 David Smith 为 S-PLUS 写的一组笔记，后来被不同的人为 R 所修改。它包含了以一种比本书更加以语言为中心的方式对 R 语言和环境的介绍。在 Windows 平台下，你可以选择安装 PDF 文档作为安装程序的一部分——假设 Adobe Acrobat Reader 程序已经安装——这样它可以通过 Help 菜单获取。HTML 版本（无图片）可以在所有的平台上通过浏览器界面获取。

2.1.5 包

R 安装程序包含一个或多个安装包的库。一些安装包是基本安装的一部分。其他的可以从 CRAN 下载（见附录 A），CRAN 上现在有超过 1 000 个用于不同目的的安装包。你甚至可以创建你自己的包。（截止到本书被翻译为中文时，CRAN 上的包数量已经超过 4 000 译者注。）

一般来说，库只是磁盘上的一个文件夹。在 R 安装的时候就已经创建了系统库。在某些设置下，用户可能被禁止修改系统库。创建一个个人的用户库是可以的，具体细节可参考 help(".Library")。

包可以包含用R语言写的函数,汇编代码动态加载库(大部分用 C 或 Fortran 编写）以及数据集。包的功能会得到自动的执行，因此大多数用户不需要一直加载包。使用 library 命令将一个包装入 R，所以如果要载入 survival 包，你应该输入

```
> library(survival)
```

加载的包不被视为用户工作区的一部分。如果你终止 R 会话并且在已保存的工作区开始新的会话，那么你必须重新装载包。同样的原因，很少有必要移除

已经装载的包，但如果你想删除的话，可以通过下述命令完成：

```
> detach("package:survival")
```

（见 2.1.7 小节）。

2.1.6 内置数据

标准 R 版本的许多软件包，无论是其本身包含的还是外围的，都有内置数据集。这些数据集可能非常大，所以始终把它们全部保存在计算机内存中并不合适，按需加载的机制是必需的。在许多软件包中，由一个被称为 lazy loading 的机制来完成这一任务。lazy loading 允许系统"假装"数据在内存中，但事实上，它们一直到首次用到的时候才会被加载。

有了这一机制，数据是"就在那里"。比如，如果你打出"thuesen"，这个名字对应的数据框将会显示。有些包仍然需要对 data 函数进行显示调用。大多数情况下，这样加载一个指定参数的名称的数据框，比如，data(thuesen)加载 thuesen 数据框。

data 所做的是检查与每一个包相关的数据地址（见 2.1.5 小节）并寻找那些地址名与给定名相匹配的文档。根据文件扩展名，可以发生以下几件事情。用 read.table 读取.tab 为扩展名的文档（见 2.4 节），其中.R 为扩展名的文档作为源文件执行（通常可以执行任何事情），这是两个常见的例子。

如果当前路径下有一个名称为 data 的子目录，那么它也同样会被搜索。这是一个组织个人项目的很方便的方法。

2.1.7 attach 和 detach

如果你要重复写一些很长的命令，在数据框中获取变量的符号会变得很麻烦，如：

```
plot(thuesen$blood.glucose,thuesen$short.velocity)
```

幸运的是，你可以让 R 在给定数据框的变量中寻找目标，比如 thuesen。可以用：

```
> attach(thuesen)
```

然后 thuesen 的数据就可以得到，而不需要使用笨拙的$符号：

```
> blood.glucose
 [1] 15.3 10.8  8.1 19.5  7.2  5.3  9.3 11.1  7.5 12.2  6.7  5.2
[13] 19.0 15.1  6.7  8.6  4.2 10.3 12.5 16.1 13.3  4.9  8.8  9.5
```

上述命令使数据框 thuesen 被置于系统的搜索路径（search path）中。可以用 search 看到搜索路径：

```
> search()
 [1] ".GlobalEnv"        "thuesen"           "package:ISwR"
 [4] "package:stats"     "package:graphics"  "package:grDevices"
 [7] "package:utils"     "package:datasets"  "package:methods"
[10] "Autoloads"         "package:base"
```

注意，thuesen 被置于搜索路径中的第二位。.GlobalEnv 是工作空间，package:base 是定义了所有标准函数的系统库。这里我们不介绍 Autoloads。从 package:stats 起包含了一些基本的统计程序，如 Wilcoxon 检验，以及其他类似包含不同函数和数据集的包。（包系统是模块化的，你可以用最小的一组针对特定用途的包运行 R。）最后，package:ISwR 包含了本书所用的数据集。

有可能在搜索路径的不同部分有几个具有相同文件名的目标。在这种情况下，R 选择第一个（先在.GlobalEnv 中搜索，然后是 thuesen，以此类推）。为此，你要小心那些"模糊的"定义在数据框以外的工作空间中的目标，因为它们将先于附加的数据框中相同名称的变量和因子使用。出于同样的原因，给数据框一个与其内部变量相同的名称也不是一个好主意。还需注意，附加一个数据框然后改变它不会影响获取的变量，这是因为 attach 包含了数据框的（虚拟）复制操作。

在.GlobalEnv 之前或 package:base 之后附加数据框是不可能的。然而，附加一个以上的数据框是可以的。新的数据框被默认插入第二个位置，除了.GlobalEnv 之外的其他项则向右后移一步。然而，通过如下形式的结构可以设置一个数据框在.GlobalEnv 之前被搜索到：

```
with(thuesen, plot(blood.glucose, short.velocity))
```

在某些情况下，当搜索目标时，R 用稍微不同的方法进行。如果搜索一个特殊类型（通常是函数）的变量，R 将跳过其他类型。这将把你从偶然命名了一个变量（比方说）c 的最坏后果中解救出来，即使有一个相同名称的系统函数。

可以用 detach 从搜索路径删除数据框。如果不给出参数，第二位置的数据框将被删除，这也是通常所希望的。.GlobalEnv 和 package:base 不能被 detach 删除。

```
> detach()
> search()
 [1] ".GlobalEnv"        "package:ISwR"      "package:stats"
 [4] "package:graphics"  "package:grDevices" "package:utils"
 [7] "package:datasets"  "package:methods"   "Autoloads"
[10] "package:base"
```

2.1.8 subset，transform 和 within

你可以附加一个数据框，从而避免对其中每一个变量的繁琐的索引。然而，这对于选择数据子集以及用变换变量创建新的数据框却少有帮助。有一些函数使得这一操作变得简单。它们的使用方法如下：

```
> thue2 <- subset(thuesen,blood.glucose<7)
> thue2
   blood.glucose short.velocity
6            5.3           1.49
11           6.7           1.25
12           5.2           1.19
15           6.7           1.52
17           4.2           1.12
22           4.9           1.03
> thue3 <- transform(thuesen,log.gluc=log(blood.glucose))
> thue3
   blood.glucose short.velocity log.gluc
1           15.3           1.76 2.727853
2           10.8           1.34 2.379546
3            8.1           1.27 2.091864
4           19.5           1.47 2.970414
5            7.2           1.27 1.974081
...
22           4.9           1.03 1.589235
23           8.8           1.12 2.174752
24           9.5           1.70 2.251292
```

注意，那些新的变量或子集表达式中所使用的变量用来自于数据框的变量赋值。

subset 也作用于单个向量。与用一个逻辑向量（如 short.velocity[blood.glucose<7]）索引几乎是相同的，只要排除掉那些在选择标准中有缺失值的观测即可。

subset 还有一个 select 参数用以从数据框中提取变量。我们将在 10.3.1 小节回到这个问题。

transform 函数有几个缺点。其中最严重的可能是它不允许链式计算，即其中一些新的变量依赖于其他变量。"="在语法中不是赋值，而是表示名称，该名称被赋值给最后一步所计算的向量。

transform 的另一替代方法是 within 函数，用法如下：

```
> thue4 <- within(thuesen,{
+    log.gluc <- log(blood.glucose)
+    m <- mean(log.gluc)
+    centered.log.gluc <- log.gluc - m
```

```
+     rm(m)
+ })
> thue4
  blood.glucose short.velocity centered.log.gluc log.gluc
1          15.3           1.76       0.481879807 2.727853
2          10.8           1.34       0.133573113 2.379546
3           8.1           1.27      -0.154108960 2.091864
4          19.5           1.47       0.724441444 2.970414
5           7.2           1.27      -0.271891996 1.974081
...
22          4.9           1.03      -0.656737817 1.589235
23          8.8           1.12      -0.071221300 2.174752
24          9.5           1.70       0.005318777 2.251292
```

注意，第二个参数是一个任意表达式（此处是 compound 表达式）。函数与 with 相同，但不仅仅是只返回计算出来的值，它集合了所有新的和修改过的变量到更新过的数据框中，然后将其返回。如上所示，包含中间结果的变量可以用 rm 清除（如果内容与数据框不兼容的话，做这一步是特别重要的）。

2.2 作图系统

在 1.1.5 小节，我们看到如何生成一个简单的图形并在其上添加一条曲线。创建一个稍微不同于默认状态的图像在统计作图中是非常普遍的：有时你想加上注释，有时你想让坐标轴用不同的标签，而不是数字、不规则放置的对号符号等。所有这些都可以在 R 中实现。做到这些的方法开始看起来不寻常，但它提供了一种非常灵活的强大的方法。

在这一节，我们深入讨论典型作图的结构，给出一些让作图达到你希望的结果的提示。但是要当心，这是一个很大、很复杂的领域，本书的范围不可能完全覆盖它。事实上，我们完全忽略了 grid 和 lattice 包中重要的新工具。

2.2.1 图形布局

R 使用的图形模型中，有一个包含着由边界包围着的中央绘图区的图像区域（针对单个图像）。绘图区域内的坐标由数字单元具体指定（通常用来标记坐标轴的那种）。空白处的坐标当你沿着垂直方向向作图区域一侧移动时用文本行指定，但沿着空白处一侧移动时，则用数字单元指定。由于通常要在图形空白处放置文本，所以这样做是很有用的。

一个标准的 *x-y* 图具有产生于被绘制图像表达式的 *x* 轴和 *y* 轴标题标签。然而，你也可以在 plot 调用中覆盖这些标签，并且增加两个进一步的标题，以及图形上方的主标题和底部的副标题。

```
> x <- runif(50,0,2)
> y <- runif(50,0,2)
> plot(x, y, main="Main title", sub="subtitle",
+      xlab="x-label", ylab="y-label")
```

在绘图区域内部，你可以放置点和线，它们或者在plot函数调用中设定，或者后面用 points 和 lines 添加。你也可以如下添加文本：

```
> text(0.6,0.6,"text at (0.6,0.6)")
> abline(h=.6,v=.6)
```

此处，调用 abline 仅是表明文本如何以点(0.6, 0.6)为中心的。（通常，给定 a 和 b 参数以后，abline 绘制直线 $y = a+bx$，但它也可以用于绘制水平线和垂直线。）

边界坐标由 mtext 函数使用，如下：

```
> for (side in 1:4) mtext(-1:4,side=side,at=.7,line=-1:4)
> mtext(paste("side",1:4), side=1:4, line=-1,font=2)
```

for 循环（见 2.3.1 小节）放置数字 1 至 4 到四个边界的每条相应的线上，在使用者坐标中度量为 0.7 的非中心位置。接下来的调用在每边放置一个标签，给出边的数字。参数 font=2 表明使用的是粗体字体。注意图 2.1 中不是所有的边界都足够宽到可以容纳所有的数字，从而使用负的行号在绘图区域内放置文本也是可能的。

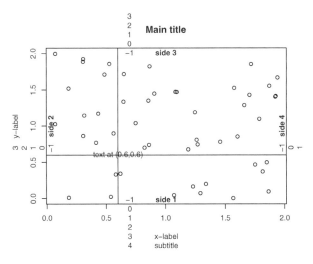

图 2.1　标准图形的布局

2.2.2　利用部分构造图形

高级图形由其他元素构成，每一部分可以单独绘制。独立的绘图命令通常允许对元素更精细的控制,所以达到给定效果的标准的策略是首先绘制不包含元素的图形,然后逐步添加元素。作为一个极端的例子,下面命令绘制的是完全空白的图形:

```
> plot(x, y, type="n", xlab="", ylab="", axes=F)
```

此处,type="n"使得点不被绘制。axes=F 删掉坐标轴以及图周围的方框,*x* 和 *y* 的标题标签被设置成空字符串。

然而,事实上,没有画出任何东西并不意味着什么也没有做。命令如同已经绘制了那些数据一样设置了绘图区域和坐标系统。为添加图形元素,如下进行:

```
> points(x,y)
> axis(1)
> axis(2,at=seq(0.2,1.8,0.2))
> box()
> title(main="Main title", sub="subtitle",
+       xlab="x-label", ylab="y-label")
```

注意,第二个 axis 调用如何指定了小十字符(和标签)的替换。这是用于创建图形特殊坐标轴的常用技术,也用于创建非等间距坐标轴以及非数字标签的坐标轴。

用 type="n"绘图有时是有用的技术,因为它有在作图区域标出尺寸的意外作用。例如,为创建一个不同颜色、不同组别的图形,首先你需要用 type="n"绘制所有的数据,保证图形区域足够大,然后用 points 对每一组添加点。(对 col 传递一个矢量参数是在这种特殊情况下的权宜之计。)

2.2.3　par 的使用

函数 par 可以对图的细节进行非常精细的控制,但是对初学者来说可能非常难以理解(有时候甚至对有经验的使用者也同样)。学习它的最好策略就是进行简单的尝试,一次学会几个有用的技巧,间或通过仔细研究帮助页面解决一个特殊的问题。

有些参数,但不是所有的,也可以通过变量传递到绘图函数中去,这些函数也有一些变量不能通过 par 设置。如果一个参数可以通过两种方式设置的话,一般来说,差别在于如果是通过 par 设置的,那么将在其后保持这个设置。

par 设置允许控制线宽和类型、字符大小和字体、颜色、坐标轴的类型、图形图表区域的大小、图形的裁剪等。利用 mfrow 和 mfcol 参数可以把一个图形分成几个子图。

例如，默认边距大小刚超过 5，4，4 和 2 的线。作图前，你可以设置 par(mar=c(4,4,2,2)+0.1)。这就从图形底部削掉了一条线，顶部削掉了两条。当没有主标题和副标题的时候，这就减少了未使用的空白。如果仔细看的话，事实上，你会注意到图 2.1 有比本书其他图更小的画图区域。这是因为由于排版的原因，其他图形已经减少了边距。

当然，在这里我们完整地描述图形参数是没有意义的。相反，当具体的图形需要使用它们的时候，我们将会再回过头来学习。

2.2.4　组合图形

当希望把几个元素一起放到同一张图上的时候，就会产生一些特殊的要求。比如，考虑为直方图叠加一个正态密度函数（参见 4.2 节和 4.4.1 小节关于直方图以及 3.5.1 小节关于密度的介绍）。下面的命令接近于完成这个事情，但还不够好（图没有画出来）。

```
> x <- rnorm(100)
> hist(x,freq=F)
> curve(dnorm(x),add=T)
```

hist 中的 freq=F 参数保证了直方图是根据比例而不是绝对数值画出来的。curve 函数画出了一个表达式（根据 x），其中 add=T 允许它叠加到已有的图上。事情通常都会正确地设置，但有时密度函数的顶部会被切去一部分。原因当然是因为在直方图的 y 轴的设置中，正态密度函数的高度没有发挥作用。把两个命令换一下位置，即先画曲线再画直方图也不能解决问题，因为那样的话，直方图上最高的条将被切掉。

解决方案是首先确定两个图形元素的 y 值的大小，然后使图形足够大到涵盖这两个值（见图 2.2）：

```
> h <- hist(x, plot=F)
> ylim <- range(0, h$density, dnorm(0))
> hist(x, freq=F, ylim=ylim)
> curve(dnorm(x), add=T)
```

调用 hist 时，如果 plot=F，将不会画出任何图形，但会返回一个以比例尺度表示的直方图条形高度的结构。此外，结合它以及 dnorm(x) 的最大值为 dnorm(0) 的事实，我们就可以计算出包含了直方图和密度图的作图的坐标范围。range 调用中的 0 保证了条形的底部也在范围内。y 值的范围通过 ylim 参数传递到 hist 函数中。

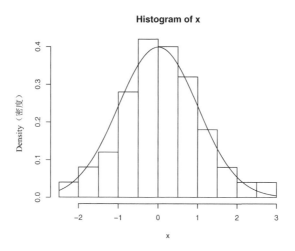

图 2.2 有正态密度函数叠加的直方图

2.3 R 编程

也是可以创建自己的 R 函数。事实上，从长远来看，这是使用 R 工作的主要方面和魅力所在。然而，这本书很大程度上更加侧重可以从命令行执行的基本统计程序。为了给你可以做什么的感觉，考虑如下函数，它包含了来自 2.2.4 小节的例子的代码，因此你可以表达 hist.with.normal(rnorm(200))。有一点轻微的扩展，因此你可以使用数据的经验均值和标准差来代替 0 和 1。

```
> hist.with.normal <- function(x, xlab=deparse(substitute(x)),...)
+ {
+     h <- hist(x, plot=F, ...)
+     s <- sd(x)
+     m <- mean(x)
+     ylim <- range(0,h$density,dnorm(0,sd=s))
+     hist(x, freq=F, ylim=ylim, xlab=xlab, ...)
+     curve(dnorm(x,m,s), add=T)
+ }
```

注意 xlab 的默认变量的使用。如果 xlab 没有指定，那么它将从表达式中获取，该表达式对一个为 x 给出的表达式的字符形式求值；也就是说，如果你给 x 传递 rnorm(100)，那么 x 标记将变成 "rnorm(100)"。同时也要注意到 "..." 参数的使用，它使得函数可以增加参数，并在两次调用中将参数传递给 hist 函数。

你可以通过内置函数学习更多关于 R 编程的知识，可以从简单的例子 log10 或 weighted.mean 开始学起。

2.3.1 流程控制

到现在,我们已经看到了对简单表达式赋值的 R 语言的组成成分。但是,R 作为一种真正的编程语言允许有条件执行和循环结构。比如我们考虑下面的代码。(代码实现用牛顿法来计算 y 的平方根的一个做法。)

```
> y <- 12345
> x <- y/2
> while (abs(x*x-y) > 1e-10) x <- (x + y/x)/2
> x
[1] 111.1081
> x^2
[1] 12345
```

注意 while(condition) expression 结构,它表示只要条件是真的就应该对表达式求值。这个判断在循环的最开始,所以表达式可能从来不被计算。

同样一个算法的变体,只是判断出现在循环中每次计算的结束处,可以用 repeat 写出来:

```
> x <- y/2
> repeat{
+     x <- (x + y/x)/2
+     if (abs(x*x-y) < 1e-10) break
+ }
> x
[1] 111.1081
```

上面也说明了三个其他的流程控制结构:(a)复合表达式,几个表达式在花括号中放在一起;(b)条件执行的 if 结构;(c)break 表达式,它会中断闭合的循环。

顺便说一句,循环可以允许 y 是一个向量,仅通过改变终止条件如下:

```
if (all(abs(x*x - y) < 1e-10)) break
```

这可能会过度重复某些元素,但矢量运算会弥补这一缺陷。

然而,使用更多的循环结构是 for,它对一组固定的值集进行循环,如下例所示,它在单位区间上画了一组幂曲线。

```
> x <- seq(0, 1,.05)
> plot(x, x, ylab="y", type="l")
> for ( j in 2:8 ) lines(x, x^j)
```

注意循环变量 j,它依次取出在 lines 调用中使用的给定序列的值。

2.3.2 类和类函数

面向对象编程是关于创建一个数据和应用于数据的方法的连贯系统。目的之一是简化程序,通过接受一个事实,即对不同类型数据会有在概念上类似的方法,虽然实行起来可能有所不同。一个典型的例子是打印方法:打印多种类型的数据对象是有意义的,但打印布局取决于打印对象是什么。通常你会有一个数据对象的类和针对该类的打印方法。有几种面向对象的语言以不同的方式实现这些想法。

R 的基本部分大多使用与 S 第 3 版本相同的对象系统。近年来,类似于 S 第 4 版本的一个替代对象系统已经开发出来。这个新系统有一些优于旧系统的好处,但我们仍主要考虑后者。S3 对象系统是一个简单的其中对象有 class 属性的系统,class 属性是一个简单的字符向量。这方面的一个例子是诸如 t.test 的经典检验的所有返回值有类"htest",表明它们是假设检验的结果。当这些对象被打印的时候,由 print.htest 来完成,它创建了一个很好的页面设计(见第 5 章的例子)。然而,从编程的角度来看,这些对象仅仅是列表,从而你可以按如下方式提取 p 值:

```
> t.test(bmi, mu=22.5)$p.value
[1] 0.7442183
```

函数 print 是一个类函数,根据参数的不同作用也不相同,如下:

```
> print
function (x, ...)
UseMethod("print")
<environment: namespace:base>
```

UseMethod("print")表示的是 R 应该控制传递控制给一个根据对象的类指定的函数(print.htest 是类"htest"的对象,等等),或者,如果没有发现指定的函数,则传递给 print.default。要查看关于 print 的所有可用的方法,输入 methods(print)(在 R 2.6.2 中有 168 条,所以我们不在这里显示输出结果了)。

2.4 数据输入

即便数据集本身不大,使用 c(...)输入也已经变得很不方便了。这本书中的大部分例子使用的数据集包含在 ISwR 包中,你可以通过 library(ISwR)获取。然而,只要你希望把这些方法运用到自己的数据中,你将不得不处理数据文件格式,并将其规范。

在这一节中,我们讨论在 R 中如何读取数据文件以及如何使用数据编辑模块。文本有一些偏向 Windows 系统,主要因为一些特殊的问题需要针对该平台。

2.4.1 读取文本文件

读取数据到 R 中的最方便的方法是通过 read.table 函数。它需要的数据是在"ASCII 格式"的;也就是说,一个用 Windows 记事本或任何其他纯文本编辑器创建的"平板文件"。read.table 读取的结果是一个数据框,并希望在相应的设计中找到数据,其中文件中的每一行包含来自一个对象(或是一只老鼠,或是其他)的所有数据,以特殊的顺序,用空格或其他分隔符分开。文件的第一行可能包含一个给出变量名称的标头信息,强烈推荐这种做法。

Altman (1991) 书中的表 11.6 包含了一个由 Theusen 等人收集的心室圆周缩短速度与空腹血糖相比较的例子。我们使用这些数据来说明子集,还会在相关和回归的章节再次使用它们。它们包含在 ISwR 包的内置数据集中,可以作为数据结构 thuesen 获取到,但这里的关键是演示如何从一个纯文本文档读取它们。

假设数据包含在文件 thuesen.txt 中,看起来如下:

```
blood.glucose   short.velocity
15.3            1.76
10.8            1.34
8.1             1.27
19.5            1.47
7.2             1.27
5.3             1.49
9.3             1.31
11.1            1.09
7.5             1.18
12.2            1.22
6.7             1.25
5.2             1.19
19.0            1.95
15.1            1.28
6.7             1.52
8.6             NA
4.2             1.12
10.3            1.37
12.5            1.19
16.1            1.05
13.3            1.32
4.9             1.03
8.8             1.12
9.5             1.70
```

为把数据输入文件,你可以从 Windows 记事本或如在 2.1.3 小节中讨论过的任何其他纯文本编辑器开始。UNIX/Linux 用户应该只使用一个标准的编辑器,如 emacs 或 VI。如果必要的话,你甚至可以小心地使用文字处理程序。

你应该如下所示简单输入数据。注意到列被不同数目的空格分隔,NA 表示缺失值。

最后，你需要把数据保存到文本文件中。注意，为了保存成文本文字处理器，需要一些特殊的步骤。它们的正常保存格式很难从其他程序读取。

进一步假设文件在 N 盘下的 ISwR 文件夹下，数据可以如下读取：

```
> thuesen2 <- read.table("N:/ISwR/thuesen.txt",header=T)
```

注意到 header=T 指定第一行是一个标头，包含了文件中变量名称。同时，还要注意在文件名称甚至在 Windows 系统中使用的是前斜线 (/)，而不是反斜线 (\)。

在 Windows 文件名称中避免使用反斜线的原因是这个符号用来作为转义字符（见 1.2.4 小节），因此需要写两次。你也可以使用 N:\\ISwR\\thuesen.txt。

结果是一个数据框，它被分配给变量 thuesen2，看起来如下：

```
> thuesen2
   blood.glucose short.velocity
1           15.3           1.76
2           10.8           1.34
3            8.1           1.27
4           19.5           1.47
5            7.2           1.27
6            5.3           1.49
7            9.3           1.31
8           11.1           1.09
9            7.5           1.18
10          12.2           1.22
11           6.7           1.25
12           5.2           1.19
13          19.0           1.95
14          15.1           1.28
15           6.7           1.52
16           8.6             NA
17           4.2           1.12
18          10.3           1.37
19          12.5           1.19
20          16.1           1.05
21          13.3           1.32
22           4.9           1.03
23           8.8           1.12
24           9.5           1.70
```

为了读取因子变量（见 1.2.8 小节），最简单的办法是使用文本形式对它们进行编码。read.table 函数自动检测一个向量是文本还是数字，并将前者转换成一个因子（但不尝试识别数字编码因子）。例如，secretin 内置数据集从文件中读取的开头如下：

```
     gluc person time repl time20plus time.comb
1      92      A  pre    a        pre       pre
2      93      A  pre    b        pre       pre
3      84      A   20    a        20+        20
4      88      A   20    b        20+        20
5      88      A   30    a        20+       30+
6      90      A   30    b        20+       30+
7      86      A   60    a        20+       30+
8      89      A   60    b        20+       30+
9      87      A   90    a        20+       30+
10     90      A   90    b        20+       30+
11     85      B  pre    a        pre       pre
12     85      B  pre    b        pre       pre
13     74      B   20    a        20+        20
....
```

这个文件可以直接用 read.table 读取，除了文件名字之外不需要其他参数。它将识别那种情形，即第一行是比其他行要短的项，并解释这样设计表示第一行是标头并且接下来的行的第一个值都是行标号——输出数据结构时生成的设计。

像这样读取因子或许是方便的，然而也有缺陷：水平顺序是按字母排列的，所以

```
> levels(secretin$time)
[1] "20"  "30"  "60"  "90"  "pre"
```

如果这不是你想要的，那么你不得不处理一下这些水平，见 10.1.2 小节。

技术提示：以上文件都包含在子目录（文件夹）rawdata 下的 ISwR 包中。在你的系统中文件究竟在何处取决于 ISwR 包安装在哪里。你可以通过如下方式找到它：

```
> system.file("rawdata", "thuesen.txt", package="ISwR")
[1] "/home/pd/Rlibrary/ISwR/rawdata/thuesen.txt"
```

2.4.2　read.table 的进一步讨论

read.table 函数是有多个选项控制的非常灵活的工具。我们不试图在这里就给出完整的描述，而只给出几个它所能做的事情的提示。

文件格式细节

我们已经看到过 header=T 的使用。其他选项的几个控制输入文件具体格式如下：

字段分隔符。 这可以使用 sep 指定。注意，当它使用时，与默认的空白符的使用相反，数据字段之间必须有一个准确的分隔符。两个连续的分隔符表示之间有一个缺失值。相反，在默认格式下，有必要使用具体代码来表示缺失值，也可

以使用包含嵌入空格的字符串引用的某种形式。

NA 字符串。你可以通过 na.strings 指定哪些字符串表示缺失值。可以有几个不同的字符串，虽然不是不同列对应不同的字符串。对来自 SAS 的输出文档，你可以使用 na.strings="."。

引用和注释。默认情况下，R 风格的引用可以用来界定字符串，紧接着注释字符#之后的部分文档将被忽略。这些功能可以通过 quote 和 comment.char 参数被修改或删除。

不等字段计数。如果不是所有的行包含相同数目的值，这通常被认为是一个错误（第一行可以是一个短项，见上面 secretin 数据的描述）。fill 和 flush 参数可以用来处理不同长度的行。

界定文件类型

如电子表格和数据库的应用中产生的文本文件格式需要调整多个选项。为此目的，read.table 有"预处理"过了的变种。其中两个用于处理 CSV 文件，称为 read.csv 和 read.csv2。前一个假定字段由逗号分隔，后一个假定由分号分隔但是用逗号作小数点（这种格式通常出现于欧洲语言格式）。这两种格式都默认 header=T。其他变种有 read.delim 和 read.delim2，用于读取分隔的文件（默认为制表符分隔（Tab-delimited）的文件）。

输入转换

在 read.table 中，舍弃默认的转换机制也可能是必要的。默认情况下，非数字输入被转化成因子，但这并不总是有意义。比如，名称和地址通常就不需要转换。这可以通过对所有的列使用 stringsAsFactors 或者基于每一项使用 as.is 来修改。

自动转换通常是方便的，但它在计算时间和存储方面效率不高。为了读取一个数字列，read.table 首先作为字符数据读取，检查是否所有数据都可以转换成数字，只有当确实如此时才进行转换。colClasses 参数允许你绕过具体指定哪些列是哪一类的机制（标准类"character"，"numeric"等，获得特殊处理）。你也可以通过指定"NULL"作为其类别跳过不需要的列。

2.4.3 数据编辑器

R 允许你使用类似电子表格的界面编辑数据框。这一界面有些粗糙，但对小型数据集非常有用。

为编辑数据框,你可以使用 edit 函数:

```
> aq <- edit(airquality)
```

数据框中的每一个变量由编辑器中一列代表。airquality 数据集已经被置入 R,要看它的内容可以用 help(airquality)。在编辑器内部,你可以移动鼠标或光标键,通过键入数据编辑当前单元格。变量的类型可以通过点击列标题在实数(数字)和字符(因子)之间转换,变量名也可以类似改变。注意,这里(如同 R 2.6.2)没有办法删除行或列,新数据只能在最后输入。

当你关掉数据编辑器时,编辑过的数据框分配给 aq。原来的 airquality 保持不变。另外,如果你不介意覆盖原来的数据框,你可以使用

```
> fix(aq)
```

这等价于 aq <- edit(aq)。

输入数据到一个空白数据框,可以使用

```
> dd <- data.frame()
> fix(dd)
```

另外一个办法可以是 dd <- edit(data.frame())。它可以执行得很好,除非初学者需要编辑 dd 时试图重新执行命令,这当然就破坏了所有的数据。在每种情形下从一个空白数据框开始都是有必要的,因为默认情况下,edit 希望你编辑一个用户定义的函数,并且如果你以 edit()开始的话,将弹出一个文本编辑器。

2.4.4 其他程序的接口

有时候你会希望在 R 和其他统计软件包或电子表格之间互相读取数据。一种简单的回退方法是要求使用的软件包将数据作为某种形式的文本文档输出,然后使用之前介绍过的 read.table,read.csv,read.csv2,read.delim 或 read.delim2 等命令。

foreign 包是标有"推荐"的包之一,因此应该包含在 R 的可执行版本中。它包含读取多种格式文档的程序,包括来自 SPSS(.SAV 格式)、SAS(导出库)、EPI-INFO(.REC)、STATA、SYSTAT、Minitab 中的文档,以及一些 S-PLUS 版本转储文件。

UNIX/Linux 用户有时会用到写于 Windows 上的数据集。foreign 包仍能对它所支持的文档操作。这里要注意,普通的 SAS 数据集并不在上述支持格式里。

这种数据集必须在源系统上转换为导出库。那些进入 Microsoft Excel 电子表格的数据是最方便使用兼容应用程序，如 OOO（OpenOffice.org）提取的。

还有一种便利的方法是从系统剪贴板中读取。比如说，在电子表格中选中一个矩形区域，按 Ctrl+C（在 Windows 下），然后在 R 中使用

```
read.table("clipboard", header=T)
```

当然，这确实需要一点谨慎。由于你只传输显示在屏幕上的数据，所以这可能会导致精度损失。如果数据有很多重要位数的话，这是最值得关注的问题。

对存储在数据库中的数据，CRAN 中有一些界面包。Windows 和一些 UNIX 数据库中特别令人感兴趣的是 RODBC 包，因为你可以设置 ODBC（开放式数据库连接）连接到常用应用程序（如 Excel 和 Access）所存储的数据。一些 UNIX 数据库（如 PostgreSQL）也允许 ODBC 连接。

关于这些问题的最新信息，请查阅系统自带的"R 数据导入/导出"手册。

2.5 练习题

2.1 描述如何通过 append 函数（使用帮助系统查找该函数）在给定位置的两个向量元素之间插入一个值。如果没有 append，你会怎么做呢？

2.2 用 write.table 把内置数据集 thuesen 写到制表符（Tab-separated）分割文档文件中。用文本编辑器（取决于你使用的系统）查看它。把 NA 值改变成.（句号），把改变了的文档用合适的命令重新读回到 R 中。也可以尝试将数据导入其他你所选择的应用程序，并在编辑后将它们导入到一个新的文件。可能你必须删除行名称来完成这项工作。

第 3 章

概率和分布

随机性和概率是统计中的核心概念。一个经验事实是大多数试验和观测不能完美地重现。无法复制的程度可能千差万别：有些物理试验产生的数据可能精确到小数点后面很多位，而生物系统中的数据可能就很不可靠。然而，把数据看作来自于一个统计分布的观点对理解统计方法是非常关键的。这一部分概述概率的基本思想以及 R 中包含的关于随机抽样和处理理论分布的函数。

3.1 随机抽样

概率论中早期的工作都基于对称性考虑与游戏和赌博有关的问题。基本的概念是随机样本：分发洗好的牌或者从一个充分混合的罐子中摸带编号的球。

在 R 中，你可以用 sample 函数模拟这些情形。如果你想从 1 至 40 中随机取 5 个数字，那么你可以写：

```
> sample(1:40,5)
[1]  4 30 28 40 13
```

第一个参数（x）是一个被抽样的值向量，第二个参数（size）是抽样大小。事实上，由于一个单个的数字可以代表整数序列的长度，上述命令用 sample(40,5) 就足够了。

注意，sample 的默认行为是无放回抽样。也就是说，样本不会包含同一个数字两次，并且 size 明显不能超过被抽样向量的长度。如果你想有放回抽样，那么你需要加上参数 replace=TRUE。

有放回抽样适用于投硬币或掷骰子模型。比如，模拟 10 次投掷硬币，我们可以用：

```
> sample(c("H","T"), 10, replace=T)
 [1] "T" "T" "T" "T" "T" "H" "H" "T" "H" "T"
```

公平地掷硬币的话，出现正面和出现反面的概率应该是一样的，但随机事件的思想显然不局限于对称情形。它同样适用于其他情形，如一种外科手术的成功结果。希望成功的机会超过 50%。你也可以通过使用 sample 函数中 prob 参数来模拟那种结果具有不相等概率的数据（如成功的几率是 90%），如

```
> sample(c("succ", "fail"), 10, replace=T, prob=c(0.9, 0.1))
 [1] "succ" "succ" "succ" "succ" "succ" "succ" "succ" "succ"
 [9] "succ" "succ"
```

当然，这可能不是产生这种样本的最好方法。参考后面关于二项分布的讨论。

3.2 概率计算和排列组合

我们回到无放回抽样的情形，如 sample(1:40, 5)，得到一个给定数字作为第一个样本的概率是 1/40，第二个则是 1/39，依此类推。那么给定一个样本的概率就是 1/（40×39×38×37×36）。在 R 中，使用 prod 函数，它用于计算数字向量的乘积：

```
> 1/prod(40:36)
[1] 1.266449e-08
```

然而，要注意，这是一个在给定顺序下获得给定数字的概率。如果这是一种像乐透彩票的游戏，你更感兴趣的是正确猜出 5 个给定的数字集合的概率。因此，你需要包含那些有同样的数字但是顺序不同的情形。很明显，由于每种情形的概率都是相同的，我们需要做的就是输出一共有多少种这样的情形，然后乘到概率上。第一个数字有 5 种可能，对其中每一种情形的第二个数字又有 4 种可能，依此类推。从而可能数字是 5×4×3×2×1。这个数字也可以记成 5!（5 的阶乘）。所以"赢得乐透大奖"的概率是：

```
> prod(5:1)/prod(40:36)
[1] 1.519738e-06
```

有其他方法得到同样的结果。注意，具体的数字集合是无关紧要的，所有 5 个数字的集合必须有相同的概率。所以，我们所要做的就是计算出从 40 个数字中选取 5 个的所有可能数。这可以记成：

$$\binom{40}{5} = \frac{40!}{5!35!} = 658008$$

在 R 中，可以用 choose 函数来计算这个数字，所以上述概率可以写成：

```
> 1/choose(40,5)
[1] 1.519738e-06
```

3.3 离散分布

当观察一个独立重复二项试验时，通常对每次试验的成功或失败并不感兴趣，更感兴趣的是成功（或失败）的总数。显然这个数字是随机的，因为它依赖于每一次随机结果，因此被称为随机变量。这里，它是一个可以取值为 $0,1,2,\ldots,n$ 的离散值的随机变量，其中 n 是重复数。连续型随机变量将在后面见到。

随机变量 X 具有概率分布，可以用点概率 $f(x) = P(X=x)$ 或累积分布函数 $F(x) = P(X \leq x)$ 描述。在上述二项分布情形下，分布可以用点概率来得到：

$$f(x) = \binom{n}{x} p^x (1-p)^{n-x}$$

这就是已知的二项分布，$\binom{n}{x}$ 被称为二项系数。参数 p 是一次独立试验中成功的概率。二项分布点概率的图如图 3.2 所示。

这里我们先不介绍与二项分布有关的 R 函数，直到讨论连续分布以后再用一种统一的方法来展示。

许多其他分布也可以通过简单的模型得到。例如，几何分布就类似于二项分布，只是它记录的是第一次成功之前失败发生的次数。

3.4 连续分布

有些数据来自于对实质连续尺度的测量，比如温度、浓度等。实际中，它们只能被记录成有限精度的值，但在建模中忽视这一点是很有好处的。这种测量通常包含随机变化的因素，这使得测量很难被完全重复。然而，这种随机波动会遵循某种模式；通常它会集中在某个中心值附近，大的偏差比小的要少得多。

为了对连续数据建模，我们需要定义能包含任意实数值的随机变量。因为有无穷的数字无限接近，任何特定值的概率是零，所以这里没有像离散型随机变量那样的点概率的说法，取而代之的是密度的概念。它是指 x 的一个小邻域的无穷小概率除以区域的大小。累积分布函数的定义如前，并且我们有下面关系：

$$F(x) = \int_{-\infty}^{x} f(x)\mathrm{d}x$$

在统计理论中有许多常见的分布,可以在 R 中使用。详细描述它们没有太多意义,我们只看下面几个例子。

均匀分布是在一个特定的区间(默认是[0,1])上有常数密度。

正态分布(也称为高斯分布)具有密度:

$$f(x) = \frac{1}{\sqrt{2\pi}\sigma} \exp\left(-\frac{(x-\mu)^2}{2\sigma^2}\right)$$

依赖于均值 μ 和标准差 σ。正态分布有标志性的钟形曲线(见图 3.1),改变 μ 和 σ 会平移和放缩分布。这是统计模型中的标准构造模板,通常用来描述误差波动。在其他情形下,它也作为近似分布出现,比如大样本二项分布可以用一个合适尺度的正态分布来很好地近似。

3.5 R 中的内置分布

与建模和统计检验有关的常用标准分布都已经嵌入在 R 中,因此可以完全取代传统的统计表格。这里我们仅看一下正态分布和二项分布,其他分布将遵循完全相同的模式。

对一个统计分布可以计算 4 项基本内容:

1. 密度或点概率
2. 累积概率分布函数
3. 分位数
4. 伪随机数

对 R 中所有的分布,关于上面列出的 4 项都对应一个相应的函数。比如,对于正态分布,它们分别为 dnorm, pnorm, qnorm 和 rnorm(分别对应密度、概率、分位数和随机数)。

3.5.1 密度

连续分布的密度是"得到一个接近 x 的值"的相对可能性的度量。在一个特定区间得到一个值的概率是在相应曲线下的面积。

对于离散分布，术语"密度"用于点概率——恰好得到 x 值的概率。技术上说，这是正确的，它是关于计数测度的密度。

密度函数可能是 4 种函数类型中最少在实际中使用的。但是如果希望绘制众所周知的正态分布钟形曲线，它可以如下进行：

```
> x <- seq(-4,4,0.1)
> plot(x,dnorm(x),type="l")
```

（注意，这里是字母"l"，不是数字"1"。）

函数 seq 用于产生等距数值，这里是从–4 到 4，步长为 0.1，即（–4.0，–3.9，–3.8，…，3.9，4.0）。type="l"作为函数 plot 的参数使用使得函数在点与点之间划线而不只是画出点本身来。

创建图形的另外一种方法是使用 curve：

```
> curve(dnorm(x), from=-4, to=4)
```

这通常是一种更方便的作图方法。但它确实需要 y 值可以通过 x 的简单函数表达式表示出来。

对于离散分布，变量只能取那些明确的值，更倾向于画针形图。下面是 n=50 ，p=0.33 的二项分布图形（见图 3.2）。

```
x <- 0:50
plot(x,dbinom(x,size=50,prob=.33),type="h")
```

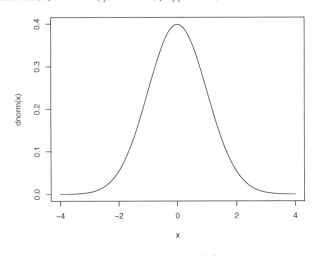

图 3.1 正态分布的密度

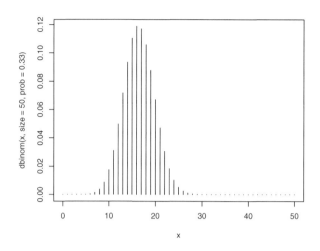

图 3.2 binom(50,0.33)的点概率

注意，这次"d-函数"有 3 个参数。除了 x，你还要具体指定试验次数 n 和概率参数 p。比如，画出来的分布相应于投掷一个公平的骰子 50 次出现 5 点或 6 点的数量。实际上，dnorm 还有其他参数，即均值和标准差，但是它们分别有默认值 0 和 1，因为通常这是标准正态分布所要求的。

0:50 是 seq(0,50,1)的简写：所有从 0 到 50 的整数。type="h"（表示类似于直方图）指定画出针形图来。

3.5.2 累积分布函数

累积分布函数描述的是对一个给定分布小于或等于 x 的分布的概率。相应的 R 函数按惯例以"p"（probability 的第一个字母）开头。

正如可以对密度作图，也可以对累积分布函数作图，但通常不会有更多的信息。更需要的是实际的数字。比方说已知的健康个体的某种生物化学测量值可以很好地用均值为 132、标准差为 13 的正态分布描述。那么，如果一个患者的该值是 160，则

```
> 1-pnorm(160,mean=132,sd=13)
[1] 0.01562612
```

或者说，一般人群中只有 1.5%的可能是这个值或更高。pnorm 函数返回一个在给定均值和标准差的正态分布下取到小于第一个参数的事件的概率。

另一个典型的应用与统计检验有关。考虑简单的符号检验：20 个病人每人进行 2 种治疗（病人不知是哪种治疗而且以随机的顺序治疗），问治疗 A 还是 B

更好。结果表明 16 个病人觉得 A 更好。问题是这是否能作为 A 确实更好的充分证据，还是说这个结果也可能只是偶然发生的，即使两种治疗效果同样好。如果两种治疗没有差别，可以认为喜欢治疗 A 的人数服从 $n=20$，$p=0.5$ 的二项分布。那么得到我们观测到的结果有多少（不）可能呢？如同在正态分布下，我们需要一个尾部概率，直接的猜想应该是看：

```
> pbinom(16,size=20,prob=.5)
[1] 0.9987116
```

然后用 1 减去它得到上尾概率——但这是错误的！我们需要的是观测到的或更极端的概率，pbinom 给出了 16 或者更少数量的概率。我们用"15 或更少"来代替：

```
> 1-pbinom(15,size=20,prob=.5)
[1] 0.005908966
```

如果因为没有关于哪种治疗更好的先验的想法从而希望进行双侧检验，那么你必须加上得到在另一侧同样极端结果的概率。在上面例子中，这意味着 4 个或者更少的人喜欢 A 的概率，下面给出总的概率：

```
> 1-pbinom(15,20,.5)+pbinom(4,20,.5)
[1] 0.01181793
```

（明显这恰好是单侧概率的 2 倍）。

正如我们在上面命令所看到的，只要参数以正确的顺序给出，使用 size 和 prob 关键字不是严格必要的（位置匹配，见 1.2.2 小节）。

令人困惑的是，是否把观测本身计算在内。幸运的是，函数 binom.test 记录了这些并进行了正确的二项检验。这将在第 8 章进一步讨论。

3.5.3 分位数

分位数函数是累积分布函数的反函数。P-分位数是具有这样性质的一个值：得到小于等于它的概率为 p。根据定义，中位数即 50%分位数。

不连续分布下关于上述定义的许多细节这里没有讨论。你可以通过用 R 函数尝试很容易地推断它的性质。

统计分布表几乎总是依据分位数给出。对固定的一组概率集，表格给出为了在特定水平下被认为显著，检验统计量所必须超过的一个临界值。这纯粹是因为操作的原因，当你有精确计算 p 的选择的时候，这几乎是多余的。

理论分位数通常用于置信区间的计算,以及与设计试验有关的势函数的计算

（见第 9 章）。下面给出一个置信区间计算的简单例子（或见第 5 章）。

如果有来自具有共同均值 μ 和标准差 σ 的正态分布的 n 个观测，众所周知，均值 $\bar{X}$ 服从均值为 μ、标准差为 $\sigma/\sqrt{n}$ 的正态分布。μ 的 95% 置信区间为：

$$\bar{x} + \sigma/\sqrt{n} \times N_{0.025} \leqslant \mu \leqslant \bar{x} + \sigma/\sqrt{n} \times N_{0.975}$$

其中 $N_{0.025}$ 是正态分布的 2.5% 分位数。如果 $\sigma = 12$，我们测量了 $n = 5$ 个人，得到均值 $\bar{x} = 83$，那么我们可以计算相关分位数如下（sem 表示 standard error of the mean）：

```
> xbar <- 83
> sigma <- 12
> n <- 5
> sem <- sigma/sqrt(n)
> sem
[1] 5.366563
> xbar + sem * qnorm(0.025)
[1] 72.48173
> xbar + sem * qnorm(0.975)
[1] 93.51827
```

因此我们得到 μ 的一个置信度为 95% 的置信区间，从 72.48 到 93.52（注意这是基于 σ 已知的假设，在过程控制中这样做有时是合理的。利用数据估计 σ 的更一般的情形会导出一个基于 t 分布的置信区间，将在第 5 章讨论）。

由于正态分布是对称的，所以有 $N_{0.025} = -N_{0.975}$，通常把置信区间公式写成 $\bar{x} \pm \sigma/\sqrt{n} \times N_{0.975}$。这个分位数本身通常记成 $\Phi^{-1}(0.975)$，此处 Φ 是标准正态分布（pnorm）函数的标准符号。

分位数的其他应用与 Q-Q 图相关（见 4.2.3 小节），Q-Q 图用来评价一组数据是否可以被合理地假设成来自于某一个给定的分布。

3.5.4 随机数字

对很多人来说，在计算机上产生随机数听起来就很矛盾，因为计算机运行结果应该是可预测和可重复的。事实上，可能的只是在计算机上产生一个"伪随机数"序列，在实际使用中把它们看作随机抽取的。

这里随机数用于给读者一种感觉,即通过某种方式随机性影响从一个数据集计算出来的数量。在专业统计中，它们被用来创建模拟数据集，用于研究数学近似的精确度以及假设被违背时的效果。

使用随机数产生函数非常简单。第一个参数指定用于计算的随机数的数量,

后续参数类似于其他与相同分布有关的函数中相应位置的参数。例如,

```
> rnorm(10)
 [1] -0.2996466 -0.1718510 -0.1955634  1.2280843 -2.6074190
 [6] -0.2999453 -0.4655102 -1.5680666  1.2545876 -1.8028839
> rnorm(10)
 [1]  1.7082495  0.1432875 -1.0271750 -0.9246647  0.6402383
 [6]  0.7201677 -0.3071239  1.2090712  0.8699669  0.5882753
> rnorm(10,mean=7,sd=5)
 [1]  8.934983  8.611855  4.675578  3.670129  4.223117  5.484290
 [7] 12.141946  8.057541 -2.893164 13.590586
> rbinom(10,size=20,prob=.5)
 [1] 12 11 10  8 11  8 11  8  8 13
```

3.6 练习题

3.1 计算下列事件的概率:(a)一个标准正态分布变量大于 3 的概率。(b)均值为 35、标准差为 6 的正态分布变量大于 42 的概率。(c) $n=10$, $p=0.8$ 的二项分布得到 10 的概率。(d) X 是标准均匀分布时,$X<0.9$ 的概率。(e)自由度为 2 的卡方分布,$X>6.5$ 的概率。

3.2 拇指法则是指正态分布的大约 5%位于均值的±2s 区间之外。在多大程度上,这是正确的?相应于 1%, 0.5%和 0.1%的界限在哪里?在标准差单位下,四分位数的位置在哪里?

3.3 对于一种疾病,已知有术后并发症发生频率为 20%,外科医生建议一种新方法。他测试了 10 例病人,没有并发症。传统方法下,10 位病人全部成功手术的概率多大?

3.4 模拟投币试验可以用 rbinom 代替 sample。你会如何做呢?

第 4 章

描述性统计和图形

在进入实际统计建模和数据集分析之前,根据一些汇总统计量和图形对数据进行简单的特征分析是很有用的。

4.1 单组的汇总统计量

用 R 计算一些简单的汇总统计量是很容易的。这里显示的是如何计算均值、标准差、方差和中位数。

```
> x <- rnorm(50)
> mean(x)
[1] 0.03301363
> sd(x)
[1] 1.069454
> var(x)
[1] 1.143731
> median(x)
[1] -0.08682795
```

注意,上述例子是始于产生人工数据向量 x,50 个来自于正态分布的观测。这将在这一节的例子中使用。当再次运行这个例子的时候,由于产生的随机数不同,你将不会得到完全相同的结果。

经验分位数可以通过函数 quantile 如下获得:

```
> quantile(x)
         0%         25%         50%         75%        100%
-2.60741896 -0.54495849 -0.08682795  0.70018536  2.98872414
```

如你所见,默认给出最小值、最大值,以及 3 个四分位数——0.25, 0.5, 0.75

4.1 单组的汇总统计量

分位数——如此命名是因为它们相应于一个四部分的分割。类似地，我们还有十分位数，0.1，0.2，…，0.9 以及百分位数。第 1 个和第 3 个四分位数之差称为四分位点内距（IQR），有时用它作为标准差的稳健估计。

得到其他分位数也是可以的，这通过增加一个包含你需要的分位数参数来完成。比如，下面给出如何得到十分位数：

```
> pvec <- seq(0,1,0.1)
> pvec
 [1] 0.0 0.1 0.2 0.3 0.4 0.5 0.6 0.7 0.8 0.9 1.0
> quantile(x,pvec)
         0%          10%          20%          30%          40%
-2.60741896  -1.07746896  -0.70409272  -0.46507213  -0.29976610
        50%          60%          70%          80%          90%
-0.08682795   0.19436950   0.49060129   0.90165137   1.31873981
       100%
 2.98872414
```

需要注意，经验分位数有几种定义。默认情形下，R 使用的是基于多边形定义的，其中第 i 个顺序的观测是 $(i-1)/(n-1)$ 分位数，中位数通过线性插值得到。有时候会使人混淆的是，在一个容量为 10 的样本中，根据这个定义，在四分位数之前会有 3 个观测。其他定义可以通过 quantile 中的 type 参数获得。

如果有缺失值存在，问题就会变得复杂一些。我们用下面的例子来说明这个问题。

数据集 juul 包含来自 Anders Juul（教学研究医院，生长与生殖系）完成的调查报告中的变量，调查报告是关于健康人群，主要是学龄儿童的血清 IGF-I（类胰岛素生长因子）的。该数据集包含在 ISwR 包中，包含了很多变量，现在我们只使用 igf1（血清 IGF-I），但在后面的章节我们还会使用 tanner（青春期的 Tanner 分期，一种基于原发性和继发性性征外观划分为五组的分类），sex 和 menarche（表示一个女孩是否到了月经期）。

当我们试着去计算 igf1 的均值的时候，出现了一个问题。

```
> attach(juul)
> mean(igf1)
[1] NA
```

R 不能跳过缺失值，除非明确要求它那么做。有一个未知值的向量的均值也是未知的。然而，你可以用 na.rm（not available, remove）参数来要求移除未知值：

```
> mean(igf1,na.rm=T)
[1] 340.168
```

这里有一个略微令人讨厌的例外：length 函数不识别 na.rm，所以我们不能用它来数 igf1 中非缺失观测的个数。然而，你可以用：

```
> sum(!is.na(igf1))
[1] 1018
```

上述结构利用了一个事实，即逻辑值如果用于算术计算，那么 TRUE 将转换成 1，而 FALSE 变成 0。

summary 函数可以展示出一个数字变量的很好的汇总：

```
> summary(igf1)
   Min. 1st Qu.  Median    Mean 3rd Qu.    Max.    NA's
   25.0   202.2   313.5   340.2   462.8   915.0   321.0
```

1st Qu.和 3rd Qu.分别指经验四分位数（0.25 和 0.75 分位数）。

事实上，可以对整个数据框进行汇总：

```
> summary(juul)
      age             menarche          sex
 Min.   : 0.170   Min.   : 1.000   Min.   :1.000
 1st Qu.: 9.053   1st Qu.: 1.000   1st Qu.:1.000
 Median :12.560   Median : 1.000   Median :2.000
 Mean   :15.095   Mean   : 1.476   Mean   :1.534
 3rd Qu.:16.855   3rd Qu.: 2.000   3rd Qu.:2.000
 Max.   :83.000   Max.   : 2.000   Max.   :2.000
 NA's   : 5.000   NA's   :635.000  NA's   :5.000
      igf1           tanner           testvol
 Min.   : 25.0   Min.   : 1.000   Min.   : 1.000
 1st Qu.:202.2   1st Qu.: 1.000   1st Qu.: 1.000
 Median :313.5   Median : 2.000   Median : 3.000
 Mean   :340.2   Mean   : 2.640   Mean   : 7.896
 3rd Qu.:462.8   3rd Qu.: 5.000   3rd Qu.: 15.000
 Max.   :915.0   Max.   : 5.000   Max.   : 30.000
 NA's   :321.0   NA's   :240.000  NA's   :859.000
```

数据集中 menarche，sex 和 tanner 被编码成数值变量，虽然它们明显是分类变量。这可以被如下改进：

```
> detach(juul)
> juul$sex <- factor(juul$sex,labels=c("M","F"))
> juul$menarche <- factor(juul$menarche,labels=c("No","Yes"))
> juul$tanner <- factor(juul$tanner,
+                labels=c("I","II","III","IV","V"))
> attach(juul)
> summary(juul)
      age          menarche    sex         igf1
 Min.   : 0.170   No :369    M   :621   Min.   : 25.0
 1st Qu.: 9.053   Yes:335    F   :713   1st Qu.:202.2
```

4.1 单组的汇总统计量

```
Median :12.560   NA's:635   NA's:    5   Median :313.5
Mean   :15.095                            Mean   :340.2
3rd Qu.:16.855                            3rd Qu.:462.8
Max.   :83.000                            Max.   :915.0
NA's   : 5.000                            NA's   :321.0
 tanner        testvol
 I   :515   Min.   : 1.000
 II  :103   1st Qu.: 1.000
 III : 72   Median : 3.000
 IV  : 81   Mean   : 7.896
 V   :328   3rd Qu.: 15.000
 NA's:240   Max.   : 30.000
            NA's   :859.000
```

注意因子变量的显示是如何变化的, 还要注意 juul 被删除以及在修改后重新加载（reattach）。这是因为修改数据框并不影响任何加载形式。这里并不是严格必要的, 因为 summary 直接对数据框操作, 无论其是否加载。

在上面, 变量 sex, menarche 和 tanner 被转换为辅以适当水平名称的因子变量（在原始数据中, 它们以数字代码显示）。这些转化后的变量重新放回数据框 juul, 从而替代原来的 sex, menarche 和 tanner 变量。我们也可以使用 transformf 函数（或 within）:

```
> juul <- transform(juul,
+   sex=factor(sex,labels=c("M","F")),
+   menarche=factor(menarche,labels=c("No","Yes")),
+   tanner=factor(tanner,labels=c("I","II","III","IV","V")))
```

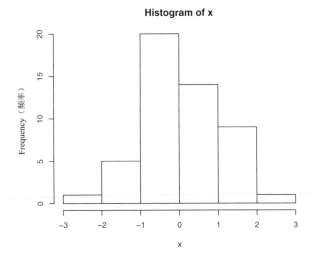

图 4.1 直方图

4.2 分布的图形展示

4.2.1 直方图

你可以通过绘制直方图得到对分布形状的一个适当的印象,即计数多少观测落入 x 轴的特定分割(小箱子)中(见图 4.1):

```
> hist(x)
```

通过在 hist 调用中指定 breaks=n,你可以在直方图中得到大约 n 个条,因为算法会尽力创建"合适"的分割点。你可以通过指定 breaks 为一个向量而不仅是数字完成对区间分割的完全控制。Altman(1991 年)一书包含一个按年龄分组的事故率的例子。给定的年龄组分别为 0–4 岁,5–9 岁,10–15 岁,16 岁,17 岁,18–19 岁,20–24 岁,25–59 岁和 60–79 岁。可以输入数据如下:

```
> mid.age <- c(2.5,7.5,13,16.5,17.5,19,22.5,44.5,70.5)
> acc.count <- c(28,46,58,20,31,64,149,316,103)
> age.acc <- rep(mid.age,acc.count)
> brk <- c(0,5,10,16,17,18,20,25,60,80)
> hist(age.acc,breaks=brk)
```

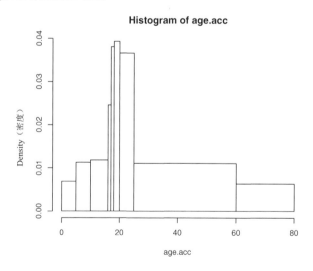

图 4.2　不等分割的直方图

这里前三行是书中表格中产生的伪数据。对于每一个区间,观测的相对数量是由设置为区间中点的年龄产生的,即 28 个 2.5 岁,46 个 7.5 岁的等。这样就定义了一个分割点向量 brk(注意,极值需要被包含在其中)。该参数用于设置 hist 函数中的 breaks 参数,从而产生图 4.2。

请注意，你自动获得了一个"正确"的直方图，其中一个柱子的"面积"正比于观测的个数。y 轴是密度单位（每个 x 单位中数据的比例），因此直方图的总面积应该是 1。如果因为某些原因，你希望一个（令人误解的）直方图的列高是每个区间中的原始数据数量，那么你可以用 freq=T 指定。对等距离分割点，这是默认的（因为你可以看到有多少观测落入每个区间），但是你可以设置 freq=F 得到密度显示。这确实仅仅是 y 轴上尺度的变化。但它的优点是在直方图上叠加一个相应的理论密度函数成为可能。

4.2.2 经验累积分布

经验累积分布函数定义为小于等于 x 的数据占总数据的比例。也就是说，如果 x 是第 k 小的观测值，那么小于等于 x 的数据的比例为 k/n（如果 x 是 10 个中的第 7 个，则为 7/10）。经验累积分布函数可以如下作图（见图 4.3），其中 x 是来自 4.1 节的模拟数据向量：

```
> n <- length(x)
> plot(sort(x),(1:n)/n,type="s",ylim=c(0,1))
```

作图参数 type="s"给出一个阶梯函数，其中（x, y）是步长的左端点，ylim 是两个元素的向量，用于指定图中 y 坐标的边界点。c(...)用以创建向量。

更详细的关于经验累积分布函数的说明可以通过 ecdf 函数得到。该函数中对阶梯函数的数学定义更加精确。

4.2.3 Q–Q 图

计算经验累积分布函数的目的之一是观察数据是否能被假设成来自正态分布。为更好地评估，你可以画出第 k 个最小观测值和来自标准正态分布的 n 个值中第 k 个最小观测值的图形。关键之处是，用这种方法，如果数据是来自任何均值和标准差的正态分布，你应该得到一条直线。

画出这样一个图形稍微有点儿复杂。幸运的是，有一个函数 qqnorm 来做这件事情。使用它的结果可以在图 4.4 中看到。你只需要写

```
> qqnorm(x)
```

正如图 4.4 的标题所表明的，这种类型的图被称为"Q-Q 图"（Quantile versus Quantile）。注意，相对于经验累积分布函数来说，Q-Q 图的 x 和 y 是可以互换的——观测值现在是画在 y 轴的方向。你可以注意到，按照这种约定，如果曲线的外部两侧比中间部分更陡峭，分布是重尾的。

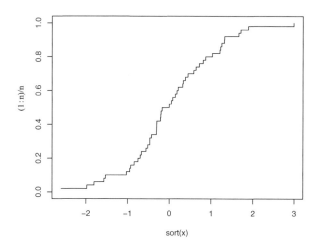

图 4.3　经验累积分布函数

有些读者学过"概率图",它是类似的,但轴互换了。可以认为 R 画图的方式更好,因为理论分位数是提前知道的,而经验分位数依赖于数据。一般说来,你会愿意选择在水平方向画固定值,垂直方向画变量值。

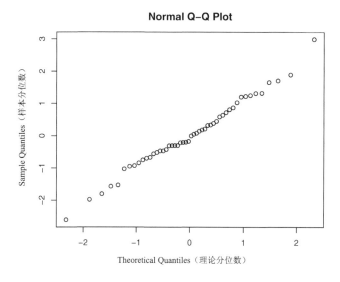

图 4.4　qqnorm(x)作的 Q-Q 图

4.2.4　箱式图

"箱式图",或更具体化地称为"箱须图",是一个分布的图形概括。图 4.5 给出 IgM 和它的对数的箱式图,见 Altman (1991)上的例子。

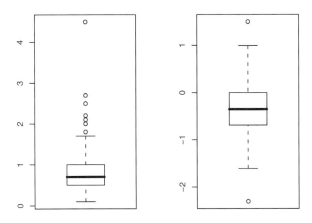

图 4.5 IgM 和 log IgM 的箱式图

下面说明 R 中如何绘制箱式图。中间的箱是"中枢"（接近四分位数，参见 boxplot.stats 的帮助页面）和中位数。线（"须"）表示落在离最近的箱子边为箱子尺寸 1.5 倍的距离内的最大或最小的观测。任何观测如果落得更远，那些点将被视为"极端"值，会被单独画出来。

具体使用如下：

```
> par(mfrow=c(1,2))
> boxplot(IgM)
> boxplot(log(IgM))
> par(mfrow=c(1,1))
```

两个并列图的布局使用 mfrow 作图参数指定，全称是 multiframe, rowwise, 1 × 2 layout。单个图被组织在一行两列上。正如你可能猜想到的，mfcol 参数用来绘制按列排的图形。在 2×2 布局的图中，区别在于第二幅图画在右上角还是左下角。

注意，在最后把布局参数重新设定回 c(1,1)是必要的，除非你希望继续画此种并列图。

4.3 分组数据的汇总统计量

当处理分组数据的时候，你会经常希望得到一些按组计算的不同的总结统计量，比如均值和标准差的一张表格。为此目的，你可以使用 tapply（见 1.2.15 小节）。下面是一个麻醉过程中三种类型通风的红细胞叶酸浓度相关的例子（见 Altman, 1991）。我们将在 7.1 节重新回到这个例子，还会包含分类名称的解释。

```
> attach(red.cell.folate)
> tapply(folate,ventilation,mean)
N2O+O2,24h  N2O+O2,op     O2,24h
   316.6250    256.4444   278.0000
```

tapply 调用提取 folate 变量，根据 ventilation 分组，然后对每一组计算均值。同样的方法，标准差和每组中变量的数目都可以计算得到。

```
> tapply(folate,ventilation,sd)
N2O+O2,24h  N2O+O2,op     O2,24h
   58.71709   37.12180    33.75648
> tapply(folate,ventilation,length)
N2O+O2,24h  N2O+O2,op     O2,24h
         8           9           5
```

尝试像下面这样更好地显示：

```
> xbar <- tapply(folate, ventilation, mean)
> s <- tapply(folate, ventilation, sd)
> n <- tapply(folate, ventilation, length)
> cbind(mean=xbar, std.dev=s, n=n)
                mean   std.dev n
N2O+O2,24h  316.6250  58.71709 8
N2O+O2,op   256.4444  37.12180 9
O2,24h      278.0000  33.75648 5
```

对 juul 数据来说，我们可能希望求按 tanner 对 igf1 分组后的均值，但是不可避免地，我们在这里又遇到了缺失值问题：

```
> tapply(igf1, tanner, mean)
  I  II III  IV   V
 NA  NA  NA  NA  NA
```

我们需要让 tapply 传递作为参数的 na.rm=T 给 mean，从而使得缺失值被排除在外。这可以很简单地通过把它作为一个额外的参数传递给 tapply 来完成。

```
> tapply(igf1, tanner, mean, na.rm=T)
        I        II       III        IV         V
 207.4727  352.6714  483.2222  513.0172  465.3344
```

函数 aggregate 和 by 是同一个主题的变形。前一个非常类似于 tapply，只是它对整个数据框操作并且把结果作为一个数据框显示。同时显示多个变量是很有用的，比如：

```
> aggregate(juul[c("age","igf1")],
+           list(sex=juul$sex), mean, na.rm=T)
  sex       age      igf1
1   M  15.38436  310.8866
2   F  14.84363  368.1006
```

注意，这个例子中的分组参数必须是一个列表，哪怕它是一维的。列表元素的名称通常作为输出结果的列的名称。还要注意，由于函数应用于数据框的所有列，你可以选择列的子集，这里是数字变量。

索引变量是数据框中不必被汇总的部分，没有像在 subset 中进行的"智能评价"尝试，所以你必须拼出 juul$sex。你也可以使用数据框类似于列表的事实，比如：

```
> aggregate(juul[c("age","igf1")], juul["sex"], mean, na.rm=T)
  sex      age     igf1
1   M 15.38436 310.8866
2   F 14.84363 368.1006
```

（"技巧"是使用单引号索引一个数据框产生一个作为结果的数据框）。

by 函数也是类似的，但还是有所不同。不同之处在于函数现在取整个（子）数据框作为它的变量，所以你可以通过性别总结 juul 数据，如下所示：

```
> by(juul, juul["sex"], summary)
sex: M
      age           menarche    sex       igf1          tanner
 Min.   : 0.17   No   :  0   M:621   Min.   : 29.0   I   :291
 1st Qu.: 8.85   Yes  :  0   F:  0   1st Qu.:176.0   II  : 55
 Median :12.38   NA's :621           Median :280.0   III : 34
 Mean   :15.38                       Mean   :310.9   IV  : 41
 3rd Qu.:16.77                       3rd Qu.:430.2   V   :124
 Max.   :83.00                       Max.   :915.0   NA's: 76
                                     NA's   :145.0
    testvol
 Min.   : 1.000
 1st Qu.: 1.000
 Median : 3.000
 Mean   : 7.896
 3rd Qu.: 15.000
 Max.   : 30.000
 NA's   :141.000
------------------------------------------------
sex: F
      age           menarche    sex       igf1          tanner
 Min.   : 0.25   No   :369   M:  0   Min.   : 25.0   I   :224
 1st Qu.: 9.30   Yes  :335   F:713   1st Qu.:233.0   II  : 48
 Median :12.80   NA's :  9           Median :352.0   III : 38
 Mean   :14.84                       Mean   :368.1   IV  : 40
 3rd Qu.:16.93                       3rd Qu.:483.0   V   :204
 Max.   :75.12                       Max.   :914.0   NA's:159
                                     NA's   :176.0
    testvol
 Min.   : NA
 1st Qu.: NA
 Median : NA
 Mean   :NaN
 3rd Qu.: NA
 Max.   : NA
 NA's   :713
```

调用 by 的结果，事实上是对象的一个列表，它被综合起来作为类"by"的一个对象，并且使用专门为那种类的输出方法输出。你可以把结果指定给一个变量，使用标准列表索引去获得对每个子组访问得到的结果。

同样的技术也可以对每个子组产生更精细的统计分析。

4.4 分组数据作图

在处理分组数据时，很重要的是不仅对每组作图，而且还要对组与组之间的图进行比较。这一节我们回顾一些常用的在同一页为几组数据画出相似图形的作图技术。有些函数在显示可视化多组数据时有一些独有的特征。

4.4.1 直方图

我们已经在 4.2.1 小节看到如何通过 hist(x)得到一个简单的直方图，其中 x 是包含数据的变量。R 将选择分组的数目，使得合适的数据点数落到每一个格子中，同时确保 x 轴上的分割点是"漂亮"的数字。

之前也提到，其他区间数量也可以通过参数 breaks 设置，但是你不能总是准确得到你想要的数量，因为 R 保留了选择"漂亮"的边界点的权利。比如，下面例子中使用了 1.2.14 小节介绍的关于两组妇女的 24 小时能量消耗的 energy 数据集，选择了 0.5 MJ 的倍数作为分割点。

这个例子中还使用了其他一些常用的技术。最后的结果可以在图 4.6 中看到，但首先我们要先拿到数据：

```
> attach(energy)
> expend.lean <- expend[stature=="lean"]
> expend.obese <- expend[stature=="obese"]
```

注意，我们把 energy 数据结构中的 expend 变量根据 stature 因子的值分割成两个向量。

现在我们开始真正作图：

```
> par(mfrow=c(2,1))
> hist(expend.lean,breaks=10,xlim=c(5,13),ylim=c(0,4),col="white")
> hist(expend.obese,breaks=10,xlim=c(5,13),ylim=c(0,4),col="grey")
> par(mfrow=c(1,1))
```

设置 par(mfrow=c(2,1))，从而在一个图中得到两个直方图。在 hist 命令里面，我们使用已经提过的 breaks 参数和 col，它的作用非常明显。我们也使用 xlim 和 ylim 在两个图中得到相同的 x 轴和 y 轴。然而，两个图中的柱形有相同宽度完全是一个巧合。

作为一个实用的注释,当使用上述作图方法时,在那些需要多行代码的地方,每次有地方需要修改的时候,就要在 R 控制台窗口使用命令调用是很麻烦的。更好的做法是打开一个脚本窗口或一个纯文本编辑器,并且剪切、复制整个代码块(见 2.1.3 小节)。你也可以把它作为开始书写简单函数的一个动机。

4.4.2 并联箱式图

你也可能希望在同一个数据框的不同组数据中得到一组箱式图。数据的形式可以是每一组以一个单独向量给出,也可以是放在一个向量中,用另外一个平行的向量或者因子定义其所属的组别。这两种形式给出的数据都可以通过 boxplot 处理。为了说明后者,我们使用 1.2.14 小节介绍过的 energy 数据集。

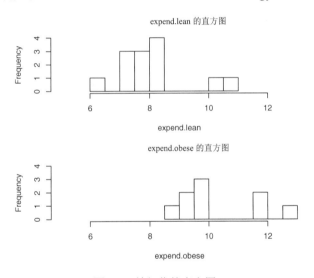

图 4.6 精细化的直方图

图 4.7 如下创建:

> boxplot(expend ~ stature)

我们也可以基于单独的向量 expend.lean 和 expend.obese 作图。在这种情况下,所用的语句应指定向量作为两个单独的参数。

> boxplot(expend.lean,expend.obese)

这个图没有显示在这里,但仅有的差别只是 x 轴的标识。也有第三种形式,其中数据作为一个向量列表的单个参数给出。

底部图形用完整的 expend 向量和分组变量 fstature 作出。

符号 y ~ x 应该读成"用 x 表达的 y"。这是我们在模型公式中看到的第一个例子。后面将会看到更多例子。

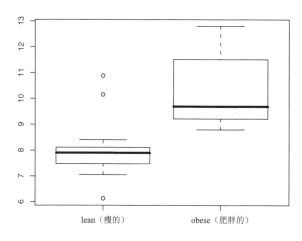

图 4.7 并联箱式图

4.4.3 带状图

上一小节介绍的箱式图显示出没能在数据中很好地发现的"Laurel & Hardy"效应。原因在于一组数据的四分位点内距比另一组大很多，使箱式图看起来很"胖"。使用这么小的分组数据，四分位数的确定变得很不准确，因此对原始数据作图可能是更合适的。如果你手工做这个，你会得到一个点图，那里每一个数据都会在数字线上标记成一个点。R 中自动做这件事情的是函数 stripchart。带状图的 4 个变体显示在图 4.8 中。

4 个图形如下创建：

```
> opar <- par(mfrow=c(2,2), mex=0.8, mar=c(3,3,2,1)+.1)
> stripchart(expend ~ stature)
> stripchart(expend ~ stature, method="stack")
> stripchart(expend ~ stature, method="jitter")
> stripchart(expend ~ stature, method="jitter", jitter=.03)
> par(opar)
```

注意，par 的一个小技巧是用来减少 4 幅图之间的间距。mex 设置减少行间距， mar 减少图形区域周边的线的数量。这些都可以做到，因为这些图形既没有主标题、副标题，也没有 x 轴和 y 轴。所有改变了的设置的原始值储存在一个变量中（这里是 opar），可以用 par(opar) 重新调出。

4.4 分组数据作图

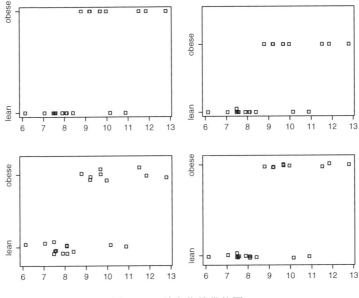

图 4.8 4 种变化的带状图

第一幅图是标准的带状图,其中那些点被简单地画在一条线上。这样做的问题是有些点会因为重叠而看不到。这是会有一个 method 参数的原因,它可以被设置成"stack" 或"jitter"。

前面的方法把相同的值在一个点堆积起来,但它只对那些完全相同的数据这样做,所以在右上图中,只有两个 7.48 被堆积起来,而 8.08,8.09 和 8.11 仍被画在几乎同一个点上。

jitter 方法对所有的点偏置一个垂直的随机量。在第 3 幅图(左下)中标准的跳动(jittering)有点大;它可能更倾向于使数据沿水平线放置这一点更清晰。为此目的,你可以设置 jitter 低于默认值 0.1,在第四幅图中即是如此。

在这个例子中,我们没有麻烦地如同在 boxplot 中做的那样以几种形式指定数据,而是自始至终使用了 expend~stature。

我们也可以写成这样:

```
stripchart(list(lean=expend.lean, obese=expend.obese))
```

但 stripchart(expend.lean, expend.obese)不能使用。

4.5 表格

分类数据通常以表格的形式描述。这一节概述了如何用你的数据创建一个表格以及计算相关的频率。

4.5.1 生成表格

我们主要处理双向的（two-way）表格。在第一个例子中，我们直接记入一个表格，正如来自一本书或一篇期刊文章的表格所需要的那样。

一个双向表格可以作为一个矩阵对象输入（见 1.2.7 小节）。Altman(1991) 给出了一个关于分娩妇女在不同婚姻状况下的咖啡因消耗的例子。表格可以被如下输入：

```
> caff.marital <- matrix(c(652,1537,598,242,36,46,38,21,218
+ ,327,106,67),
+ nrow=3,byrow=T)
> caff.marital
     [,1] [,2] [,3] [,4]
[1,]  652 1537  598  242
[2,]   36   46   38   21
[3,]  218  327  106   67
```

matrix 函数需要一个包含作为一个单独向量的表格值的变量，行数在变量 nrow 中。值通常都默认为是按列输入的。如果需要按行输入，那你需要指定 byrow=T。

你也可以使用 ncol 给出列数来代替行数。如果 ncol 和 nrow 中的一个被精确给出，R 将计算相应的另一个，从而与输入的值的数目相匹配。如果 ncol 和 nrow 都给出来，但是与值的数目不匹配，值将被"循环"使用。在有些场合下，这将是很有用的。

为得到一个可读的打印输出，你可以在矩阵中增加行和列的名称。

```
> colnames(caff.marital) <- c("0","1-150","151-300",">300")
> rownames(caff.marital) <- c("Married","Prev.married","Single")
> caff.marital
                0 1-150 151-300 >300
Married       652  1537     598  242
Prev.married   36    46      38   21
Single        218   327     106   67
```

此外，你可以如下命名行和列的名称。如果你用相同的分类标准生成许多表格的话，这通常是特别有用的。

```
> names(dimnames(caff.marital)) <- c("marital","consumption")
> caff.marital
             consumption
marital         0 1-150 151-300 >300
  Married     652 1537     598  242
  Prev.married 36   46      38   21
  Single      218  327     106   67
```

事实上，在这里我忽略了一些东西。表格不完全等同于矩阵。有一个"table"类，对其有一些特殊的方法，你可以用 as.table(caff.marital)转化成那一类。下面的 table 函数返回一个类"table"对象。

对大部分基本的目的，你可以在需要两维表格的地方使用矩阵。在确实需要 as.table 的地方的一个重要情形是当把一个表格转化成一个计数的数据框的时候：

```
> as.data.frame(as.table(caff.marital))
        marital consumption Freq
1       Married           0  652
2  Prev.married           0   36
3        Single           0  218
4       Married       1-150 1537
5  Prev.married       1-150   46
6        Single       1-150  327
7       Married     151-300  598
8  Prev.married     151-300   38
9        Single     151-300  106
10      Married        >300  242
11 Prev.married        >300   21
12       Single        >300   67
```

在实际中，更常见的情形是对一个数据集中的每一个人，你有一个带变量的数据框。在这种情况下，你应该用 table, xtabs 或 ftable 做一个表列。这些函数通常会用来对数字向量和因子变量制表，但后者将它们的水平自动作为行和列的名称。因此，建议将数字编码的分类数据转化成因子。table 函数是这三个中时间最久的和最基本的。其他两个提供了公式化的界面和多向表格的更好的输出形式。

数据集 juul 已在前面介绍过。这里我们看一下那个数据集中的其他变量，即 sex 和 menarche。后者表明一个女孩是否有了第一次生理期。我们可以如下生成简单的表格：

```
> table(sex)
sex
  M   F
621 713
> table(sex,menarche)
   menarche
```

```
sex  No Yes
  M   0   0
  F 369 335
> table(menarche,tanner)
         tanner
menarche   I  II III  IV   V
     No  221  43  32  14   2
     Yes   1   1   5  26 202
```

当然，月经初期和性别表格只是对数据内部一致性的检查。月经初期和青春期的 Tanner 阶段（青春期身体发育的一种分类，译者注）是更令人感兴趣的。

也有一些超过两维的表格，但没有多少简单的统计函数使用它们。简单来说，对这类数据制表，举例来说，只需要写 table(factor1,factor2,factor3)即可。要输入单元计数的表格，使用 array 函数（类似于 matrix）。

xtabs 非常类似于 table，只不过它使用模型公式接口。最经常使用的是一个单边公式，其中你只需要列出分类变量，并用+号分隔。

```
> xtabs(~ tanner + sex, data=juul)
      sex
tanner   M   F
     I 291 224
    II  55  48
   III  34  38
    IV  41  40
     V 124 204
```

注意，该接口允许使用数据框中的变量而不需要添加它。空的左手侧可以用一个计数向量代替，从而可以处理制表前的数据。

从 table 或 xtabs 得到的多向表的形式并不是很好，比如：

```
> xtabs(~ dgn + diab + coma, data=stroke)
, , coma = No

     diab
dgn    No Yes
  ICH  53   6
  ID  143  21
  INF 411  64
  SAH  38   0

, , coma = Yes

     diab
dgn    No Yes
  ICH  19   1
  ID   23   3
  INF  23   2
  SAH   9   0
```

当增加维度的时候,你会得到更多的二维子表格,从而会很容易记录不下来。这是 ftable 的用武之地。这个函数创建一个"扁平"的表格:

```
> ftable(coma + diab ~ dgn, data=stroke)
    coma  No      Yes
    diab  No Yes  No Yes
dgn
ICH       53  6   19  1
ID       143 21   23  3
INF      411 64   23  2
SAH       38  0    9  0
```

也就是说,左手侧的变量在整个页面制表,而右手侧向下制表。如同所示的那样,ftable 作用于原始数据,但它的 data 变量也可以是由其他函数之一生成的一个表格。

像任何矩阵一样,一个表也可以用 t 函数转置。

```
> t(caff.marital)
            marital
consumption Married Prev.married Single
    0           652          36    218
    1-150      1537          46    327
    151-300     598          38    106
    >300        242          21     67
```

对多维表格,交换下标(广义转置)用 aperm 来完成。

4.5.2 边际表格和相对频数

经常需要计算边际表格,即沿着表格的一个或另一个维度求和。由于缺失值的原因,可能与仅对一个因子制表不一致。这可以很容易地使用 apply 函数来完成(见 1.2.15 小节)。但是,也有一个简单的版本,称为 margin.table,描述如下。

首先,我们需要生成表格自身:

```
> tanner.sex <- table(tanner,sex)
```

(tanner.sex 是为一个交叉表任意选取的名称。)

```
> tanner.sex
       sex
tanner   M   F
    I  291 224
   II   55  48
  III   34  38
   IV   41  40
    V  124 204
```

然后我们计算边际表格:

```
> margin.table(tanner.sex,1)
tanner
  I  II III  IV   V
515 103  72  81 328
> margin.table(tanner.sex,2)
sex
  M   F
545 554
```

margin.table 的第二个参数是边际下标数字：1 和 2 分别给出行和列总数。

相对频数一般表示为行或列总数的一个比例。相对频数的表格可以用 prop.table 如下构建：

```
> prop.table(tanner.sex,1)
      sex
tanner         M         F
   I   0.5650485 0.4349515
   II  0.5339806 0.4660194
   III 0.4722222 0.5277778
   IV  0.5061728 0.4938272
   V   0.3780488 0.6219512
```

注意，这里行（第一个下标）和是 1。如果需要一个百分比表，只需要把整个表格乘上 100。

prop.table 不能用来表达数字相对于表格的总和的比例，但你当然可以如下来写：

```
> tanner.sex/sum(tanner.sex)
      sex
tanner          M          F
   I   0.26478617 0.20382166
   II  0.05004550 0.04367607
   III 0.03093722 0.03457689
   IV  0.03730664 0.03639672
   V   0.11282985 0.18562329
```

函数 margin.table 和 prop.table 也可以对多维表格操作——如果相关的边际有两维或更多的话，margin 参数可以是一个向量。

4.6 表格的图形显示

出于直观的目的,可能会更希望展示一幅图而不只是一张数字或百分比的表格。这一节将描述关于表格作图的主要方法。

4.6.1 条形图

barplot 用来画条形图。这个函数有一个参数,可以是向量或者矩阵。最简单的变形如下（见图 4.9）：

```
> total.caff <- margin.table(caff.marital,2)
> total.caff
consumption
      0   1-150 151-300    >300
    906    1910     742     330
> barplot(total.caff, col="white")
```

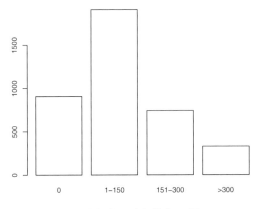

图 4.9 总咖啡因消耗的条形图

没有 col="white"参数的话，图形会是彩色的，但这不适合本书这种白纸黑字的印刷品。

如果参数是一个矩阵，那么 barplot 默认创建一个"堆积条形图"，其中列根据表中不同行的贡献被分割。如果你希望把行的贡献放置在旁边，可以使用参数 beside=T。一系列的变体可以在图 4.10 中看到，该图如下创建。

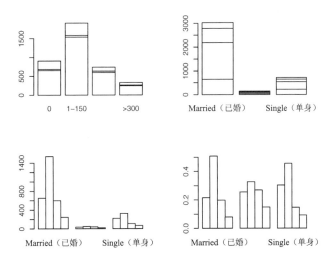

图 4.10 两向表的条形图的 4 种变体

```
> par(mfrow=c(2,2))
> barplot(caff.marital, col="white")
> barplot(t(caff.marital), col="white")
> barplot(t(caff.marital), col="white", beside=T)
> barplot(prop.table(t(caff.marital),2), col="white", beside=T)
> par(mfrow=c(1,1))
```

最后 3 幅图中,我们用转置函数 t 交换了行和列。最后一个图形,列表达的是组中总数的比例。因此,婚姻状态组的相对大小的信息损失了,但之前已婚妇女组(回顾处理分娩妇女的数据集)很小,以至于几乎不可能与其他组比较她们的咖啡因消耗概况。

照例有很多方法可以"美化"条形图。这里有一种做法(见图 4.11):

```
> barplot(prop.table(t(caff.marital),2),beside=T,
+ legend.text=colnames(caff.marital),
+ col=c("white","grey80","grey50","black"))
```

注意,图例遮住了一个柱形的顶部。R 没能设计成发现一块空白地方放置图例。然而,如果你使用 legend 函数明确插入位置的话,你就可以完全控制图例的位置。为此目的,需要使用 locator()函数,它允许你在点上点击鼠标并返回坐标。更多的介绍可以参考第 165 页。

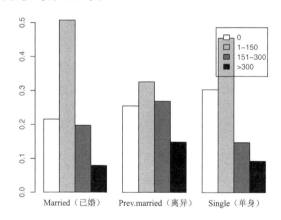

图 4.11 指定颜色和图例的条形图

4.6.2 点图

Cleveland 点图,根据 William S. Cleveland (1994)命名,可以用来同时从两侧研究一个表格。它与带有参数 beside=T 的条形图包含相同的信息,但给出了非常不同的视觉效果。这里用一个简单的例子演示一下(见图 4.12):

```
> dotchart(t(caff.marital), lcolor="black")
```

(线的颜色是从默认的"灰色"改变过来的,因为"灰色"打印出来很难看到。)

4.6 表格的图形显示　75

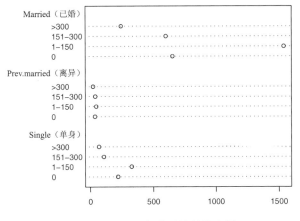

图 4.12　咖啡因消耗的点图

4.6.3　饼图

饼图传统上不被统计学家喜欢,因为它经常用于使一些琐碎的数据看起来引人注目,而且很难为人类头脑解读。它们极少包含那些至少在条形图中也不能有效传递的信息。然而,一旦它们有用,R 也可以画出它们。这里有一种方法表达咖啡因消耗与婚姻状况比较的表格(见图 4.13;见 4.4.3 小节用来减少子图之间空白的 par 技巧的解释):

```
> opar <- par(mfrow=c(2,2),mex=0.8, mar=c(1,1,2,1))
> slices <- c("white","grey80","grey50","black")
> pie(caff.marital["Married",], main="Married", col=slices)
> pie(caff.marital["Prev.married",],
+         main="Previously married", col=slices)
> pie(caff.marital["Single",], main="Single", col=slices)
> par(opar)
```

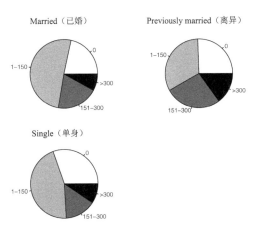

图 4.13　根据婚姻状态的咖啡因消耗的饼图

76 第 4 章 描述性统计和图形

参数 col 设置饼块的颜色。

绘制饼图有更多的可能。pie 的帮助页面包含了一个关于饼的类型影响饼的销售分布的例子。

4.7 练习题

4.1 探索不同类型的线和点图的可能性。变化图形的符号、线型、线宽和颜色。

4.2 如果你用标定的线和点绘制一个图形,比如 plot(rnorm(10),type="o"),线将在画图符号内可见。怎样避免这一点?

4.3 怎样把两个 qqnorm 图铺在同一绘图区域上?如果你试着用 type="l"生成一幅图,将出现什么错误?如何避免这一点?

4.4 对 react 数据集画直方图。由于这些数据高度分散化,所以直方图会是有偏的。为什么?你也许希望使用 MASS 包中的 truehist 作为替代。

4.5 从均匀分布中生成有 5 个随机数的一个样本向量 z,作为 x 的函数绘制 quantile(z,x)(比如可以使用 curve)。

第 5 章

单样本与双样本检验

本书接下来将着重介绍 R 在统计分析中的实际应用。之前详细介绍了 R 的语法，我们会慢慢将重点放在相关函数的特定参数及其输出的解释上。

一些最基础的统计检验问题都需要比较连续型数据，可能是比较两组数据，或是一组数据与一个预设值。这便是本章的主题。

首先要介绍两个函数：用来进行 t 检验的 t.test 和进行 Wilcoxon 检验的 wilcox.test。它们都能够对单样本、双样本与配对样本进行检验。注意，双样本 Wilcoxon 检验在许多教科书中也被称为 Mann-Whitney 检验。

5.1 单样本 t 检验

t 检验假设数据来自于一个正态分布。在单样本的情况下，我们假设数据 $x_1, \ldots, x_n$ 来自于服从 $N(\mu, \sigma^2)$ 的独立随机变量，其中 $N(\mu, \sigma^2)$ 表示均值为 μ、方差为 σ 的正态分布。我们希望对假设 $\mu = \mu_0$ 进行检验。我们能用样本的均值 $\bar{x}$ 与标准差 s 来估计真实参数 μ 与 σ，但是你要明白我们不可能求出它们的精确值。

这里有一个关键的概念：*均值的标准误*，或者简称为 SEM（Standard Error of the Mean）。对 n 个均值为 μ、标准差为 σ 的随机变量求平均值，SEM 便用来描述这个平均值的波动性，它的表达式是：

$$\text{SEM} = \sigma / \sqrt{n}$$

这个式子表明，如果你进行了重复试验，并求出每次试验的平均值，那么这些平均值的波动范围会比原数据分布得更窄。它的重要性在于,即使只有一份样本,你也可以通过样本的经验标准差来计算出一个经验 SEM 的结果:$s/\sqrt{n}$。这个值能告诉我们观察到的均值偏离真实值多远是比较合适的。对于服从正态分布的数据,我们有一条一般性的准则:有 95% 的数据会落在 $\mu \pm 2\sigma$ 这个区间里。所以如果 μ_0 是真实的平均数,那么 $\bar{x}$ 就应该落在 $\mu_0 \pm 2\,\mathrm{SEM}$ 中。正式地说,你可以通过计算

$$t = \frac{\bar{x} - \mu_0}{\mathrm{SEM}}$$

来判断 t 是否落在了一个接受域中。t 应该以一定的概率落在这个接受域之外,这个概率被称为显著性水平。显著性水平一般被设为 5%,此时接受域大致上应该是 –2 到 2 的区间。

如果在小样本的情况下使用经验 SEM,那么我们有必要指出此时 t 统计量的分布会比 $N(0, 1)$ 更"重尾":因为使用了一个偏小的 SEM 值,所以会比正态分布更容易产生较大的偏差。为了得到准确的接受域,可以在 t 分布表中查询自由度为 n-1 时所对应的分位数。

如果 t 落在接受域之外,那么我们就在预设的显著性水平上拒绝零假设。另一种(等价的)方法是计算 p 值,它指的是得到一个绝对值上大于或等于当前 t 值的概率,我们能在 p 值小于显著性水平的情况下拒绝零假设。

有时候你能知道一个效应的产生方向:比如所有可能会让 μ 不等于 μ_0 的原因实际上都会让 μ 偏大。在这种情况下,你可以选择只在 t 落入右尾的情况下拒绝零假设。这种情况被称为*在单边备择假设下的假设检验*。因为将左尾移出拒绝域实际上是把显著性水平减半,所以对于某个给定的水平,单边检验会有更小的临界值。相似地,这里的 p 值指的是得到一个大于或等于当前 t 值的概率,而不是在绝对值上大于当前 t 值了。所以观察到的效应如果发生在约定的方向上,那么 p 值也就变成了上一种情况的一半。我们要小心地进行单边检验,最好在研究说明中对这个用法做出清晰的陈述。通过使用单边检验的方法使得原本不显著的结果变得显著的行为是不诚实的。

下面是一个具体例子,反映 11 个女性的每日摄入能量(千焦)记录(Altman, 1991)。首先,这些值在一个数据向量中:

```
> daily.intake <- c(5260,5470,5640,6180,6390,6515,
+ 6805,7515,7515,8230,8770)
```

我们先看看简单的描述性统计量,虽然这对于这么小的数据不是很有必要:

```
> mean(daily.intake)
[1] 6753.636
> sd(daily.intake)
[1] 1142.123
> quantile(daily.intake)
  0%   25%   50%   75%  100%
5260  5910  6515  7515  8770
```

也许你想检验一下这些女性的摄入能量是不是与推荐值 7 725 千焦相差甚远。假设数据来自于正态分布，那么我们的目的就是检验这个分布是否满足 $\mu = 7725$。我们可以如下通过 t.test 进行这个检验：

```
> t.test(daily.intake,mu=7725)

        One Sample t-test

data:  daily.intake
t = -2.8208, df = 10, p-value = 0.01814
alternative hypothesis: true mean is not equal to 7725
95 percent confidence interval:
 5986.348 7520.925
sample estimates:
mean of x
 6753.636
```

这个例子与 1.1.4 小节中介绍的属于同一个类型。我们在那里给出的解释比较简单，这里我们要说得更详细些。

这里的输出结果与很多其他的标准假设检验是类似的，下面是对其的详细解说：

```
One Sample t-test
```

这是对我们所做的检验的描述。注意看函数的调用格式，t.test 会自动发现用户需要进行一个单样本检验。

```
data:  daily.intake
```

这是将被检验的数据。这个信息是显而易见的，但是如果将代码与输出分离开来的话就不一定了。这是可能发生的，比如使用 source 函数调用另一个文件中的代码。

```
t = -2.8208, df = 10, p-value = 0.01814
```

这里开始变得有意思了。我们看见了 t 统计量，相应的自由度以及准确的 p 值。我们不用拿着一张 t 分布表去查这个统计量落在哪两个分位数之间，就能够立刻看见 $p<0.05$，于是在自定义的 5%显著性水平下，数据显著地偏离了原假设

中的均值 7 725 千焦。

```
alternative hypothesis: true mean is not equal to 7725
```

这里含有两个重要的信息：(a)原假设中的均值；(b)这是一个双边检验（"not equal to"）。

```
95 percent confidence interval:
 5986.348 7520.925
```

这是真实均值的 95%置信区间；这个区间是一个集合，如果原假设的值来自于这个集合，那么数据便不会显著地偏离。对 t 检验的步骤进行逆向求解，我们可以得到使得 t 统计量会落在接受域中的一组 μ_0。

$$\bar{x} - t_{0.975}(f) \times \text{SEM} < \mu < \bar{x} + t_{0.975}(f) \times \text{SEM}$$

```
sample estimates:
mean of x
 6753.636
```

位于最后的这部分是观测值的均数，也就是对真实均数的（点）估计。

函数 t.test 还有一些可选的参数，其中有三个与单样本检验有关。我们已经尝试了通过 mu 来指定零假设中的均值（默认 mu=0）。此外，你还可以通过 alternative="greater"来检验均值是否大于 μ，或者是 alternative="less" 来检验均值是否小于 μ。第三个可控参数能让我们控制置信区间的*置信水平*，可以通过 conf.level=0.99 来得到一个 99%置信区间。

实际上，我们也可以使用参数的缩写来达到目的，比如通过 alt="g"也能让函数检验均值是否大于 μ。

5.2 Wilcoxon 符号秩检验

t 检验在数据并不来自于正态分布时也比较稳定，尤其是在大样本情况下。不过也许你会希望避免去做出这个假设。这时最好能使用*不依赖于分布的方法*。这些方法通常都把数据替换成了相应的顺序统计量。

单样本 Wilcoxon 秩和检验的步骤如下：将所有数据都减去理论均值 μ_0，并将结果按照绝对值排序，最后将正数与负数对应的次序分别加起来。这个检验只假设了数据是相对于 μ_0 对称的，所以检验统计量实际上就是对 1~n 中的每个数字以 1/2 的概率抽取出来计算加和。理论上，我们能够精确地计算这个统计量的分布。实际上，在大样本的情况下要消耗极大的计算量，这时可以用一个正态分布很好地近似它。

对 Wilcoxon 秩和检验的实际应用基本上与 t 检验是一样的：

```
> wilcox.test(daily.intake, mu=7725)
        Wilcoxon signed rank test with continuity correction

data:  daily.intake
V = 8, p-value = 0.0293
alternative hypothesis: true location is not equal to 7725

Warning message:
In wilcox.test.default(daily.intake, mu = 7725) :
  cannot compute exact p-value with ties
```

这里比 t.test 的输出更短些，因为一个非参数检验不会出现类似于参数估计以及置信边界等概念。不过在一些假设下，我们能够定义一个距离的测度并以此计算出置信区间。更多的细节可以参考 wilcox.test 的帮助文件。

不依赖于分布的方法（非参数方法）与如 t 检验之类的参数方法之间孰优孰劣是一个有争议的话题。如果数据满足参数检验方法的模型假设，那么参数方法在大样本的 5% 会更高效。在小样本情况下，这个差距会更为明显。例如除非样本量大于等于 6，否则秩和检验不可能在 5% 的显著性水平下变得显著。这点可能不是很重要，更重要的是如果明显地缺少了这些检验的假设，可能会误导人们，使得在一些观测之间不独立或者是因为协方差造成了比较上的偏差等情况下使用这些检验。

Wilcoxon 检验对于相等的观测很敏感，即几个不同的观测有着同样的数值。这时你可以使用它们的秩的平均。例如现在有 4 个相等的观测，排在第 6 位~第 9 位，那么它们的秩就统一设为 7.5。这在大样本情况下使用正态近似时不是什么问题，但是小样本下的精确计算就比较困难，wilcox.test 就无法做到这点。

检验统计量 V 表示的是正数对应的秩和。在上例中，因为存在两个 7 515，所以 p 值是通过正态近似的方法来计算的。

与 t.test 一样，wilcox.tets 函数有 mu 和 alternative 这两个参数。此外，它还有 correct 这个参数，用来指示是否需要进行连续性修正（从输出结果中可以看出默认是进行修正的；可以通过 correct=F 来关掉它）；还有 exact，用来指示是否需要进行精确的计算。回忆一下，类似于 correct 与 exact 等表示"开/关"的选项都能够用 TRUE 或 FALSE 这两个逻辑值来控制。

5.3 两样本 t 检验

两样本 t 检验主要用来检验两个样本是否来自于均值相等的分布。

两样本检验与单样本检验的理论基础相差不大。现在我们从两个组别中抽出数据 $x_{11},\ldots,x_{1n_1}$ 和 $x_{21},\ldots,x_{2n_2}$，假设它们是从 $N(\mu_1, \sigma_1^2)$ 与 $N(\mu_2, \sigma_2^2)$ 两个分布中抽取的样本，并希望检验零假设 $\mu_1=\mu_2$。接着计算

$$t = \frac{\bar{x}_2 - \bar{x}_1}{\text{SEDM}}$$

SEDM（Standard Error of Difference of Means）是*均值差的标准误*，被定义为

$$\text{SEDM} = \sqrt{\text{SEM}_1^2 + \text{SEM}_2^2}$$

对于是否假设两组数据的方差相等，SEDM 有两种相应计算的方法。"经典"的方法假设了方差相等这一性质。在这个方法下，我们先根据两组的标准差计算一个综合性的 s，然后将它代入 SEM 里。零假设下的 t 值服从自由度为 $n_1 + n_2 - 2$ 的 t 分布。

Welch 提出了另一种方法，即以两组各自的标准差 s_1 和 s_2 来计算 SEM。这个方法算出来的 t 统计量已经不满足 t 分布了，不过可以通过一个 t 分布来近似。这个近似分布的自由度能够通过 s_1, s_2 与样本量来得到，一般不是整数。

人们普遍认为 Welch 的方法更保守。通常两种方法的结果都是极其相近的，除非两组数据的样本量和标准差都相去甚远。

让我们回头看看每日消耗能量的数据（见 1.2.14 小节），来比较一下两组女性每日消耗的能量是否有差别。

```
> attach(energy)
> energy
   expend stature
1    9.21   obese
2    7.53    lean
3    7.48    lean
...
20   7.58    lean
21   9.19   obese
22   8.11    lean
```

这个数据框的两列包含了所有我们需要的信息。属性变量 stature 包含了分组信息，而数值变量 expend 包含了以兆焦耳为单位的能量消耗。我们只要传递一个模型方程，就能通过 R 中的 t.test 与 wilcox.test 来分析这种格式的数据。旧版的

格式要求会让你用不同的变量指明各个组别的数据。对于已经含有组别的数据框而言，新的格式要求就方便多了，也方便用户通过其他分组指标来分类响应变量。

我们的目的是两组的水平是否有差异，所以我们如下使用一个 *t* 检验：

```
> t.test(expend~stature)

        Welch Two Sample t-test

data:  expend by stature
t = -3.8555, df = 15.919, p-value = 0.001411
alternative hypothesis: true difference in means is not equal to 0
95 percent confidence interval:
 -3.459167 -1.004081
sample estimates:
 mean in group lean mean in group obese
           8.066154            10.297778
```

这里波浪号（~）运算符的作用是指明 expend 是通过 stature 来描述的。

输出的内容和单样本检验中的基本一致。其中均值之差的置信区间不包含 0，与 *p* 值的结果相统一，意味着在 5% 的置信水平下差异是显著的。

R 里的 *t* 检验默认使用 Welch 的变种算法进行计算。当你不假设两组方差相等时就应该使用它，这也会导致非整数的自由度。

为了进行平常（教科书式）的 *t* 检验，你应该明确方差相等这个假设。可以通过使参数 var.equal=T 来达到这一点，即

```
> t.test(expend~stature, var.equal=T)

        Two Sample t-test

data:  expend by stature
t = -3.9456, df = 20, p-value = 0.000799
alternative hypothesis: true difference in means is not equal to 0
95 percent confidence interval:
 -3.411451 -1.051796
sample estimates:
 mean in group lean mean in group obese
           8.066154            10.297778
```

现在这里的自由度是一个整数了，即通过 13+9-2=20 得到的。*P* 值略微小了一些，置信区间也略微窄了一点，但是整体而言只有轻微的改变。

5.4 比较方差

虽然在 R 中不需要假设方差相等也能进行两样本 *t* 检验，但你仍然可能对这

个假设本身是否正确感兴趣。为此，R 提供了 var.test 函数来做到这一点。这个函数的主要功能是对两样本的方差进行 F 检验。它的使用方法和 t.test 一样：

```
> var.test(expend~stature)

        F test to compare two variances

data:  expend by stature
F = 0.7844, num df = 12, denom df =  8, p-value = 0.6797
alternative hypothesis: true ratio of variances is not equal to 1
95 percent confidence interval:
 0.1867876 2.7547991
sample estimates:
ratio of variances
          0.784446
```

这个检验结果不显著，所以不能拒绝方差相等这个假设，但是置信区间非常宽。尤其对于这样的小数据来说，是否相信方差恒定是很值得考究的一件事。同时，如果数据的分布不服从正态分布，那么这个检验的结果也不稳定。程序包 stats 提供了其他几种方法对方差相等性做检验，每种方法都有它自己的假设、优势和不足之处，此处我们就不赘述了。

注意，这个检验有着两组数据独立的假设，所以你不能在配对数据上使用它。

5.5 两样本 Wilcoxon 检验

如果对正态分布假设有所怀疑，那么你可能更愿意使用一个非参数检验。两样本 Wilcoxon 检验用数据的秩（不考虑分组）代替数据本身，然后计算某一组中的秩和。这样便简化成了从 $1\sim n_1+n_2$ 中不重复地抽出 n_1 个数字的问题。

我们能用 wilcox.test 来做检验，使用方法与 t.test 相似：

```
> wilcox.test(expend~stature)

        Wilcoxon rank sum test with continuity correction

data:  expend by stature
W = 12, p-value = 0.002122
alternative hypothesis: true location shift is not equal to 0

Warning message:
In wilcox.test.default(x = c(7.53, 7.48, 8.08, 8.09, 10.15, 8.4,  :
  cannot compute exact p-value with ties
```

统计量 W 是第一组数据的秩和减去理论最小值（如果最小的 n_1 个数都在第一组中，那么 W 就等于 0）。一些教科书使用各组秩和中的最小值作为统计量，便不需要最小值修正，这与之前的方法是等价的。要注意，同单样本检验一样，在数据有相等情况时会比较麻烦,而且也会依赖正态分布来近似计算 W。

5.6 配对 t 检验

我们在同一个试验单位有着两个度量值时使用配对检验。该检验主要通过作差来将问题简化为单样本检验。不过,这种方法意味着我们要假设这个差值与不同水平的度量值是独立的。我们可以将每一对数构成的点与直线 $y=x$ 画在同一幅图上,或是将每一对数的差与它们的均值线画在同一幅图上(有时称其为 Bland-Altman 图),这是有效的图形检查方法。如果能看出差值随着度量水平出现变化的趋势,那么我们最好对数据做变换;标准差常常与度量的水平成比例,在这种情况下,一个对数变换就显得很有必要了。

我们在第一节讨论了几次一组女性月经前后的能量摄入数据(可能你会发现,它的第一列与 5.1 节中使用的 daily.intake 数据是一样的)。这些数据是通过命令行输入的,也可以从 ISwR 程序包中获得:

```
> attach(intake)
> intake
    pre post
1  5260 3910
2  5470 4220
3  5640 3885
4  6180 5160
5  6390 5645
6  6515 4680
7  6805 5265
8  7515 5975
9  7515 6790
10 8230 6900
11 8770 7335
```

这里的关键在于 11 位女性都被测量了两次,所以查看个人数据的差值是合理的:

```
> post - pre
 [1] -1350 -1250 -1755 -1020  -745 -1835 -1540 -1540  -725 -1330
[11] -1435
```

我们一眼就能看出它们都是负数。相比于月经前,所有的女性都在月经后有更低的能量摄入。配对 t 检验通过下面的语句获得:

```
> t.test(pre, post, paired=T)

        Paired t-test

data:  pre and post
```

```
t = 11.9414, df = 10, p-value = 3.059e-07
alternative hypothesis: true difference in means is not equal to 0
95 percent confidence interval:
 1074.072 1566.838
sample estimates:
mean of the differences
              1320.455
```

这个输出结果没有什么新内容，看起来和对差值做的单样本 t 检验一样。

注意，你要在函数调用时明白地指明 paired=T，表示你希望进行一个配对检验。在老式的非配对 t 检验界面，两组数据被当成两个分开的变量，而且你需要去掉 paired=T 来进行这个检验。如果数据实际上是配对的，那么不考虑这点就进行检验是非常不合适的。

尽管通常在教学上没必要告诉你不能做什么，但我们还是展示了在同一个数据集上进行非配对 t 检验的结果：

```
> t.test(pre, post) #WRONG!

        Welch Two Sample t-test

data:  pre and post
t = 2.6242, df = 19.92, p-value = 0.01629
alternative hypothesis: true difference in means is not equal to 0
95 percent confidence interval:
  270.5633 2370.3458
sample estimates:
mean of x mean of y
 6753.636  5433.182
```

字符#标记着 R 中的一条注释，这行代码的余下部分会被跳过。

看起来 t 明显变得更小了，虽然仍然在 5%的水平下显著。置信区间几乎是配对检验中的 4 倍宽。通过这两点可以看出，如果没有对比同一个人测量的"前""后"信息，那么准确性就会降低。另外，你也可以认为这段内容告诉我们，在同一个人上进行两次测量比对两组分别处于月经前与月经后的女性进行测量效率更高。

5.7 配对 Wilcoxon 检验

配对 Wilcoxon 检验其实等同于在两组差值上进行单样本 Wilcoxon 符号秩检验。这个函数调用和 t.test 完全相同：

```
> wilcox.test(pre, post, paired=T)
        Wilcoxon signed rank test with continuity correction
```

```
data:  pre and post
V = 66, p-value = 0.00384
alternative hypothesis: true location shift is not equal to 0

Warning message:
In wilcox.test.default(pre, post, paired = T) :
  cannot compute exact p-value with ties
```

这个结果与 *t* 检验的没有很大差别。*p* 值没有那么极端，这点也是意料之中。因为 Wilcoxon 秩和的最大值就是所有的差值符号都相等的时候，而 *t* 统计量则可以任意大。

又一次，我们在有数据相等的情况下无法精确地计算 *p* 值。这里有两个相等的差值都是−1 540。

对当前数据很容易计算精确的 *p* 值。这是 11 个正差值的概率加上 11 个负差值的概率，即 $2 \times (1/2)^{11} = 1/1\,024 = 0.000\,98$，所以近似计算的 *p* 值差不多是真实值的 4 倍。

5.8 练习题

5.1 数据集 react（注意，这是一个向量，不是一个数据框）的值看起来是正态分布吗？它的均值在 *t* 检验下显著地不等于 0 吗？

5.2 在数据集 vitcap 中使用 *t* 检验比较两组肺活量，并计算 99% 置信区间。这个比较结果可能会产生误导，为什么？

5.3 用非参数方法对 react 和 vitcap 两个数据做分析。

5.4 使用图像法检查 intake 数据集的配对 *t* 检验的假设是否合理。

5.5 函数 shapiro.test 基于 Q-Q 图的线性性来检验正态性。对 react 数据进行这个检验。它对移除异常值有帮助吗？

5.6 如果忽略潜在的时间因素影响，我们能通过简单的方法（怎么做？）从 ashina 里的交叉试验中分析药物效果。不过，你能做得更好。提示：考虑个体内部的差异，如果只出现了时间因素的影响，两组差异会有什么表现？对比简单方法与改进方法的结果。

5.7 在 10 个含有 25 个观测值的模拟正态分布数据上分别做单样本 *t* 检验。用不同的分布再重复这个试验；尝试自由度为 2 的 *t* 分布，以及指数分布（在后一种情况下对均值为 1 的分布做检验）。你能自动化这个试验从而重复更多次吗？

第 6 章

回归与相关性

本章主要展示了如何在 R 中进行基础回归分析，同时包括了模型检验的作图以及对置信区间与预测区间的展示。另外，我们还讨论了与此有联系的相关性，参数和非参数方法都有涉及。

6.1 简单线性回归

假设你现在希望通过线性回归分析来描述两个变量之间的联系。比如，你可能对如何描述 blood.glucose 与 short.velocity 的函数关系感兴趣。这一节只讨论最基本的内容，一些更复杂的情况被放在了第 12 章。

线性回归模型是如下定义的：

$$y_i = \alpha + \beta x_i + \epsilon_i$$

其中，我们假设 ϵ_i 是独立的，并且来自于 $N(0, \sigma^2)$。这个方程非随机的部分用一条直线描述 y_i。这条线的斜率（*回归系数*）是 β，即 x 的每变化一单位给 y 所带来的增长。这条线与 y 轴交于*截距点* α。

系数 α，β 和 σ^2 都能用*最小二乘法*来估计。找到让残差平方和最小的 α 和 β：

$$\text{SS}_{\text{res}} = \sum_i \left[y_i - (\alpha + \beta x_i) \right]^2$$

我们并不使用枚举法来解决这个问题。对于这些参数，我们能够推出使得 SS_{res} 最小的显式表达式：

$$\hat{\beta} = \frac{\sum(x_i - \bar{x})(y_i - \bar{y})}{\sum(x_i - \bar{x})^2}$$

$$\hat{\alpha} = \bar{y} - \hat{\beta}\bar{x}$$

残差的方差可以通过 $SS_{res} / (n-2)$ 来估计，标准差自然是这个值的平方根。

因为抽样的随机性，经验斜率和截距会和真实值有一定的差距。如果能对于同一组 x_i 生成许多组 y_i，那么你就会观察到经验斜率和截距的分布。与之前用 SEM 来描述经验均值的波动性一样，我们也能仅用一组样本 (x_i, y_i) 来计算估计值的标准误：s.e.$(\hat{\alpha})$ 和 s.e.$(\hat{\beta})$。这两个标准误能够用来计算参数的置信区间，也能够检验参数是否等于某一个特定值。

通常人们最开始关心的是对零假设 $\beta = 0$ 做检验，因为这个假设意味着这条线是水平的，所以 y 的分布与 x 的取值没有关系。用估计值除以它的标准差，你可以简单地对这个假设做 t 检验：

$$t = \frac{\hat{\beta}}{\text{s.e.}(\hat{\beta})}$$

如果 β 的真实值为 0，那么这个统计量服从自由度为 $n-2$ 的 t 分布。我们也能用一个类似的检验来看看截距是否为 0，不过这个假设一般没什么意义，因为没有自然的理由让这条线一定经过原点，或者这个假设可能会让我们在数据范围之外进行外推分析。

我们使用数据集 thuesen 作为这一章的例子，如下导入：

```
> attach(thuesen)
```

我们使用函数 lm（linear model，*线性模型*）进行线性回归分析：

```
> lm(short.velocity~blood.glucose)

Call:
lm(formula = short.velocity ~ blood.glucose)

Coefficients:
  (Intercept)  blood.glucose
      1.09781        0.02196
```

函数 lm 里面的参数是*模型方程*，波浪号（~）读为"通过……来描述"。它在之前已经出现过几次了，分别在盒型图与带状图以及 t 检验与 Wilcoxon 检验中。

函数 lm 处理比简单线性回归复杂很多的模型。除了一个解释变量与一个因变量之外,模型方程还能描述很多其他的情况。比如,要在 y 上通过 x1,x2,x3 进行多元线性回归分析(我们会在第 11 章介绍),可以通过 y~x1+x2+x3 来完成。

函数 lm 的原始输出格式非常简单。你能看见的只有估计出来的截距 α 与斜率 β。可以看到最优拟合直线为 short.velocity=1.098+0.0220*blood.glucose,但是没有给出任何像显著性检验之类的其他信息。

lm 的输出结果是一个*模型对象*,这与 S 语言中的概念是不同的(R 是 S 语言的支系)。其他统计系统主要通过选项设置来生成输出结果,而你通过 R 得到的是封装在一个对象里面的模型拟合,能够用*析取函数*得到想要的结果。其实,一个 lm 对象包含的内容比显示给你看的更多。

一个基本的析取函数是 summary:

```
> summary(lm(short.velocity~blood.glucose))

Call:
lm(formula = short.velocity ~ blood.glucose)

Residuals:
     Min      1Q  Median      3Q     Max
-0.40141 -0.14760 -0.02202 0.03001 0.43490

Coefficients:
              Estimate Std. Error t value Pr(>|t|)
(Intercept)    1.09781    0.11748   9.345 6.26e-09 ***
blood.glucose  0.02196    0.01045   2.101   0.0479 *
---
Signif. codes:  0 '***' 0.001 '**' 0.01 '*' 0.05 '.' 0.1 ' ' 1
Residual standard error: 0.2167 on 21 degrees of freedom
  (1 observation deleted due to missingness)
Multiple R-squared: 0.1737,     Adjusted R-squared: 0.1343
F-statistic: 4.414 on 1 and 21 DF,  p-value: 0.0479
```

上面这个结果更像是其他统计软件的输出。下面是对输出结果的"解剖":

```
Call:
lm(formula = short.velocity ~ blood.glucose)
```

与 t.test 中相似,输出的开头本质上在重复一个函数调用。如果用户只是在 R 命令行中将其输出,那么这部分的意义不大。但是如果结果被保存在一个变量中,之后查看输出的时候这部分就很有用了。

```
Residuals:
     Min      1Q  Median      3Q     Max
-0.40141 -0.14760 -0.02202 0.03001 0.43490
```

这部分简单地描述了残差的分布,可以帮助用户对分布性的假设做快速检查。根据定义，残差的均值是 0，所以中位数应该离 0 不远，然后最大值、最小值的绝对值也应该大致相当。这个例子中，第三分位数明显过于接近 0，不过考虑到这里只有少数样本，我们无须对此太过担心。

```
Coefficients:
              Estimate Std. Error t value Pr(>|t|)
(Intercept)    1.09781    0.11748   9.345 6.26e-09 ***
blood.glucose  0.02196    0.01045   2.101   0.0479 *
---
Signif. codes:  0 '***' 0.001 '**' 0.01 '*' 0.05 '.' 0.1 ' ' 1
```

这里我们再次见到了回归系数和截距，不过这次还伴随着标准误，t 检验和 p 值。最右边的符号是显著性水平的一个图像化标志。表格下方的一行字表明了这些标志的定义，一颗星表示 $0.01<p<0.05$。

这个图形化标志成为一些争论的焦点。一些人喜欢在分析的时候一眼看过去就可能发现一些"有意思的事情"，另一些人觉得这些标志常常与无意义的检验联系在一起。比如，分析中的截距基本没有意义，而它对应着的三颗星显然也是不相关的。如果你不喜欢星星，可以通过 options(show.signif.stars=FALSE) 关掉它们。

```
Residual standard error: 0.2167 on 21 degrees of freedom
  (1 observation deleted due to missingness)
```

这是残差的波动情况，通过观测值在回归线附近的波动情况来估计模型参数 σ。因为 short.velocity 有一个缺失值，所以这个模型并没有对整个数据集做拟合。

```
Multiple R-squared: 0.1737,    Adjusted R-squared: 0.1343
```

上式的第一项是 R^2，在简单线性回归中能将其理解为 Pearson 相关系数（见 6.4.1 小节）的平方，即 $R^2=r^2$。另一个是修正后 R^2；如果你将其乘上 100%，它就可以被理解成"方差降低的百分率"（实际上，它可以是负数）。

```
F-statistic: 4.414 on 1 and 21 DF, p-value: 0.0479
```

这是对假设回归系数是 0 而进行的 F 检验。这个检验在简单线性回归并不特别，因为它只是对已有信息的重复——它在解释变量不止一个时就变得更有意义了。注意，这里的结果与斜率的 t 检验结果一模一样。实际上，F 检验是 t 检验的平方：$4.414=(2.101)^2$。这在任何自由度为 1 的模型中都是成立的。

待会我们会展示如何画出残差图，以及将数据和置信界与预测界一同画出。首先，我们只把数据点和回归线画出来。图 6.1 所示是用如下代码绘制的：

```
> plot(blood.glucose,short.velocity)
> abline(lm(short.velocity~blood.glucose))
```

abline 就是(a,b)-线段的意思，这个函数根据截距 a 和斜率 b 画一条直线。它能够接受数值参数，比如 abline(1.1,0.022)；不过更方便的是，它也能够从一个用 lm 拟合的线性回归中直接提取相关信息。

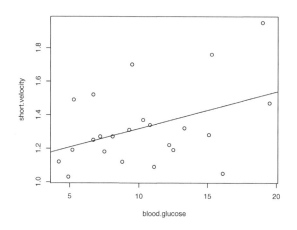

图 6.1 带有回归线的散点图

6.2 残差与回归值

我们已经用过 summary 从回归分析的结果中提取更多信息。另外两个进一步的析取函数是 fitted 和 resid。它们的用法如下所述。为了方便，我们将 lm 的返回值存入变量 lm.velo（速率 velocity 的简写，当然你也可以用其他名称）中。

```
> lm.velo <- lm(short.velocity~blood.glucose)
> fitted(lm.velo)
       1        2        3        4        5        6        7
1.433841 1.335010 1.275711 1.526084 1.255945 1.214216 1.302066
       8        9       10       11       12       13       14
1.341599 1.262534 1.365758 1.244964 1.212020 1.515103 1.429449
      15       17       18       19       20       21       22
1.244964 1.190057 1.324029 1.372346 1.451411 1.389916 1.205431
      23       24
1.291085 1.306459
> resid(lm.velo)
            1             2             3             4             5
 0.326158532   0.004989882  -0.005711308  -0.056084062   0.014054962
            6             7             8             9            10
 0.275783754   0.007933665  -0.251598875  -0.082533795  -0.145757649
           11            12            13            14            15
 0.005036223  -0.022019994   0.434897199  -0.149448964   0.275036223
           17            18            19            20            21
-0.070057471   0.045971143  -0.182346406  -0.401411486  -0.069916424
           22            23            24
-0.175431237  -0.171085074   0.393541161
```

6.2 残差与回归值

函数 fitted 返回的是回归值——根据最佳拟合直线与给定的 x 值计算出来的 y 值；对于这个结果，就是 1.098+0.0220*blood.glucose。函数 resid 显示的残差是 short.velocity 的回归值与观测值之差。

注意，回归值与残差都带着数据框 thuesen 的行名。同时，它们都没有第 16 个观测值的信息，因为原数据在这里缺少响应变量的值。

我们有必要讨论缺失数据出现时的一些棘手问题。

虽然用 abline(lm.velo) 更方便，你可能仍然会想要用 lines 将回归线画在图上，不过：

```
> plot(blood.glucose,short.velocity)
> lines(blood.glucose,fitted(lm.velo))
Error in xy.coords(x, y) : 'x' and 'y' lengths differ
Calls: lines -> lines.default -> plot.xy -> xy.coords
```

真的会出现这样的情况。一共有 24 个观测值，但其中只有 23 个回归值，因为 short.velocity 的值是 NA。碰巧的是，这个错误在一串交织在一起的函数调用中出现，它们都在报错信息中标出来以便于理解。

我们需要的是 blood.glucose，但是需要病人的 short.velocity 也被记录了才行。

```
> lines(blood.glucose[!is.na(short.velocity)],fitted(lm.velo))
```

函数 is.na 能够产生一个向量，在参数为 NA（缺失）的对应位置上标记为 TRUE。这个方法的好处之一就是回归线不会超过数据的范围。这个方法行得通，但是在多个变量中都有缺失值的时候就变得很繁琐：

```
...blood.glucose[!is.na(short.velocity) & !is.na(blood.glucose)]...
```

用函数 complete.cases 更简单，它能够筛选出在若干个变量甚至是整个数据框中都没有缺失值的观测。

```
> cc <- complete.cases(thuesen)
```

然后我们就能用 thuesen[cc,] 来进行分析了。不过，我们还有更好的办法：你可以使用 na.exclude 方法来处理缺失值。它既可以作为 lm 的一个参数，也可以作为一个选项：

```
> options(na.action=na.exclude)
> lm.velo <- lm(short.velocity~blood.glucose)
> fitted(lm.velo)
       1        2        3        4        5        6        7
1.433841 1.335010 1.275711 1.526084 1.255945 1.214216 1.302066
       8        9       10       11       12       13       14
```

```
1.341599 1.262534 1.365758 1.244964 1.212020 1.515103 1.429449
      15       16       17       18       19       20       21
1.244964       NA 1.190057 1.324029 1.372346 1.451411 1.389916
      22       23       24
1.205431 1.291085 1.306459
```

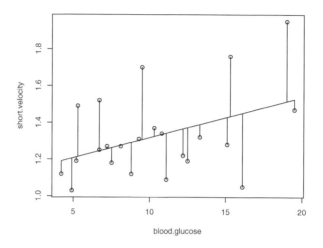

图 6.2　short.velocity 和 blood.glucose 的散点图、回归线和残差线段

注意，第 16 个观测带着一个缺失值出现了。在改变了选项之后，我们有必要重新计算 lm.velo 对象。

为了在一幅图中通过将观测值与对应的回归值连起来而显示出残差，你可以按照下面的方法来做。最终结果和图 6.2 所示基本一致。函数 segments 用来画线段，它的参数是两端端点的坐标(x_1, y_1, x_2, y_2)。

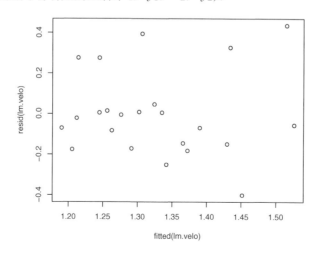

图 6.3　short.velocity 和 blood.glucose：残差与回归值的散点图

```
> segments(blood.glucose,fitted(lm.velo),
+          blood.glucose,short.velocity)
```

一个简单的残差与回归值的散点图如图 6.3 所示。

```
> plot(fitted(lm.velo),resid(lm.velo))
```

然后我们也能通过 Q-Q 图的线性性（见 4.2.3 小节）来检验残差的正态性，见图 6.4。

```
> qqnorm(resid(lm.velo))
```

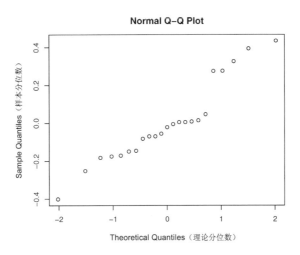

图 6.4　short.velocity 和 blood.glucose：残差的 Q-Q 图

6.3　预测与置信带

回归线通常与不确切性的边界带一起展示。一般有两种边界带，通常被称为"窄"边界与"宽"边界。

窄边界，又叫*置信带*，反映了这条线本身的不确定性，就像 SEM 反映了一个已知均值的准确度。如果观测数量很多的话，这个边界会很窄，意味着这是一条比较准确的线。这个边界通常有明显的弧度，因为回归线在点阵的中心通常更准确。我们能从数学上证明这一点，不过你也可以这样直观地理解：无论斜率是多少，在点 $\bar{x}$ 处的估计一定是 $\bar{y}$，所以在这一点上，回归值的标准误就是 y 的 SEM 值。而当 x 取其他值的时候就会让斜率估计的方差增大，离 $\bar{x}$ 越远，这个增量就越大。从技术上来说，你也得声明 $\bar{y}$ 和 $\hat{\beta}$ 是不相关的。

宽边界，又叫预测带，包含了未来观测值的不确定性。这些边界关心大部分数据，同时不会随着观测数量的增加而缩成一条线。这个边界是由回归线±2 倍的标准差（95%的水平）而得到的。在小样本情况下，这个边界也是有弧度的，因为它们包含了这条直线本身的不确定性，只不过这个弧度没有置信带的那么明显。很显然，这些边界十分依赖残差正态性以及方差齐性的假设，所以如果你的数据不太满足这些性质，那么最好不要用这个边界。

无论是否计算了置信带与预测带，我们都能够用函数 predict 析取出预测值。不加其他参数，它就只会输出回归值：

```
> predict(lm.velo)
       1        2        3        4        5        6        7
1.433841 1.335010 1.275711 1.526084 1.255945 1.214216 1.302066
       8        9       10       11       12       13       14
1.341599 1.262534 1.365758 1.244964 1.212020 1.515103 1.429449
      15       16       17       18       19       20       21
1.244964       NA 1.190057 1.324029 1.372346 1.451411 1.389916
      22       23       24
1.205431 1.291085 1.306459
```

如果你加上了 interval="confidence"或者 interval="prediction"，那么你就能在预测值向量的基础上得到边界的值。这个补充描述也可以用缩写：

```
> predict(lm.velo,int="c")
        fit      lwr      upr
1  1.433841 1.291371 1.576312
2  1.335010 1.240589 1.429431
...
23 1.291085 1.191084 1.391086
24 1.306459 1.210592 1.402326
> predict(lm.velo,int="p")
        fit       lwr      upr
1  1.433841 0.9612137 1.906469
2  1.335010 0.8745815 1.795439
...
23 1.291085 0.8294798 1.752690
24 1.306459 0.8457315 1.767186
Warning message:
In predict.lm(lm.velo, int = "p") :
  Predictions on current data refer to _future_ responses
```

变量 fit 表示了期望得到的值，在这里就等于回归值（它们其他时候不一定相等，见下文）。而 lwr 和 upr 就分别是下界和上界，即对那些 blood.glucose 如此取值的病人预测 short.velocity 时的边界。这里的警告信息并不是说有什么事情做错了，而是提醒我们这里有一个陷阱：这个边界不能被用来考量我们用来做回归的*已观测*数据。因为在 *x* 的极值处，数据影响力更大，所以这会导致这些地方的边界离回归线更近，也就是说，预测带弯向了错误的方向。

将置信带与预测带加到散点图上的最好方法是通过函数 matlines，它能将矩阵的每一列以某一个向量作为 x 轴画出来。

不过，这里有几点小障碍：(a) blood.glucose 的值是随机排列的，我们不希望置信曲线上的线段杂乱无章地排列；(b) 下方的预测区间超出了画图区域；(c) matlines 的命令需要防止不停更迭的线段样式和颜色。注意，第 87 页提到的 na.exclude 设置让我们去掉了一个观测值。

解决方法是用合适的 x（这里是 blood.glucose）生成一个新数据框，然后*在新数据框上进行预测*：

```
> pred.frame <- data.frame(blood.glucose=4:20)
> pp <- predict(lm.velo, int="p", newdata=pred.frame)
> pc <- predict(lm.velo, int="c", newdata=pred.frame)
> plot(blood.glucose,short.velocity,
+      ylim=range(short.velocity, pp, na.rm=T))
> pred.gluc <- pred.frame$blood.glucose
> matlines(pred.gluc, pc, lty=c(1,2,2), col="black")
> matlines(pred.gluc, pp, lty=c(1,3,3), col="black")
```

这里我们用希望进行预测的 blood.glucose 值生成了一个新的数据框。pp 和 pc 用来记录 predict 函数在 pred.frame 上的结果，并且分别保留了预测带和置信带。

在作图上，我们首先画出一个标准的散点图，此外为预测带预留了足够的空间。我们可以用 ylim=range(short.velocity,pp,na.rm=T) 来做到这点。函数 range 返回一个长度为 2 的向量，其中是传入参数的最大值和最小值。我们需要使用 na.rm=T 在计算中忽略缺失值。注意，short.velocity 也是一个参数，以防大于预测带的数据点被漏掉（虽然这个例子中没有出现）。最后曲线被画出来了，以预测中使用的 blood.glucose 作为 x 值，同时把线段的类型和颜色设置得更容易察觉。最后结果在图 6.5 中。

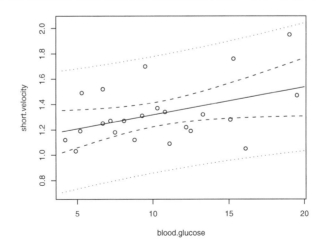

图 6.5　置信带与预测带的图像

6.4 相关性

相关系数是一个对称并且不随尺度变化的量,用于衡量两个随机变量之间的关联程度。它的值域是-1 到 1,这两个极端表示完美的相关,0 则表示没有相关性。一个变量的较大值与另一个变量的较小值有关联时,相关系数是负的;如果两个变量有同时变大或减小的趋势,那么相关系数是正的。读者需要注意,相关系数经常被误用,特别是在回归类型的设置中。

这一节主要介绍 R 中的参数与非参数的相关系数度量计算。

6.4.1 皮尔逊相关系数

皮尔逊相关系数扎根于二维正态分布中,其中理论上的相关性描述了密度函数的椭圆等高线。如果两个变量的方差都变换成了 1,那么相关系数为 0 就对应圆形的等高线,其他情况下椭圆变得越来越窄,最后在相关系数等于±1 的时候坍缩成一条直线。

经验相关系数是

$$r = \frac{\sum(x_i - \bar{x})(y_i - \bar{y})}{\sqrt{\sum(x_i - \bar{x})^2 \sum(y_i - \bar{y})^2}}$$

可以证明,在 x_i 和 y_i 没有完美线性相关的情况下,$|r|$恒小于 1,皮尔逊相关系数也因此有时候被称为"线性相关系数"。

可以通过将其变换成一个 t 分布变量(这个公式不容易解释,所以我们这里跳过它)来检验相关系数的显著性,这个检验与 y 对 x(或者反过来)的回归斜率检验是等价的。

函数 cor 能计算两个或者多个向量之间的相关系数。但是,如果对 thuesen 中的两个向量也这样简单地操作,就会发生下面的情况:

```
> cor(blood.glucose,short.velocity)
Error in cor(blood.glucose, short.velocity) :
      missing observations in cov/cor
```

R 中所有的基本统计函数都要求输入的参数没有缺失值,或者你要明确指定如何处理缺失值。对于函数 mean,var,sd 以及类似的单向量函数,你可以传递 na.rm=T 这个参数告诉它们在计算之前应该移除缺失值。对于函数 cor,你可以写成

```
> cor(blood.glucose,short.velocity,use="complete.obs")
[1] 0.4167546
```

函数 cor 不使用 na.rm=T，因为在移除缺失值与计算出错之外还有很多其他可能性。如果要对超过两个变量进行计算，我们也能够用所有非缺失值对的信息（虽然这可能会导致产生一个非正定的相关系数矩阵）来进行计算。

你可以通过如下代码得到一个数据框中所有变量的相关系数矩阵：

```
> cor(thuesen,use="complete.obs")
              blood.glucose short.velocity
blood.glucose     1.0000000      0.4167546
short.velocity    0.4167546      1.0000000
```

当然，数据框中变量超过两个时，这个结果会变得更有意思！

但是，上面的计算并没有告诉我们这个相关系数是不是显著不为 0 的。为了做到这点，我们需要使用 cor.test。可以通过指定两个变量来使用它：

```
> cor.test(blood.glucose,short.velocity)

        Pearson's product-moment correlation

data:  blood.glucose and short.velocity
t = 2.101, df = 21, p-value = 0.0479
alternative hypothesis: true correlation is not equal to 0
95 percent confidence interval:
 0.005496682 0.707429479
sample estimates:
      cor
0.4167546
```

我们也能得到一个真实相关系数的置信区间。注意，这里的 p 值和 6.1 节中回归分析的 p 值是一样的，同时也与 7.5 节中将提到的回归模型的 ANOVA 表的 p 值相一致。

6.4.2 斯皮尔曼相关系数

与单样本和双样本问题中一样，你可能对非参数的方法感兴趣。这些方法的优点在于不需要假设数据的正态分布性，而且结果也不会受到单调变换的影响；主要的缺点在于它们的原理解释得不是很清晰。一个简单常用的选择是斯皮尔曼秩相关系数 ρ。它将观测值替换为它们的秩，再计算相关系数。在两变量独立的零假设下，我们可以计算出 ρ 的精确分布。

与之前一个函数对应一个检验不同，相关性检验的几种方法都打包进了 cor.test 中。没有额外提供专门的 spearman.test 函数。这个检验被认为是几种常用相关性检验之一，所以可以在 cor.test 中的一个选项里指明：

```
> cor.test(blood.glucose,short.velocity,method="spearman")
```

```
        Spearman's rank correlation rho

data:  blood.glucose and short.velocity
S = 1380.364, p-value = 0.1392
alternative hypothesis: true rho is not equal to 0
sample estimates:
     rho
0.318002

Warning message:
In cor.test.default(blood.glucose, short.velocity, method="spearman"):
  Cannot compute exact p-values with ties
```

6.4.3 肯德尔等级相关系数 τ

第三个可供你选择的算法是肯德尔等级相关系数，这个算法基于统计一致对和不一致对的数量。如果 x 坐标之差的符号与 y 坐标之差是一致的，那么这一对点是个一致对。在一个完美的单调关系中，所有的点对要么都是一致的；要么都是不一致的。在独立的情况下，一致对与不一致对的数量应该一样多。

因为一共有很多点对需要去检查，所以这个方法相对于前两个而言，计算量很大。对于如当前例子一样的小数据，这点并不重要，而且一般来说，5 000 个以内的点都能处理。

相关系数 τ 的一大优点是意义比斯皮尔曼更好解释，但是除此之外，它们就没有什么优于对方的特点了。

```
> cor.test(blood.glucose,short.velocity,method="kendall")

        Kendall's rank correlation tau

data:  blood.glucose and short.velocity
z = 1.5604, p-value = 0.1187
alternative hypothesis: true tau is not equal to 0
sample estimates:
      tau
0.2350616

Warning message:
In cor.test.default(blood.glucose, short.velocity, method="kendall"):
  Cannot compute exact p-value with ties
```

注意，这两个非参数方法的相关系数在 5% 置信水平下都不显著，而皮尔逊相关系数也仅仅是刚刚过线的显著。

6.5 练习题

6.1 在 rmr 数据集中，画出代谢率关于体重的散点图。对这个关系拟合一条曲线。这个模型预测 70 kg 的体重对应的代谢率是多少？对这条线的斜率给出一个 95% 置信区间。

6.2 在 juul 数据集中，拟合一个 IGF-I 集中度的平方根关于 25 岁以上人群年龄的线性回归模型。

6.3 在 malaria 数据集中，分析对数变换后的 antibody 水平关于年龄的关系。画出一个关系图。你注意到什么特别的了吗？

6.4 一个人能够这样对指定 ρ 的二维正态分布中生成模拟数据：(a) 以均值为 0、标准差为 1 的正态分布生成 X；(b) 以均值为 ρX，标准差为 $\sqrt{1-\rho^2}$ 的正态分布生成 Y。对于指定的相关系数，用这个方法画出模拟数据的散点图。计算部分数据的斯皮尔曼相关系数与肯德尔等级相关系数。

第 7 章

方差分析与 Kruskal–Wallis 检验

这一章主要对多于两组时的参数做比较。使用的方法是用方差分析，以及非参数的 Kruskal-Wallis 检验。进一步，我们在每一格为一个观测的情况下用双因素方差分析。

7.1 单因素方差分析

我们从一个简单的描述开始，介绍一下单因素方差分析的理论思想。首先需要声明一下记号。令 x_{ij} 表示第 i 组的第 j 个观测，所以 x_{35} 就是第 3 组的第 5 个观测值。$\bar{x}_i$ 是第 i 组的均值，而 $\bar{x}.$ 是所有观测值的均值。

我们能将一个观测值分解成

$$x_{ij} = \bar{x}. + \underbrace{(\bar{x}_i - \bar{x}.)}_{\text{组内均值与全局均值的差}} + \underbrace{(x_{ij} - \bar{x}_i)}_{\text{观测值与组内均值的差}}$$

我们可以不严格地认为这个公式与下面的模型联系了起来：

$$X_{ij} = \mu + \alpha_i + \epsilon_{ij}, \ \epsilon_{ij} \sim N(0, \ \sigma^2)$$

假设所有组别的均值都是一样的，那么所有的 α_i 都应该是 0。注意，我们假设这里的误差项 ϵ_{ij} 是独立且方差相等的。

现在我们考虑一下括号这一项的平方和，它被称为*组内方差*

$$\text{SSD}_W = \sum_i \sum_j (x_{ij} - \bar{x}_i)^2$$

与组间方差

$$\text{SSD}_B = \sum_i \sum_j (\bar{x}_i - \bar{x}_.)^2 = \sum_i n_i (\bar{x}_i - \bar{x}_.)^2$$

可以证明

$$\text{SSD}_B + \text{SSD}_W = \text{SSD}_{\text{total}} = \sum_i \sum_j (x_{ij} - \bar{x}_.)^2$$

这意味着全局的方差能够被分解为描述组间均值的部分与描述组内数值的部分。有人认为分组解释了一部分的全局方差，显然一个有信息量的分组能够解释大部分方差。

不过，平方和只可能是正数，所以即使是一个完全没意义的分组，也总能"解释"一部分方差。问题在于这个解释量要多小才可被认为是由随机性引起的。实际上，在组间没有任何系统差距的情况下，你应该期望平方和的分割按照每一项的自由度来进行。SSD_B 的自由度为 k-1，而 SSD_W 的自由度为 N-k，其中 k 是组数，N 是所有的观测数。

据此，你可以通过计算*平均平方*来正则化平方和：

$$\text{MS}_W = \text{SSD}_W/(N-k)$$
$$\text{MS}_B = \text{SSD}_B/(k-1)$$

MS_W 是将独立的组内方差集成起来的方差，也就是对 σ^2 的估计。在没有真正的组间差异时，MS_B 也是一个对 σ^2 的估计，但是如果出现了组间差异，那么组间均值的差异和 MS_B 都会变得更大。所以，这可以成为一个通过对两个估计方差的比较来检查组间均值是否有显著差异的检验。这就是我们的目标是比较各组均值而名字叫作*方差分析*的原因。

一个正式的检验需要考虑到随机波动会影响到平方和均值。你可以计算

$$F = \text{MS}_B/\text{MS}_W$$

所以 F 在理想情况下应该是 1，但是在这周围可能会出现一定的波动。统计量 F 的分布在零假设下是一个自由度为 k-1 和 N-k 的 F 分布。当 F 值超过 F 分布的 95%分位数的时候（如果显著性水平是 5%），你就应该拒绝均值相等的假设。这个检验是单边的；如果组间均值很相近，那么 F 会变得非常小，自然也就不显著。

简单的方差分析能在 R 中通过函数 lm 来做到,这也是回归分析里面的函数。为了更详细的分析,R 也提供了函数 aov 和 lme(linear mixed effects models,即线性混合效应模型,来自于 nlme 包)。一个对 Welch 方法的实现在函数 oneway.test 中(见 7.1.2 小节),这个方法去掉了方差齐性的假设以及一般化了 t 检验的不等方差。

这一节我们主要使用来自于奥特曼(Altman,1991)的"红细胞叶酸盐"数据。为了使用 lm 函数,我们需要将数据的值放在一个向量中,然后将数据的分组信息放在一个属性变量(见 1.2.8 小节)中。数据集 red.cell.folate 含有一个格式正确的数据框。

```
> attach(red.cell.folate)
> summary(red.cell.folate)
     folate          ventilation
 Min.   :206.0    N2O+O2,24h:8
 1st Qu.:249.5    N2O+O2,op :9
 Median :274.0    O2,24h    :5
 Mean   :283.2
 3rd Qu.:305.5
 Max.   :392.0
```

回忆一下,对一个数据框使用函数 summary,会得到其中每一个变量的简单分布情况汇总。数值向量与属性变量的汇总格式是不一样的,这也是检查变量是否被正确定义的一个方法。

变量 ventilation 中的属性名称分别表示"24 小时内的 O_2 与 N_2O 含量","手术中的 O_2 与 N_2O 含量"以及"24 小时内的 O_2 含量"。

接下来,我们首先做方差分析,然后演示一些将分组数据展示为表格和图像的有用方法。

对方差分析的说明与回归分析的相似,唯一的区别就是响应变量需要是一个属性变量而不是数值变量。我们通过函数 lm 得到一个模型对象,然后用函数 anova 将方差分析表析取出来。

```
> anova(lm(folate~ventilation))
Analysis of Variance Table

Response: folate
             Df Sum Sq Mean Sq F value  Pr(>F)
ventilation   2  15516    7758  3.7113 0.04359 *
Residuals    19  39716    2090
---
Signif. codes:  0 '***' 0.001 '**' 0.01 '*' 0.05 '.' 0.1 ' ' 1
```

我们能在第一行找到SSD_B和MS_B，在第二行找到SSD_W和MS_W。

在统计教科书中，平方和一般都被称为"组间"和"组内"。与大多数其他的统计软件一样，R 用了稍许不同的称呼。组间方差用分组属性变量的名字（ventilation）来称呼，而组内方差被称为 Residual。方差分析表能被用在很多的统计模型上，而且它的格式并不与比较各组数据这个特定问题有着紧密联系，用起来也很方便。

我们用 4.1 节提到的 juul 数据集做下一个例子。这个数据中的变量 tanner 是一个数值向量，而不是属性向量。对于列出表格而言，这点几乎没有影响，但是这可能造成方差分析出现严重错误。

```
> attach(juul)
> anova(lm(igf1~tanner))   ## WRONG!
Analysis of Variance Table

Response: igf1
           Df   Sum Sq  Mean Sq F value    Pr(>F)
tanner      1 10985605 10985605  686.07 < 2.2e-16 ***
Residuals 790 12649728    16012
---
Signif. codes:  0 '***' 0.001 '**' 0.01 '*' 0.05 '.' 0.1 ' ' 1
```

这并没有描述对数据的分组，而是一个对于分组编号的线性回归！变量 tanner 的自由度为 1，这是在提醒我们。

我们能做出如下改正：

```
> juul$tanner <- factor(juul$tanner,
+                      labels=c("I","II","III","IV","V"))
> detach(juul)
> attach(juul)
> summary(tanner)
    I   II  III   IV    V NA's
  515  103   72   81  328  240
> anova(lm(igf1~tanner))
Analysis of Variance Table

Response: igf1
           Df   Sum Sq Mean Sq F value    Pr(>F)
tanner      4 12696217 3174054  228.35 < 2.2e-16 ***
Residuals 787 10939116   13900
---
Signif. codes:  0 '***' 0.001 '**' 0.01 '*' 0.05 '.' 0.1 ' ' 1
```

我们需要重新绑定数据库 juul 以便于使用新的定义。一个被绑定的数据框是它本身的一个复制品（原始数据没有改变，而它也不占用额外空间）。Df 这一列为 tanner 分配了 4 个自由度，这是它应得的。

7.1.1 成对比较和多重检验

如果 F 检验告诉我们组间有差异，那么问题马上上升为找出差异在哪里。这时候就有必要对单个的组进行比较。

部分这方面的信息可以在回归系数中找到。你能通过 summary 析取出回归系数以及它们的标准误和 t 检验统计量。这些系数的意义并不是通常的回归线斜率，而是有如下的特定解释：

```
> summary(lm(folate~ventilation))
Call:
lm(formula = folate ~ ventilation)
Residuals:
    Min      1Q  Median      3Q     Max
-73.625 -35.361  -4.444  35.625  75.375
Coefficients:
                    Estimate Std. Error t value Pr(>|t|)
(Intercept)           316.62      16.16  19.588 4.65e-14 ***
ventilationN2O+O2,op  -60.18      22.22  -2.709   0.0139 *
ventilationO2,24h     -38.62      26.06  -1.482   0.1548
---
Signif. codes:  0 '***' 0.001 '**' 0.01 '*' 0.05 '.' 0.1 ' ' 1

Residual standard error: 45.72 on 19 degrees of freedom
Multiple R-squared: 0.2809,     Adjusted R-squared: 0.2052
F-statistic: 3.711 on 2 and 19 DF,  p-value: 0.04359
```

这些估计值应该这样理解：截距这一项是第一组（N2O+O2, 24h）的均值，而另外两个是相应组均值与第一组均值的*差*。

在线性模型中，我们有多种方法表示一个属性变量的影响（而单因素方差分析正是最简单的含有属性变量的线性模型）。我们通过*对比*来展现，对比项可以通过全局设置或者是模型方程的一部分来实现。这方面我们不涉及太多，不过要说明这里的对比默认用的是*试验对照*的方法，第一组被视为准线，然后其他组便相对于此表示。具体地，我们可以通过引入两个哑变量来进行多元回归分析（见第 11 章），哑变量用 1 表示观测值在相应的组别中，否则是 0。

在上表的 t 检验部分里，你可以立刻发现对前两组（p=0.013 9）以及第一组和第三组（p=0.154 8）的真实均值是否相等的检验。但是我们找不到对最后两组的检验。我们可以通过修改属性的定义（见 relevel 的帮助页面）来改变这点。但是结果会在不止少数几个组的时候变得十分冗长。

如果我们比较所有的组别，应该进行*多重检验*的修正。进行多次检验，会增加其中出现一个显著结果的概率；也就是说，这个 p 值会变得夸张。一个常用的

调整方法是 *Bonferroni 修正法*。它基于这个事实：在 n 个事件里至少观测到一个事件的概率小于每个事件的概率之和。所以，让显著性水平去除或是等价地用 p 值去乘检验次数，我们就能够得到一个保守的检验，其中显著的结果会少于或等于之前的显著性水平。

函数 pairwise.t.test 能够计算所有的两组比较。它也能够针对多重检验做调整，比如这样：

```
> pairwise.t.test(folate, ventilation, p.adj="bonferroni")

        Pairwise comparisons using t tests with pooled SD

data:   folate and ventilation

          N2O+O2,24h  N2O+O2,op
N2O+O2,op 0.042       -
O2,24h    0.464       1.000

P value adjustment method: bonferroni
```

输出结果是一个成对比较的 p 值表。这里的 p 值已经通过 Bonferroni 修正过了，即通过未修正的 p 值乘上检验的次数 3 而得到。如果得到一个大于 1 的结果，那么调整过程会将调整过的 p 值设为 1。

函数 pairwise.t.test 的默认设置不是 Bonferroni 调整法，而是 Holm 提出的一个变形。在这个方法中，只有最小的 p 值需要乘以所有检验的次数，而第二小的则乘以 n-1，依此类推，除非这一步骤让它比前一个数更小了，因为 p 值的顺序不应该被调整而改变。

```
> pairwise.t.test(folate,ventilation)

        Pairwise comparisons using t tests with pooled SD

data:   folate and ventilation

          N2O+O2,24h  N2O+O2,op
N2O+O2,op 0.042       -
O2,24h    0.310       0.408

P value adjustment method: holm
```

7.1.2 放宽对方差的假设

传统的单因素方差分析需要假设所有的组方差相等。不过，我们有另一个不需要这个假设的方法。这是 Welch 提出来的，和不等方差 t 检验很像。函数 oneway.test 实现了这个方法：

第 7 章　方差分析与 Kruskal-Wallis 检验

```
> oneway.test(folate~ventilation)

        One-way analysis of means (not assuming equal variances)

data:  folate and ventilation
F = 2.9704, num df = 2.000, denom df = 11.065, p-value = 0.09277
```

在这个例子中，p 值增大到了一个不显著的值，可能是因为看起来与另外两组不等的组别也有着最大的方差。

我们也可以进行成对 t 检验，使得它们不需要用一个综合的标准差。可以通过参数 pool.sd 来控制。

```
> pairwise.t.test(folate,ventilation,pool.sd=F)

        Pairwise comparisons using t tests with non-pooled SD

data:  folate and ventilation

          N2O+O2,24h N2O+O2,op
N2O+O2,op 0.087      -
O2,24h    0.321      0.321

P value adjustment method: holm
```

我们再一次看到，结果在我们除去对方差的限制后就变得不显著了。

7.1.3　图像表示

当然，现在有很多种方法来展示分组数据。这里我们展示一个精妙复杂的图形，其中原始数据用条形图画出来，然后再叠加上均值与 SEM 的值（见图 7.1）。

```
> xbar <- tapply(folate, ventilation, mean)
> s <- tapply(folate, ventilation, sd)
> n <- tapply(folate, ventilation, length)
> sem <- s/sqrt(n)
> stripchart(folate~ventilation, method="jitter",
+     jitter=0.05, pch=16, vert=T)
> arrows(1:3,xbar+sem,1:3,xbar-sem,angle=90,code=3,length=.1)
> lines(1:3,xbar,pch=4,type="b",cex=2)
```

我们在 stripchart 里面设定 pch=16（小圆点），并通过 vertical=T 使得"长条"变成垂直的。

误差棒通过函数 arrow 来添加，这个函数能在图上添加箭头。我们稍微灵活地利用箭头的头部可调整这一特性，在两端都加上一个交叉图像。前四个参数表示端点（x_1, y_1, x_2, y_2）；参数 angle 指的是箭头和箭柄之间的角度，这里设置为 90°；参数 length 指的是箭头的长度（打印时的英寸）。最后，参数 code=3 表示两端都要有箭头。注意：这个条形图的 x 轴就是分组的数字。

显示均值与连接线段可以通过函数 lines 来表示，其中参数 type="b"（both）就是同时画出点和线，然后在线与线之间给符号留下空间。参数 pch=4 是一个交叉十字，而 cex=2 让这些符号变成了 2 倍大。

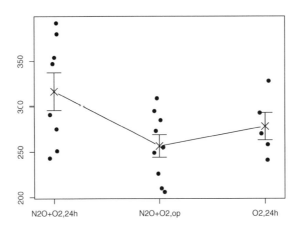

图 7.1 "红细胞叶酸盐"数据与 $\bar{x}$ ±SEM 的图像

到底应该像我们这样以 1 倍的 SEM 作图，还是以均值的置信区间（约为 2 倍的 SEM）来作图，又或者甚至用标准差来替代 SEM，这都是值得商榷的。这也和这幅图用来展示还是分析有关系。均值的标准误对于刻画这组数据的分布没有帮助；它们只是在表示这个均值到底有多准确。另一方面，标准差不能让读者一眼看出哪些组之间有显著差异。

在很多领域中，使用 1 倍 SEM 似乎已经成为了传统，"因为它们是最小的"；因为这让差距看起来更大。也许，最恰当的做法就是在相关领域跟随传统做法然后"吸引你的眼球"。

不过我们仍然要警告一句：在小样本时，置信区间是均值±2SEM 的这个经验法则会变得十分不准确。对于只有两个样本的一组数据，置信区间其实是 12.7SEM！这是严重倚赖于数据来自正态分布的一个修正。如果你有这么小的数据分组，可以考虑结合所有数据得到综合标准差，而不是使用来自某组的标准差。当然，这个方法要求你能合理地假设所有组别的真实标准差都是一样的。

7.1.4 Bartlett 检验

我们可以用 Bartlett 检验来看看某个变量的分布是否在所有组中都有一样的方差。虽然与 F 检验一样都能比较两个方差，但它对于正态分布的假设是不稳定的。与函数 var.test 一样，它假设了来自不同组的数据是独立的。这个过程可以如下进行：

```
> bartlett.test(folate~ventilation)

        Bartlett test of homogeneity of variances

data:  folate by ventilation
Bartlett's K-squared = 2.0951, df = 2, p value = 0.3508
```

可见，在这个例子中，数据没有与三组方差相等的假设产生矛盾。

7.2　Kruskal–Wallis 检验

Kruskal-Wallis 是方差分析的非参数版本。就像 Wilcoxon 两样本检验（见 5.5 节）一样，数据被替换为了它们之间不考虑分组的秩，不过这次检验的计算基于各组与平均秩的离差平方和。我们又一次能够利用分组独立性的假设，这样检验统计量的分布可以变成一个组合的问题，即对一组固定的数字抽样而得的组内秩。

你能让 R 如下计算 Kruskal-Wallis 检验：

```
> kruskal.test(folate~ventilation)

        Kruskal-Wallis rank sum test

data:  folate by ventilation
Kruskal-Wallis chi-squared = 4.1852, df = 2, p-value = 0.1234
```

可以看出，这个检验没有表现出显著的差异。我们不必为此感到惊讶，因为在单因素方差分析中的 F 检验也只是在显著的边缘。另外，Kruskal-Wallis 检验在假设成立的情况下没有参数方法那么高效，虽然它并不总是会给出较大的 p 值。

7.3　双因素方差分析

单因素方差分析处理的是依据单因素分类的数据。我们也能够分析依据不同的准则交叉分类的数据。对于一个*平衡*的交叉分类设计，你可以从一个方差分析表中看到整个统计分析的内容。这个表中的内容计算很方便，在计算机时代之前这可是很重要的。平衡性是一个不太好定义的概念。对于一个双因素分类问题，充分条件之一就是各格计数是相等的，不过也有其他的平衡设计。

我们这里只考虑每格只有一个观测的情况。这通常出现在一个试验单位对应多种测量方法的情况下，这样看来其实就是配对 t 检验的推广。

令 x_{ij} 表示一个 $m \times n$ 表的第 i 行第 j 列的观测值。这与单因素方差分析的记号一样，不过现在同一个 j 对应的观测之间都有联系，所以我们自然会同时查看每行的均值 $\bar{x}_{i\cdot}$ 与每列的均值 $\bar{x}_{\cdot j}$。

接着，我们可以查看*行间方差*

$$\mathrm{SSD}_R = n \sum_i (\bar{x}_{i\cdot} - \bar{x}_{\cdot\cdot})^2$$

与列间方差

$$\mathrm{SSD}_C = m \sum_j (\bar{x}_{\cdot j} - \bar{x}_{\cdot\cdot})^2$$

从总的方差中减去这两部分，就得到了*残差方差*：

$$\mathrm{SSD}_{\mathrm{res}} = \sum_i \sum_j (x_{ij} - \bar{x}_{i\cdot} - \bar{x}_{\cdot j} + \bar{x}_{\cdot\cdot})^2$$

这可以表达为一个统计模型，其中观测由整体水平，行效应，列效应以及噪声项四部分组成：

$$X_{ij} = \mu + \alpha_i + \beta_j + \epsilon_{ij} \qquad \epsilon_{ij} \sim N(0,\ \sigma^2)$$

除非我们引入一些对参数的限制，否则这个模型中的参数并不是唯一定义的。如果我们引入 $\sum \alpha_i = 0$ 和 $\sum \beta_j = 0$，那么对 α_i，β_j 和 μ 的估计就变成了 $\bar{x}_{i\cdot} - \bar{x}_{\cdot\cdot}$，$\bar{x}_{\cdot j} - \bar{x}_{\cdot\cdot}$ 和 $\bar{x}_{\cdot\cdot}$。

将平方和项除以各自的自由度：SSD_R 的是 m-1，SSD_C 的是 n-1，$\mathrm{SSD}_{\mathrm{res}}$ 的是 $(m\text{-}1)(n\text{-}1)$；然后我们就得到了一系列平均平方。行影响和列影响的 F 检验可以通过用对应的平均平方除以残差平均平方进行。

有一个重要的地方需要注意，这些步骤效果很好只是因为平衡的设计。如果你有一个"有洞"的表格，那么可以预见这个分析会变得非常复杂。简单的平方和公式已经不适用了，特别地，顺序的独立性也不见了，所以不会使用单个的 SSD_C，而是含有或是去除了行影响的两部分。

双因素方差分析需要将数据放在一个向量中，以及与其平行的两个分类属性。我们以一个使用依那普利拉（enalaprilate）之后的心率数据（Altman,1991）作为例子。数据集 heart.rate 中的数据是这样的形式：

```
> attach(heart.rate)
> heart.rate
   hr subj time
1  96    1    0
2 110    2    0
3  89    3    0
```

```
 4   95   4   0
 5  128   5   0
 6  100   6   0
 7   72   7   0
 8   79   8   0
 9  100   9   0
10   92   1  30
11  106   2  30
12   86   3  30
13   78   4  30
14  124   5  30
15   98   6  30
16   68   7  30
17   75   8  30
18  106   9  30
19   86   1  60
20  108   2  60
21   85   3  60
22   78   4  60
23  118   5  60
24  100   6  60
25   67   7  60
26   74   8  60
27  104   9  60
28   92   1 120
29  114   2 120
30   83   3 120
31   83   4 120
32  118   5 120
33   94   6 120
34   71   7 120
35   74   8 120
36  102   9 120
```

如果打开程序包 ISwR 里 data 路径下的 heart.rate.R 文件，你就会看见数据框的实际定义是这样的：

```
heart.rate <- data.frame(hr = c(96,110,89,95,128,100,72,79,100,
                                92,106,86,78,124,98,68,75,106,
                                86,108,85,78,118,100,67,74,104,
                                92,114,83,83,118,94,71,74,102),
                         subj=gl(9,1,36),
                         time=gl(4,9,36,labels=c(0,30,60,120)))
```

函数 gl（generate levels）能生成模式属性，专门为平衡的试验设计而出现。它有 3 个参数：水平的数目，每块长度（每一水平需要重复多少次），以及结果的总长度。所以数据框的两个模式就是

```
> gl(9,1,36)
 [1] 1 2 3 4 5 6 7 8 9 1 2 3 4 5 6 7 8 9 1 2 3 4 5 6 7 8 9 1 2 3 4
[32] 5 6 7 8 9
Levels:  1 2 3 4 5 6 7 8 9
> gl(4,9,36,labels=c(0,30,60,120))
```

```
[1] 0   0   0   0   0   0   0   0   0   30  30  30  30  30  30
[16] 30  30  30  60  60  60  60  60  60  60  60  60  120 120 120
[31] 120 120 120 120 120 120
Levels: 0 30 60 120
```

一旦变量被定义好了，双因素方差分析就可以简单地如下计算：

```
> anova(lm(hr~subj+time))
Analysis of Variance Table

Response: hr
          Df Sum Sq Mean Sq F value    Pr(>F)
subj       8 8966.6  1120.8 90.6391 4.863e-16 ***
time       3  151.0    50.3  4.0696   0.01802 *
Residuals 24  296.8    12.4
---
Signif. codes:  0 '***' 0.001 '**' 0.01 '*' 0.05 '.' 0.1 ' ' 1
```

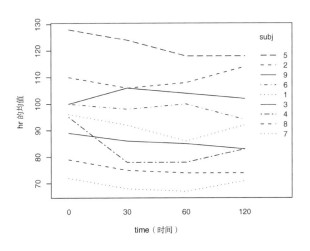

图 7.2　心率数据的交互图

在模型方程（hr~time+sub）中交换 subj 和 time 能产生一模一样的分析结果，除了方差分析表中两行的顺序有变化。这是因为我们在处理一个平衡的设计（一个没有缺失值的完全双因素表）。在不平衡的情况下，属性的顺序会有很大影响。

7.3.1　重复试验的图像

在自己个人使用的时候，作出一个"意大利面图"是很有用的。在这种图中，来自同一个个体的数据被线段连在了一起。为了达到这个目的，你可以使用函数 interaction.plot。这个函数以一个属性为横轴，将另一个属性的数据画出来并用线段标记轨迹。

```
> interaction.plot(time, subj, hr)
```

实际上还有第 4 个参数，用来指示程序如何处理不止一个观测的格子。默认情况下，它会选择取平均数，这就是为什么图 7.2 中的 y 轴意义为"hr 均值"。

如果你更喜欢依照测量的时序（这个例子里不是等距的）来画图，你可以把代码改成这样（我们没有给出作图结果）：

```
> interaction.plot(ordered(time),subj,hr)
```

7.4 Friedman 检验

双因素方差分析在每格含有一个观测的情况下有一个非参数版本。Friedman 的检验基于*每行观测的秩*。如果没有列间效应的影响，那么每一行的秩应该都是一样的。一个基于每列平方和的检验可以通过计算与正规化变为一个服从卡方分布的统计量。

在两列的情况下，Friedman 检验和*符号检验*是等价的，这时可以通过二项分布来检验正号对与负号对的概率是否相等。这个方法比我们在 5.2 节中讨论的 Wilcoxon 符号秩检验更不敏感。

下面是对 Friedman 的一个实际应用：

```
> friedman.test(hr~time|subj,data=heart.rate)

        Friedman rank sum test

data:  hr and time and subj
Friedman chi-squared = 8.5059, df = 3, p-value = 0.03664
```

注意到区组属性在模型方程中用垂直线标明了，这种记法可被读成"在 subj 情况下的 time"。可以看出，这个检验在显著性上并不会像对应的参数方法那样强。我们对此不必惊讶，因为后者在假设成立的情况下更有功效。

7.5 回归分析中的方差分析表

我们已经看到在分组与交叉分类试验设计中对方差分析表的应用了。不过，这个表的用处不仅能用于这些设计，还能用于整个线性模型类中（更多相关内容请见第 12 章）。

单因素方差分析中的组间与组内波动可以被推广为*模型方差*与*残差方差*：

$$\text{SSD}_{\text{model}} = \sum_i (\hat{y}_i - \bar{y}.)^2$$
$$\text{SSD}_{\text{res}} = \sum_i (y_i - \hat{y}_i)^2$$

这两部分分割了整体的波动 $\sum_i (y_i - \bar{y}.)^2$。这仅在模型含有一个截距项的时候成立，见 12.2 节。单因素方差分析中组内均值的角色被更一般的广义线性模型中的拟合值 $\hat{y}_i$ 替代了。

与 7.1 节中的相似，我们能用一个 F 检验对模型的显著性做检验。在简单线性回归中，这与检验回归系数是否为 0 是等价的。

与单因素和双因素方差分析一样，我们能用函数 anova 将一个回归分析的方差分析表导出来。在 thuesen 这个例子中，这个操作看起来就像这样：

```
> attach(thuesen)
> lm.velo <- lm(short.velocity~blood.glucose)
> anova(lm.velo)
Analysis of Variance Table

Response: short.velocity
              Df  Sum Sq Mean Sq F value Pr(>F)
blood.glucose  1 0.20727 0.20727   4.414 0.0479 *
Residuals     21 0.98610 0.04696
---
Signif. codes:  0 '***' 0.001 '**' 0.01 '*' 0.05 '.' 0.1 ' ' 1
```

注意，F 检验给出的 p 值与 6.1 节中零斜率的 t 检验结果是一样的。这也是在 summary 的最后输出的 F 检验：

```
...
Residual standard error: 0.2167 on 21 degrees of freedom
Multiple R-Squared: 0.1737,     Adjusted R-squared: 0.1343
F-statistic: 4.414 on 1 and 21 DF, p-value: 0.0479
```

上面剩下的三行输出中的元素也能从方差分析表中导出。"残差标准差"是"残差均方值"的平方根，即 $0.216\,7 = \sqrt{0.046\,96}$。$R^2$ 是所有平方和中被回归线所解释的比率，即 $0.173\,7 = 0.207\,3/(0.207\,3+0.986\,1)$，以及最后调整的 R^2 是残差方差的相对进步，$0.134\,3 = (v-0.046\,96)/v$，其中 $v = (0.207\,3+0.986\,1)/22 = 0.054\,25$，它代表了不考虑 glucose 取值情况下 short.velocity 的方差。

7.6 练习题

7.1 数据 zelazo 的格式是一个由向量构成的列表，它们分别代表四个组。将这个数据转化为函数 lm 可用的形式，然后进行相关性检验。考虑用 t 检验比较选择的两个组，或者是先将组合并。

7.2 在数据 lung 中，三种不同的测量方法是否给出了系统性不同的结果？如果是，那么是哪个组表现得不同？

7.3 用非参数方法对数据 zelazo 和 lung 重复前两个练习。

7.4 数据 juul 中的变量 igf1 有明显的偏斜，并且与 Tanner 组的方差不一样。尝试通过对数变换与平方根变换来补偿这一点，以及使用 Welch 检验。即便如此，这个分析仍然是有问题的——为什么呢？

第 8 章

表格数据

本章介绍了一系列用于分析表格数据的函数，我们会着重看 prop.test，binom.test，chisq.test 以及 fisher.test 函数。

8.1 单比例

对单比例的检验基于二项分布（样本量参数 N 与概率参数 p，见 3.3 节）。在大样本情况下，我们可以用一个均值为 Np，方差为 $Np(1-p)$ 的正态分布来很好地近似。一个经验上的结论是，我们在"成功"与"失败"的期望次数都大于 5 的时候能得到较好的近似。

令 x 表示"成功"的次数，则对假设 $p = p_0$ 的检验可以基于下式：

$$u = \frac{x - Np_0}{\sqrt{Np_0(1-p_0)}}$$

这个统计量近似服从一个均值为 0、标准差为 1 的正态分布，或者说 u^2 近似服从一个自由度为 1 的卡方分布。

这个正态近似可以一定程度上通过 Yates 修正法来提高。这个方法在计算 u 的时候会将观测值向期望值收缩 0.5 个单位。

我们考虑这样一个例子（Altman,1991），这里 215 名病人中的 39 名被观测到患有哮喘，然后有人对"随机病人"患有哮喘的概率是 0.15 这个假设做检验。我们能用函数 prop.test 来做检验：

```
> prop.test(39,215,.15)

        1-sample proportions test with continuity correction

data:  39 out of 215, null probability 0.15
X-squared = 1.425, df = 1, p-value = 0.2326
alternative hypothesis: true p is not equal to 0.15
95 percent confidence interval:
 0.1335937 0.2408799
sample estimates:
        p
0.1813953
```

函数 prop.test 中的 3 个参数是正观测数，总数以及你想对其做检验的（理论上的）概率参数。最后一个的默认值是 0.5，是在对称情况下的合理设置，不过在这里并不适用。这里的 15% 有一点人为构造的意思，因为很少有人会一开始就对某个特别的值做检验。一般我们会对计算这个概率参数的置信区间更感兴趣，这在输出结果的结尾已经算好了。注意到我们这里略微不小心地重复了符号 p，它同时表示了二项分布中的概率参数 p 与检验的概率或 p 值。

你也可以用函数 binom.test 在二项分布下做检验。这时你能得到精确的检验概率，所以一般它比 prop.test 更受人喜欢。不过除了单比例检验，函数 prop.test 还能做其他事情。为了得到这个 p 值，我们先算出 x 取每一个可能值的点概率，然后再将观测到的小于等于 x 的概率加起来。

```
> binom.test(39,215,.15)

        Exact binomial test

data:  39 and 215
number of successes = 39, number of trials = 215, p-value = 0.2135
alternative hypothesis: true probability ...  not equal to 0.15
95 percent confidence interval:
 0.1322842 0.2395223
sample estimates:
probability of success
            0.1813953
```

在 0.05 水平下的"精确"置信区间实际上是从 0.025 水平的双边检验中得到的。用双边检验来找到一个精确的置信区间并不是一个被良好定义的问题（见练习题 8.5）。

8.2 两个独立的比例

函数 prop.test 也能够用于比较两个或多个比例。为了达到这个目的，参数应该是两个向量，其中第一个表示正观测数，第二个表示每组的总数。

这里用到的理论方法与单比例的相似。考虑两个比例之间的差 $d=x_1/N_1-x_2/N_2$，两组的计数服从同一个参数 p 的二项分布，那么 d 这个值近似地服从正态分布，其均值为 0，方差 $V_p(d)=(1/N_1+2/N_2)\times p(1-p)$。所以为了检验 $p_1 = p_2$，我们将共同估计 $\hat{p} = (x_1 + x_2)/(n_1 + n_2)$ 加入方差公式里，然后计算 $u = d/\sqrt{V_{\hat{p}}(d)}$。这个 u 近似服从标准正态分布，或者说 u^2 近似服从 $\chi^2(1)$ 分布。Yates 类的修正法也是可行的，不过我们这里不做过多讨论。

作为展示，我们用一个最早由 Lweitt 和 Machin 提出来的例子（Altman, 1991）：

```
> lewitt.machin.success <- c(9,4)
> lewitt.machin.total <- c(12,13)
> prop.test(lewitt.machin.success,lewitt.machin.total)

        2-sample test for equality of proportions with continuity
        correction

data:  lewitt.machin.success out of lewitt.machin.total
X-squared = 3.2793, df = 1, p-value = 0.07016
alternative hypothesis: two.sided
95 percent confidence interval:
 0.01151032 0.87310506
sample estimates:
   prop 1    prop 2
0.7500000 0.3076923
```

这里给出的是*比例之差*的置信区间。这个背后的理论与对比例之差的假设检验是相似的，不过这里有一些技术上的修正，同时也使用了一个不同的近似方法。

你也可以不使用 Yates 连续性修正来计算这个检验，即加入参数 correct=F。连续性修正一定程度上让所得置信区间变得更宽，不过注意到这里仍然不包含 0。而双边假设检验显示两组之间没有显著差异，所以这里置信区间与其相矛盾。这是因为使用了不同的近似方法导致的，这对于这个稀疏如此的表尤为重要。

如果你希望确认至少 p 值是正确的，你可以用 Fisher 精确检验。我们用上一节的数据来展示它。这个检验在给定行和列的边际值的情况下计算 2×2 表格的条件分布。这可能难以想象，不过你可以这样来看：拿出 13 个白球和 12 个黑球（分别是成功与失败），然后不重复地从中抽样得到两个样本量分别为 12 和 13 的小组。第一组中的白球数量显然足以确定整个表格，而它的分布可以完全转化为一个纯粹的组合问题。这个分布被称为超几何分布。

相关的检验是 fisher.test，它要求输入的数据是矩阵形式的，如下：

```
> matrix(c(9,4,3,9),2)
     [,1] [,2]
[1,]    9    3
[2,]    4    9
> lewitt.machin <- matrix(c(9,4,3,9),2)
> fisher.test(lewitt.machin)

        Fisher's Exact Test for Count Data

data:  lewitt.machin
p-value = 0.04718
alternative hypothesis: true odds ratio is not equal to 1
95 percent confidence interval:
 0.9006803 57.2549701
sample estimates:
odds ratio
  6.180528
```

注意，表格的第二列应该是负结果的次数，不是观测值的总数。

还需注意的是，这里给出了*比值比*（odds ratio）的置信区间，即是 $(p_1/(1-p_1))/(p_2/(1-p_2))$。可以发现，如果 $p_1 \neq p_2$，那么表格的条件分布只依赖于比值比，所以这是一个用于衡量 Fisher 检验中相关程度的自然指标。这个检验的精确分布在比值比不为 1 的时候可以被精确地求出，不过这里与 binom.test 一样，双边 95%置信区间是由两个单边 97.5%置信区间并起来的。这导致它的结果与 prop.test 的不一致：检验的结果刚好显著，但是比值比的置信区间包含 1 在内。

和 fisher.test 一样，在 chisq.test 中的标准 χ^2 检验（见 8.4 节）需要矩阵类型的数据。对于一个 2×2 表格来说，这个检验与 prop.test 的结果是完全一致的。

```
> chisq.test(lewitt.machin)

        Pearson's Chi-squared test with Yates' continuity
        correction

data:  lewitt.machin
X-squared = 3.2793, df = 1, p-value = 0.07016
```

8.3　k 比例，检验趋势

有时你想要比较多于两个部分。有时数据的分类可能是有序的，所以你希望找到一个随着分组序号递增或递减的趋势。

这一节的例子记录了一组女性是否使用剖腹产生育孩子，以及鞋子码数的数据(Altman, 1991)。

数据集如下：
```
> caesar.shoe
    <4  4 4.5  5 5.5  6+
Yes  5  7   6  7   8  10
No  17 28  36 41  46 140
```

为了比较 $k > 2$ 个部分，有一个基于正态近似的检验可以使用。这个检验计算每组的观测比例和所有组的比例之间的加权平方和的偏差。检验统计量近似服从自由度为 k-1 的 χ^2 分布。

为了在 caesar.shoe 这样的数据集上使用 prop.test 函数，我们需要将其转换为一个"成功"的向量（在这里和相反的很像）和一个"试验"的向量。这两个向量可以这样计算：

```
> caesar.shoe.yes <- caesar.shoe["Yes",]
> caesar.shoe.total <- margin.table(caesar.shoe,2)
> caesar.shoe.yes
 <4   4 4.5   5 5.5  6+
  5   7   6   7   8  10
> caesar.shoe.total
 <4   4 4.5   5 5.5  6+
 22  35  42  48  54 150
```

然后就很容易进行检验了：
```
> prop.test(caesar.shoe.yes,caesar.shoe.total)
        6-sample test for equality of proportions without
        continuity correction

data:  caesar.shoe.yes out of caesar.shoe.total
X-squared = 9.2874, df = 5, p-value = 0.09814
alternative hypothesis: two.sided
sample estimates:
    prop 1     prop 2     prop 3     prop 4     prop 5     prop 6
0.22727273 0.20000000 0.14285714 0.14583333 0.14814815 0.06666667

Warning message:
In prop.test(caesar.shoe.yes, caesar.shoe.total) :
  Chi-squared approximation may be incorrect
```

可以看出，这个检验的结果是不显著的，但是从细节上来说，剖腹产一组的数字太小，让人感觉这巧妙得不合理。此外，注意那条警告，它是因为一些格子的期望数小于 5 而出现的。

你可以用函数 prop.trend.test 来检测不同部分的趋势。它有 3 个参数：x，n 和 score。前两个与 prop.test 中的一致，最后一个是赋予每组的分数，默认是简单的 1, 2, ..., k。这个检验的本质是一个用每组的分数对不同部分进行的加权线性回归,其中我们对零斜率进行检验,就成为了一个自由度为 1 的 χ^2 检验。

```
> prop.trend.test(caesar.shoe.yes,caesar.shoe.total)

        Chi-squared Test for Trend in Proportions

data:  caesar.shoe.yes out of caesar.shoe.total ,
 using scores: 1 2 3 4 5 6
X-squared = 8.0237, df = 1, p-value = 0.004617
```

所以,如果我们假设鞋子码数是线性的,那么我们可以看到一个显著的区别。这样的假设并不是为了保证检验的合理所必需的。反之,它表示了这个检验所对应的备择假设。

一个趋势性检验可以被认为是把一个对比例相等($\chi^2 = 9.29$)的检验分解为自由度为 1 的线性效应($\chi^2 = 8.02$)与自由度为 4 的线性趋势的偏差($\chi^2 = 1.27$)这两者的贡献。所以你可以认为比例相等的检验被稀释了,或者是在检验偏差这个我们不感兴趣的方向上浪费了自由度。

8.4 $r \times c$ 表格

为了分析两边都多于两个类的表格数据,你可以用函数 chisq.test 和 fisher.test,不过要注意后者在每一格数字比较大而且超过两行或两列时的计算量非常大。在一个简单的例子里,我们已经介绍了 chisq.test,不过对于更大的表而言,还有一些其他有趣的特征。

一个 $r \times c$ 表格看起来像这样:

$$
\begin{array}{cccc|c}
n_{11} & n_{12} & \cdots & n_{1c} & n_{1.} \\
n_{21} & n_{22} & \cdots & n_{2c} & n_{2.} \\
\vdots & \vdots & & \vdots & \vdots \\
n_{r1} & n_{r2} & \cdots & n_{rc} & n_{r.} \\
\hline
n_{.1} & n_{.2} & \cdots & n_{.c} & n_{..}
\end{array}
$$

这样的一个表会导致几种不同的抽样方法,从而相应的表述"行和列之间没有关系"也有不同的含义了。每一行的总和可能是事先确定的,此时你可能会饶有兴趣地检验每列的分布是否在每行上都一样。反之,如果每列的和是固定的,也可能是每一个个体随机地根据行或列来分组的。在后一种情况中,你应该会对检验*统计独立性*这个假设感兴趣,即一个个体掉入第 ij 个格子的概率是边际概率的乘积:$p_i.p_{.j}$。不过,这些不同的情况最后都使用了同样的分析方法。

如果行和列之间没有关系，那么每一格的期望值应该是

$$E_{ij} = \frac{n_{i\cdot} \times n_{\cdot j}}{n_{\cdot\cdot}}$$

这可以理解为把每一行的总数按照每一列总数的比例（或者反过来）进行分布，或者是将整个表格的总数按照行和列的比例进行分布。

检验统计量

$$X^2 = \sum \frac{(O-E)^2}{E}$$

服从一个自由度为 $(r-1) \times (c-1)$ 近似的 χ^2 分布。这里是对整个表格求和，然后下标 ij 被省略了。这里 O 表示观测值，而 E 表示前文所述的期望值。

我们使用 4.5 节提到的婚姻状况与咖啡因消费情况的表格来计算这个 χ^2 检验：

```
> caff.marital <- matrix(c(652,1537,598,242,36,46,38,21,218
+ ,327,106,67),
+ nrow=3,byrow=T)
> colnames(caff.marital) <- c("0","1-150","151-300",">300")
> rownames(caff.marital) <- c("Married","Prev.married","Single")
> caff.marital
             0 1-150 151-300 >300
Married    652  1537     598  242
Prev.married 36    46      38   21
Single     218   327     106   67
> chisq.test(caff.marital)

        Pearson's Chi-squared test

data:  caff.marital
X-squared = 51.6556, df = 6, p-value = 2.187e-09
```

检验结果高度显著，所以我们可以放心地拒绝独立性的假设。不过，一般来说，你也想知道偏差的程度。为了这个目的，你可以仔细查看函数 chisq.test 的一些额外的返回值。

注意，函数 chisq.test（就像函数 lm 一样）的返回值实际上比显示出来的信息更丰富：

```
> chisq.test(caff.marital)$expected
                     0      1-150    151-300       >300
Married      705.83179 1488.01183 578.06533  257.09105
Prev.married  32.85648   69.26698  26.90895   11.96759
Single       167.31173  352.72119 137.02572   60.94136
> chisq.test(caff.marital)$observed
             0 1-150 151-300 >300
```

```
Married           652   1537    598    242
Prev.married       36     46     38     21
Single            218    327    106     67
```

接下来便可以对这两个表格进行彻底检查,看看差别到底在哪里。检查每个格子对整体 χ^2 的贡献通常是有用的。这样的表格不能直接被析出,但是很容易计算出来。

```
> E <- chisq.test(caff.marital)$expected
> O <- chisq.test(caff.marital)$observed
> (O-E)^2/E
                         0       1-150    151-300       >300
Married          4.1055981   1.612783  0.6874502  0.8858331
Prev.married     0.3007537   7.815444  4.5713926  6.8171090
Single          15.3563704   1.875645  7.0249243  0.6023355
```

这里有一些格子有很大的贡献,特别是很多"戒除咖啡因"的单身者,同时曾经结过婚的分布方向则被转换为朝向更多的摄入——他们摄入得更多。不过,要在这些数据里找到一个偏离独立性的简单描述仍然是不容易的。

你也可以对原始(没有成为列表)数据使用 chisq.test,这里我们用 4.5 节提到的 juul 数据:

```
> attach(juul)
> chisq.test(tanner,sex)

        Pearson's Chi-squared test

data:  tanner and sex
X-squared = 28.8672, df = 4, p-value = 8.318e-06
```

对这两个变量检验独立性或许没什么意义,因为 Tanner Stage 的定义就是与性别有关的。

8.5 练习题

8.1 再来考虑练习题 3.3 中的情况,其中有连续 10 个病人进行了手术都没有并发症,而其期望的概率是 20%。通过二项分布计算相关的单边检验。需要多大的样本量(仍然完全没有并发症)来使得检验结果变成统计上显著的?

8.2 在美国西部的洛杉矶斑疹热事件中,747 例病患中死亡了 210 人,而东部的 661 例病患中死亡了 122 人。这个差异在统计上是显著的吗?(同时参见 13.4 节)

8.3 对两种治疗胃溃疡的药物进行比较(Campbell and Machin, 1993),结

果如下：

	治愈	未治愈	总计
Pirenzepine（哌仑西平）	23	7	30
Trithiozine（三甲硫吗啉）	18	13	31
总计	41	20	61

计算 χ^2 检验和 Fisher 精确检验，并讨论它们的不同点。给出愈合率之差的 95%置信区间。

8.4 （来自于哥本哈根大学 1969 年夏季的"数学 5"测验）从 1968 年 9 月 20 日至 1969 年 2 月 1 日，一位老师买了 254 个蛋。他每天都记录在蒸的过程中有多少个蛋破裂到蛋清流出来的程度，以及有多少个蛋破裂但是蛋清没有流出。此外，他还记录了这个蛋是尺寸 A 还是尺寸 B。从 1969 年 2 月 4 日至 1969 年 4 月 10 日，他还买了 130 个蛋，但是这次他用一个开孔器在蛋上开了个小孔，以防破裂。结果如下：

周期	大小	总计	破损	破裂
9月20日至2月1日	A	54	4	8
9月20日至2月1日	B	200	15	28
2月4日至4月10日	A	60	4	9
2月4日至4月10日	B	70	1	7

分析一下这样做是否有效果。

8.5 对于 15 次试验中有 3 次成功的现象，在成功概率是 x 的时候进行双边检验，让 x 从 0 到 1 以 0.001 为间隔进行变化，并且对检验的 p 值作图。解释为什么对双边置信区间的定义比较困难。

第 9 章

功效与样本容量的计算

当样本容量相对于要检验的差异过小时,统计检验将无法甄别出其中的真实差异。因此,在设计试验时,试验设计者必须收集到足够多的样本数据,以能保证我们有充足的理由甄别出一个特定大小的差异。R 中提供了基于单样本 t 检验和两样本 t 检验比较均值以及比较两样本比例的样本容量的计算方法。

9.1 功效计算原则

本节概述了功效计算及样本容量选择的理论知识。如果你偏好实用知识,且只是想学会在特定情形下合理样本容量的计算方法的话,你可以放心跳过本节,直接去阅读包含各种实用 R 命令的后续章节的内容。

我们已经从前面章节中知悉了假设检验的基本原理。首先,得定义一个检验统计量,然后,我们可以根据该统计量的值决定是否接受原假设。在原假设成立的条件下,检验统计量落入拒绝域的概率等于事先给定的显著性水平(α)。基于此,我们可以构建接受域和拒绝域。为了保证结果的精确性,本书中将坚持遵循这一公式(而不采用 p 值的方法)来阐述相关内容。

由于样本是随机抽取的,所以,我们难以避免地会得到错误的结论。主要的错误类型包含以下两种:

原假设正确,但检验拒绝了它(第 I 类错误);

原假设错误,但检验接受了它(第 II 类错误)。

犯第 I 类错误的可能性大小由显著性水平决定。犯第 II 类错误的大小则由样本容量的大小以及要检测的差异的性质所决定。当两总体之间的差异相当小时,我们检测出差异的可能性也微乎其微。正是基于这个原因,一些统计学家反对使用"接受域"这种说法,因为我们只能说没能证实两个总体之间差异的存在,但永远无法证明差异不存在。

功效是指拒绝错误原假设的可能性大小。针对各种重要的实际情形,我们已经有了许多精确计算或者近似计算功效的方法。限于篇幅,这里无法对该问题进行深入讨论。下面,我们从几个具体的实例入手学习。

9.1.1 单样本 t 及配对样本 t 检验的功效

考虑一下样本均值与给定值进行比较的情形。例如,在一个对比试验中,我们想用配对样本 t 检验来验证治疗方案 A 与治疗方案 B 的效果差异是否为零(参见第 5 章内容)。

令真实差异为 δ。在其他模型设定不变的情形下,即使零假设不成立,我们也能推出检验统计量服从非中心 t 分布。该分布除了依赖于普通 t 分布具有的自由度参数外,还依赖于一个非中心参数。对于配对 t 检验而言,非中心参数 ν 是 δ、样本标准差 σ 和样本容量 n 的函数,具体如下:

$$\nu = \frac{\delta}{\sigma/\sqrt{n}}$$

也就是真实差异除以样本均值的标准差。

在 R 中,通过向 pt 函数添加 ncp 参数即可得到非中心 t 分布的累积分布图。图 9.1 展示了 ncp=3,df=25 时的非中心 t 分布的累积分布图。图中的垂线表示显著性水平为 0.05 时双边检验的接受域的上界。相关 R 代码如下:

```
> curve(pt(x,25,ncp=3), from=0, to=6)
> abline(v=qt(.975,25))
```

从图 9.1 可以看出,分布曲线的大部分落入了拒绝域。其中,曲线和垂线围成的区域的面积就是检验统计量落入接受域的概率(见练习题 9.4)。用下面的代码可以方便计算得出该值:

```
> pt(qt(.975,25),25,ncp=3)
[1] 0.1779891
```

其值约为 0.18。功效则等于 1 减去该值,即 0.82。对于功效而言,其值越接近 1 越好。

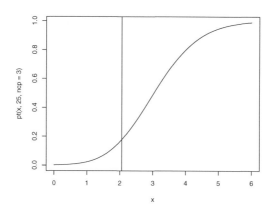

图 9.1　$\nu=3$ 与自由度为 25 的累积非中心 t 分布概率密度函数图象
图中的垂线表示显著性水平为 0.05 时，双边检验的接受域的上界

注意，功效（通常设为 β）的取值依赖于 $\delta, \sigma, n, \alpha$ 这 4 个变量。确定其中任意 3 个变量，我们便可以通过调整第 4 个变量的大小来获得给定的功效。我们也可以通过类似的方式确定某次试验所必需的样本容量：首先确定想要得到的功效（通常令 $\beta = 0.80$ 或 $\beta = 0.90$）、显著性水平（通常 $\alpha = 0.05$）标准差的估计，以及"最小相关差异"（MIREDIF）或者最小有意义差异（SMD）δ，这样就得到一个可用以求解样本容量 n 的方程。由该方程计算得出的结果可能是分数，显然要对其进行取整。

我们也可以考虑相反的问题：给出可能的样本容量，我们检验出的较有把握的偏差有多大？

有时会做一些简化，把 δ 表示为标准差的函数，此时，可以设定 σ 等于 1。

9.1.2　两样本 t 检验的功效

计算两样本 t 检验的功效的过程与计算单样本 t 检验的功效的过程类似，只是计算参数的方法略有不同：

$$\nu = \frac{\delta}{\sigma\sqrt{1/n_1 + 1/n_2}}$$

通常我们假设两个总体具有相同的方差，即不考虑使用 Welch 过程的情形。计算样本容量的时候，我们通常会假定：若观测值总数一定，给定最优的检验功效，则试验对应的每组样本的容量是一样的。

9.1.3　近似方法

为了便于手工计算，我们通常假设标准差已知以化简相应的计算公式。此时，我们可以用对应于标准正态分布情况下的检验带代替 t 检验。该做法的实际优势在于，根据这种计算功效的公式，我们能够方便地反解出 n 的大小。具体公式如下：

$$n = \left(\frac{\Phi_{\alpha/2} + \Phi_\beta}{\delta/\sigma}\right)^2 \qquad \text{单样本}$$

$$n = 2 \times \left(\frac{\Phi_{\alpha/2} + \Phi_\beta}{\delta/\sigma}\right)^2 \qquad \text{两样本，每组}$$

其中，Φ_x 代表正态分布的 x 分位数。上式是针对双边检验情形的。对于单边检验问题，用 α 代替 $\alpha/2$ 即可。

上述公式在教科书中随处可见。相关的统计软件也常常以该公式替代前文中更精确的计算公式来进行编程。该公式的优点是能够清晰地显示理论特性，比如给定特定功效时 δ 与 $1/\sqrt{n}$ 的恒定关系等。然而，当公式中对应的自由度小于 2 时，依据该公式计算得出的结果就差强人意了。

9.1.4　比较比例的功效

假设想要比较两类人群的发病率差异，此时，得先确定从两个群体中进行抽样的样本量。也就是说，要像 8.2 节 prop.test 和 chisq.test 中所讲的那样对两个二项分布进行比较。

精确计算二项分布功效的过程是十分繁琐的，所以，要用正态分布对二项分布进行近似以简化计算。此时，功效的大小不仅取决于两个总体的差异，还会受到它们各自所对应的概率的影响。对于 t 检验而言，我们假设两个总体的大小是相等的。那么，接下来计算检验功效的过程和前面讲的就类似了。先计算 $p_1 \neq p_2$ 时 $\hat{p}_1 - \hat{p}_2$ 的分布，再计算该值落到原假设 $p_1 = p_2$ 成立时的拒绝域的概率。

假设两个总体的数量相等，则有如下公式：

$$n = \left[\frac{\Phi_{\alpha/2}\sqrt{2p(1-p)} + \Phi_\beta\sqrt{p_1(1-p_1) + p_2(1-p_2)}}{|p_2 - p_1|}\right]^2$$

其中 $p = (p_1 + p_2)/2$。

由于这只是个近似的计算方法，因而，在 2×2 表格中，4 个单元格的频数不都大于 5 时，结果可能不太可靠。

9.2　两样本问题

下面的案例取自 Altman（1991）。该案例研究了饮食中摄入牛奶对身高的影响。在案例中，令两组样本分别摄入不同的饮食，并分别测量两组样本的身高。我们想知道：当功效为 90%、双边检验的显著性水平为 1%时，多大的样本量才能够保证当样本对应的分布的标准差为 2 cm 时，检验到的两个总体的差异为 0.5 cm？我们可以通过下面的代码对此进行计算：

```
> power.t.test(delta=0.5, sd=2, sig.level = 0.01, power=0.9)

     Two-sample t test power calculation

              n = 477.8021
          delta = 0.5
             sd = 2
      sig.level = 0.01
          power = 0.9
    alternative = two.sided

NOTE: n is number in *each* group
```

其中，delta 表示真实差异，sd 表示真实标准差。容易看到，上述代码计算得出的样本容量结果是分数。自然，我们得对它取整得到 478。在原文献中，通过诺模图（一种绘图技术）的方法计算，其得到的结果是 450。导致这种结果差异的原因可能是在于，从诺模图上读取数据时难度较大，难以精准。运行下面的 R 程序，可以计算出每组样本量为 450 时，试验对应的检验功效的大小：

```
> power.t.test(n=450, delta=0.5, sd=2, sig.level = 0.01)

     Two-sample t test power calculation

              n = 450
          delta = 0.5
             sd = 2
      sig.level = 0.01
          power = 0.8784433
    alternative = two.sided

NOTE: n is number in *each* group
```

上述计算的过程其实是给定 5 个变量（power，sig.level，delta，sd 和 n）中的任意 4 个值，则函数自动计算出未知的那个。（函数默认情况下有 sd=1，sig.level=0.05；若要计算这两者的其中之一，令其为 NULL 即可。）除此之外，该函数还有两个可选参数：alternative 和 type。其中，前者用来指定单边检验，后者用来指定单样本检验。关于前者的例子如下：

```
> power.t.test(delta=0.5, sd=2, sig.level = 0.01, power=0.9,
+ alt="one.sided")

     Two-sample t test power calculation
```

```
              n = 417.898
          delta = 0.5
             sd = 2
      sig.level = 0.01
          power = 0.9
    alternative = one.sided

NOTE: n is number in *each* group
```

9.3 单样本问题及配对样本检验

在 power.t.test 函数中设定参数 type="one.sample",可以用来对单样本进行检验。同样,设定 type="paired"可以用来进行配对检验。 从上节可知,解决单样本问题可以在 power.t.test 的参数设置中令 type="one.sample"。同样,配对检验则可令 type="paired"。虽然通过设定试验方式的差异,配对检验可以退化为单样本检验,但两者的输出还是略有差异。

在研究配对数据时,通常在表述上会遇到一个陷阱:通常把个体间的方差(intra-individual variation)认为是对"相同样本重复测量得到的方差"。试验中,对样本进行多次测量,并计算出各样本间的标准差即可。然而,当我们指定 power.t.test 函数的 sd 参数时,需要将前面得到的标准差乘以 $\sqrt{2}$ 才行。举个例子:现已知不同样本之间的标准差为 10,显著性水平为 5%,功效为 85%,用下面的代码可以计算出配对检验检测差异为 10 时所需要的样本量:

```
> power.t.test(delta=10, sd=10*sqrt(2), power=0.85, type="paired")

     Paired t test power calculation

              n = 19.96892
          delta = 10
             sd = 14.14214
      sig.level = 0.05
          power = 0.85
    alternative = two.sided

NOTE: n is number of *pairs*, sd is std.dev. of
    *differences* within pairs
```

9.4 比例的比较

计算比例比较试验所需要的样本数量和其他相关指标,可以用 power.prop.test。该函数的计算过程使用了正态性近似,因而,当对应表格中的频数小于 5 时,结果可能不太可靠。

power.prop.test 函数的用法与 power.t.test 函数的用法类似。只是后者用两组总体假定的概率 p1 和 p2 来代替前者的 delta 和 sd 参数。目前，没法用该函数指定解决单样本检验的问题。

下面的例子取自 Altman（1991）。试验中，两组总体中，一组食用含尼古丁的口香糖，另一组没有。试验观测的是一个戒烟与否的二分结果。

给定 p1 = 0.15 ，p2 = 0.30。当显著性水平为 5%时，用下面的代码可以得到功效为 85%时对应的样本容量：

```
> power.prop.test(power=.85,p1=.15,p2=.30)

    Two-sample comparison of proportions power calculation

              n = 137.6040
             p1 = 0.15
             p2 = 0.3
      sig.level = 0.05
          power = 0.85
    alternative = two.sided

NOTE: n is number in *each* group
```

9.5 练习题

9.1 ashina 试验要求功效为 80%，如果真实治疗差异达到 15%，人与人之间效果的标准差为 20%。请给出合适的抽样样本量。（这里功效的计算使用近似公式，总体容量的不同则是因为使用了开放随机抽样过程。）

9.2 在一个具有二元输出结果的对比试验中，当功效为 90%时，找出能有效证明病人治愈率从 60%升高到 75%所需要的病人数目。当检验功效为 80%时，又是多少呢？

9.3 绘制参数 ncp=3，df=25 的非中心 t 分布的密度曲线，并将其与 $t+3$ 时的分布曲线进行比较。其中，变量 t 服从自由度为 25 的中心 t 分布。

9.4 在双边检验中，有可能出现其值为真，但统计量却落入拒绝域的情形。R 语言中，只有设定参数 strict=TRUE 时，R 才会在计算功效时考虑这种情形。请对此进行讨论。

9.5 我们经常会计算使得某差异显著所需要的合适样本量 n，那么，通过这种方式计算得出的样本量 n 对应的功效是多少？

第 10 章

数据处理的高级技术

在前面的章节里，我们已经介绍了一些基本的统计分析过程。接下来的章节中，我们将开始讨论更多关于统计建模的详细内容。当然，这里也有必要介绍一些在数据分析实践中非常有用，但前面章节未涉及的数据处理的高级技术。

10.1 变量的重编码

本节介绍一些构造派生变量的方法：定量数据分组、因子水平合并与再命名以及管理数据值。

10.1.1 cut 函数

有时，可能需要将一个定量的变量转换成一个分组因子。比如，你可能想将数据分成 5 个年龄组进行展示，但数据集中的年龄是一个定量变量，该变量的值对应的记录单位是整数年或者更细分的时间单位。这时候就需要 cut 函数了。该函数的基本原则很简单，不过，在使用过程中还是有一些细节需要注意。

这个函数有 2 个基本参数：一个数值向量和一个节点向量。后者的作用是定义一系列数据区间以对变量进行分组。对于每一个区间，都得指定左、右两个端点值——也就是说，节点的数目必须等于所有区间数目再加一。一个常见的错误是认为数据区间最外层的节点可以省略及所有区间外的点会被设定为 NA。最外层的节点值可用 -Inf 和 Inf 来表示。

默认情况下，数据区间是左开右闭的。也就是说，每个区间都包括右节点。

第 10 章 数据处理的高级技术

除非设置 include.lowest=TRUE 使第一个区间成为闭区间，否则，第一个区间不会包含最小节点。

在流行病学领域，人们可能更多地按照"40-49 岁"这种年龄区间来对数据进行分组。这种与默认区间闭合方向相反的分组方式可以通过设置 right=FALSE 来得到。

当然，当使用左闭右开类型的区间时，丢失最外区间端点的问题就转移到了最大节点那一端。此时，设定 include.lowest 事实上将使最大节点值包含到区间里面来。在下面的例子中，区别就在于区间结果是否包含两个年龄刚好 16 岁的样本。

```
> age <- subset(juul, age >= 10 & age <= 16)$age
> range(age)
[1] 10.01 16.00
> agegr <- cut(age, seq(10,16,2), right=F, include.lowest=T)
> length(age)
[1] 502
> table(agegr)
agegr
[10,12) [12,14) [14,16)
    190     168     144
> agegr2 <- cut(age, seq(10,16,2), right=F)
> table(agegr2)
agegr2
[10,12) [12,14) [14,16)
    190     168     142
```

有的时候想要把数据进行等距分组。此时，可用 4.1 节中介绍过的 quantile 函数来生成区间节点。比如，可以运行下面的代码：

```
> q <- quantile(age, c(0, .25, .50, .75, 1))
> q
     0%     25%     50%     75%    100%
10.0100 11.3825 12.6400 14.2275 16.0000
> ageQ <- cut(age, q, include.lowest=T)
> table(ageQ)
ageQ
  [10,11.4] (11.4,12.6] (12.6,14.2] (14.2,16]
        126         125         125       126
```

有时候 cut 函数返回的水平名字非常难看。好在，我们可以方便地对其进行调整。可以按照下面的方法对之前生成的因子水平进行相应地修改：

```
> levels(ageQ) <- c("1st", "2nd", "3rd", "4th")
> levels(agegr) <- c("10-11", "12-13", "14-15")
```

Frank Harrell 的 Hmisc 包中有一个 cut2 函数，该函数能对上述操作进行简化。

10.1.2 处理因子

在 1.2.8 小节中，我们使用 levels(f) <- …. 来改变因子的因子水平集合。本小节将继续讨论一些相关内容。

首先，要注意到，将数值型输入转化为因子以及对因子水平进行重命名的操作可以一步完成：

```
> pain <- c(0,3,2,2,1)
> fpain <- factor(pain,levels=0:3,
+         labels=c("none","mild","medium","severe"))
```

当心 levels 与 labels 之间的细微区别，这两者极易混淆。后者指的是输出结果的因子水平，而前者对应的是对输入向量的编码（这里对应的是变量 pain）。更准确地说，levels 指代的是函数输入，而 labels 指代的是函数的输出。

若未指明 levels 参数，函数会将向量中出现的剔除重复项的值排序后作为因子水平。这种操作有时候不尽人意，比如，对于文本型变量系统默认按照*字典顺序*对其进行排序。考虑下面的例子：

```
> text.pain <-  c("none","severe", "medium", "medium", "mild")
> factor(text.pain)
[1] none    severe medium medium mild
Levels:   medium mild none severe
```

另外一个需要指明 levels 参数的原因是，默认情况下的 levels 显然不包括未在数据集中出现的因子水平。虽然这未必是一个缺点，但其可能对后续分析造成影响；比如，分析表格中是否包含未出现的因子水平对应的条目或者绘制条形图时是否给空列保留位置。

factor 函数把因子当作字符型向量来处理，因而，可以按照下面的方式来对因子水平的顺序进行重排。

```
> ftpain <- factor(text.pain)
> ftpain2 <- factor(ftpain,
+                   levels=c("none", "mild", "medium", "severe"))
```

另一种典型的操作是将两个或多个因子水平进行合并。当各个分组内样本数目太少，无法进行有效的统计分析时，常常需要这样做。比如，我们可能想将上例中的"medium"水平和"mild"水平合并成一个叫"intermediate"的因子水平。为了实现这个目的，levels 的赋值形式允许右边是一个列表：

```
> ftpain3 <- ftpain2
> levels(ftpain3) <- list(
+       none="none",
+       intermediate=c("mild","medium"),
```

```
+              severe="severe")
> ftpain3
[1] none          severe         intermediate intermediate
[5] intermediate
Levels: none intermediate severe
```

然而，直接改变水平名字，给不同的组赋予相同的名字常常更为简便：

```
> ftpain4 <- ftpain2
> levels(ftpain4) <- c("none","intermediate","intermediate","severe")
> ftpain4
[1] none          severe         intermediate intermediate
[5] intermediate
Levels: none intermediate severe
```

不过，后一种方法不像前一种方法那么通用。后者对最终输出的因子水平的顺序具有相对较小的影响。

10.1.3 日期的使用

在流行病学和生存数据领域，经常要处理按日历日期格式表示的时间变量。世界各地使用的日期格式不同，有时候，我们需要读取一些与我们所在地区的时间不同的日期数据。R 语言中的"Date"类以及相关的转换程序可以方便地处理这些问题。

下面以爱沙尼亚的中风研究的数据为例。一个经过预处理的数据保存在数据框 stroke 中。原始数据保存在 ISwR 包中的 rawdata 文件夹中，运行下面的代码可读入原始数据。

```
> stroke <- read.csv2(
+   system.file("rawdata","stroke.csv", package="ISwR"),
+   na.strings=".")
> names(stroke) <- tolower(names(stroke))
> head(stroke)
  sex       died       dstr age dgn coma diab minf han
1   1  7.01.1991  2.01.1991  76 INF    0    0    1   0
2   1       <NA>  3.01.1991  58 INF    0    0    0   0
3   1  2.06.1991  8.01.1991  74 INF    0    0    1   1
4   0 13.01.1991 11.01.1991  77 ICH    0    1    0   1
5   0 23.01.1996 13.01.1991  76 INF    0    1    0   1
6   1 13.01.1991 13.01.1991  48 ICH    1    0    0   1
```

（当然也可以用 stroke.csv 文件对应的完整存储路径来代替上述代码中的 system.file 部分。）

在上面的数据集中，两个日期变量 died 和 dstr（date of stroke，中风日期）被存储为因子型变量，这是 read.table 函数的默认输出结果。使用函数 as.Date 将它们转换成"Date"类。这种做法简单明了，但需要特别注意日期的格式。本例中使用的格式是用点号分隔的(日，月份，年份)格式，其中，年份是用四位数字表示的。这种格式非标准格式，因此，需要明确指出。

```
> stroke <- transform(stroke,
+     died = as.Date(died, format="%d.%m.%Y"),
+     dstr = as.Date(dstr, format="%d.%m.%Y"))
```

注意，这里使用了"百分号"表示日期的各个组成部分：%d 表示月份中的某天，%m 是以数字表示的月份，%Y 则是以四位数格式表示的年份（注意，这里 Y 是大写）。更完整的日期编码格式可以在 strptime 函数的帮助文档中找到。

在系统内部，日期是由一个相距某个给定时间点前后的天数来描述的，这个时间点被称为"纪元元年"。在 R 中，"纪元元年"是 1970 年 1 月 1 日，这是一个不必太在意的实施细节。

对日期可以进行算术操作，也就是说，它们的操作方式跟数值向量类似。

```
> summary(stroke$died)
        Min.      1st Qu.       Median         Mean      3rd Qu.
"1991-01-07" "1992-03-14" "1993-01-23" "1993-02-15" "1993-11-04"
        Max.
"1996-02-22"
> summary(stroke$dstr)
        Min.      1st Qu.       Median         Mean      3rd Qu.
"1991-01-02" "1991-11-08" "1992-08-12" "1992-07-27" "1993-04-30"
        Max.
"1993-12-31"
> summary(stroke$died - stroke$dstr)
   Min. 1st Qu.  Median    Mean 3rd Qu.    Max.    NA's
    0.0     8.0    28.0   225.7   268.5  1836.0   338.0
> head(stroke$died - stroke$dstr)
Time differences in days
[1]   5   NA  145    2 1836    0
```

注意，上面的结果中，平均值和分位数都显示为日期格式（即使它们不是整数）。尽管一些病人的死亡日期是未知的，但对于日期型变量，值为 NA 的记数并未显示出来；这点不太令人满意，但不这样做的话（如果输出 NA 的记数），将会与数值型的摘要结果和摘要对象有相同类型的原则相冲突（因此，能得到一个以日期显示的记数）。

事实上，两个日期的向量之差是一个属于"difftime"类的对象。这类对象的计量单位因时而异——当基于日期时，通常采用的单位是"天"，但对于其他类型的时间变量也可以是"时"或者"秒"。因此，把日期的向量之差仅仅当作数值型变量来看是个糟糕的想法。推荐用明确指定"units"参数的 as.numeric 函数将其转化为数值型向量。

在数据文件中，死亡日期对应为 NA 的记录表示病人没有在该项研究的结束日，即 1996 年 1 月 1 日前死亡。根据记录，共有 6 个病人死亡于该日期之后，然而，由于其他病人中很可能存在着死亡未被记录的情况，我们不得不舍弃这些死亡日期，将这些病人的状况记录为存活至研究结束日。

应当将上述数据进行转换，以使得每个病人都对应于一个结束日期以及显示病人在该结束日期时是存活还是死亡的指标。

```
> stroke <- transform(stroke,
+   end = pmin(died, as.Date("1996-1-1"), na.rm = T),
+   dead = !is.na(died) & died < as.Date("1996-1-1"))
> head(stroke)
  sex       died       dstr age dgn coma diab minf han
1   1 1991-01-07 1991-01-02  76 INF    0    0    1   0
2   1       <NA> 1991-01-03  58 INF    0    0    0   0
3   1 1991-06-02 1991-01-08  74 INF    0    0    1   1
4   0 1991-01-13 1991-01-11  77 ICH    0    1    0   1
5   0 1996-01-23 1991-01-13  76 INF    0    1    0   1
6   1 1991-01-13 1991-01-13  48 ICH    1    0    0   1
         end  dead
1 1991-01-07  TRUE
2 1996-01-01 FALSE
3 1991-06-02  TRUE
4 1991-01-13  TRUE
5 1996-01-01 FALSE
6 1991-01-13  TRUE
```

pmin 函数可以用来计算最小值，但其与只返回一个值的 min 函数不同，它并行地对多个向量进行计算。函数中的 na.rm 参数允许函数在计算过程中忽略 NA 值，所以，死亡信息缺失或在 1996-01-01 之后死亡的个体的信息死亡日期被记录为 1996-01-01；否则，就记录病人真正的死亡日期。

dead 对象对应的表达式简单明了，但仍需检查缺失数据在处理过程中是否处理正确。（本操作中缺失数据确实处理得当。& 操作符对缺失性的操作手法如下：只要第一个参数为 FALSE ，即使另外一个参数是 NA ，返回结果也是 FALSE 。）

最后，为了得到每个人的观察时长，可以运行下面的代码：

```
> stroke <- transform(stroke,
+   obstime = as.numeric(end - dstr, units="days")/365.25)
```

在上面的数据框中，为方便起见，将日期转换成了平均长度的"流行病年"。（将参数设定为 units="years"无法实现这个转换，因为"difftime"类的对象只能对

10.1 变量的重编码

应周或者比周更短的单位。)

注意,我们在 transform 中用了 3 条独立的命令来完成上述数据转换工作。这并非处于展示代码的需要;最后两个命令各自引用了一个前面没有定义的变量。transform 函数不允许引用同一命令行中定义的变量(但是在 within 函数中可以这么做,具体参见 2.1.8 小节的内容)。

更多时间类

R 也有精确度小于 1 天的时间类。类"POSIXct"(对应于 POSIX 标准的日期时间)与 类"Date"类似,区别在于它的记录粒度是秒数而非天数;"POSIXlt"(当地时间)使用一个包含了各种成分的结构来表示日期和时间,包括年、月、日、时、分和秒等。整体而言,使用这类对象会涉及与使用类"Date"一样的问题,同时还要考虑关于时区和夏令时等内容。这里不做深入介绍。

10.1.4 多变量重编码

在前面章节的例子中,有时候需要对若干个变量进行同样的数据转换。在那些例子中,使用的解决方法是简单地重复该操作。然而,有时候,可能一个数据集包含了大量需要重新编码的变量(比如,调查问卷中的数据,可能有很多基于 5 分打分制的项目)。此时,可以利用数据框具有的列表特性,对数据框应用 lapply 函数并结合下标选择对数据进行转换。比如,在处理原始中风数据时,可以按照下面的方式来处理数据:

```
> rawstroke <- read.csv2(
+    system.file("rawdata","stroke.csv", package="ISwR"),
+    na.strings=".")
> ix <- c("DSTR", "DIED")
> rawstroke[ix] <- lapply(rawstroke[ix],
+                   as.Date, format="%d.%m.%Y")
> head(rawstroke)
  SEX       DIED       DSTR AGE DGN COMA DIAB MINF HAN
1   1 1991-01-07 1991-01-02  76 INF    0    0    1   0
2   1       <NA> 1991-01-03  58 INF    0    0    0   0
3   1 1991-06-02 1991-01-08  74 INF    0    0    1   1
4   0 1991-01-13 1991-01-11  77 ICH    0    1    0   1
5   0 1996-01-23 1991-01-13  76 INF    0    1    0   1
6   1 1991-01-13 1991-01-13  48 ICH    1    0    0   1
```

类似地,也可以通过一步操作,将 4 个二进制变量转换成 "No/Yes" 型因子。

```
> ix <- 6:9
> rawstroke[ix] <- lapply(rawstroke[ix],
+                   factor, levels=0:1, labels=c("No","Yes"))
```

10.2 条件计算

ifelse 函数允许对同一数据集的不同部分做不同的计算。下面以 10.1.3 小节中讨论过的中风数据的一个子集为例进行演示，但这里使用的是 ISwR 包中经过预处理的版本。

```
> strokesub <- ISwR::stroke[1:10,2:3]
> strokesub
         died       dstr
1  1991-01-07 1991-01-02
2        <NA> 1991-01-03
3  1991-06-02 1991-01-08
4  1991-01-13 1991-01-11
5        <NA> 1991-01-13
6  1991-01-13 1991-01-13
7  1993-12-01 1991-01-14
8  1991-12-12 1991-01-14
9        <NA> 1991-01-15
10 1993-11-10 1991-01-15
```

为了计算存活模型需要的研究时间和事件/检查指数，可以运行下面的代码：

```
> strokesub <- transform(strokesub,
+   event = !is.na(died))
> strokesub <- transform(strokesub,
+   obstime = ifelse(event, died-dstr, as.Date("1996-1-1") - dstr))
> strokesub
         died       dstr event obstime
1  1991-01-07 1991-01-02  TRUE       5
2        <NA> 1991-01-03 FALSE    1824
3  1991-06-02 1991-01-08  TRUE     145
4  1991-01-13 1991-01-11  TRUE       2
5        <NA> 1991-01-13 FALSE    1814
6  1991-01-13 1991-01-13  TRUE       0
7  1993-12-01 1991-01-14  TRUE    1052
8  1991-12-12 1991-01-14  TRUE     332
9        <NA> 1991-01-15 FALSE    1812
10 1993-11-10 1991-01-15  TRUE    1030
```

ifelse 函数的工作机制是这样的：它有 3 个参数：test、yes、no。3 个向量长度相同（如果长度不同，系统会自动循环补齐）。当 test 为真的时候，返回对应的 YES 的结果；当 test 为假的时候，返回对应的 NO 的结果；当条件为 NA 时，结果返回 NA。该函数的操作结果就是 YES 和 NO 的拼接。

注意，上述操作过程中，对应的两种选择的向量都参与计算（当所有条件都为真或者都为假时例外）。该操作对运算速度的影响可以忽略不计，然而，这意味着，当在操作过程中需要避免对负数进行取对数操作时，ifelse 就不再是合适的工具了。同时，也要注意到，ifelse 函数在操作过程中会删除数据对应的属性信息，包括类信息等，因而，尽管 YES 和 NO 参数都属于"difftime"类，变量 obstime 却不属于"difftime"类，这种做法使得 ifelse 函数的副作用超过了它自身带来的简便性，所以，有时候，人们更偏爱用显式的取子集操作代替 ifelse 语句。

10.3 合并与重构数据框

在这一节里，我们会介绍对数据框进行"垂直"（增加记录）或"水平"（增加变量）合并的方法。我们也将讨论对相同变量进行重复测量的在"长"和"短"格式之间的转换方法。

10.3.1 追加数据框

有时候，分析所用的数据集来自多个数据源，此时，需要将这些数据源进行合并以构造一个更大的数据集。在这一小节中，先考虑将数据以"垂直堆叠"形式进行合并的情形；也就是说，现有的数据框代表的是最终结果里不同的行数据——一般是不同样本。所有参与合并的数据框必须包含一样的变量，但这些变量在数据框中的顺序不用完全一致（这点跟其他统计软件不同，在那些软件中，软件会自动对缺失的数据进行插值）。

为了模拟上述情况，可以假设 juul 数据集对应的数据是对男孩群体和女孩群体单独进行收集的。此时，数据框中可能不会包含变量 sex，因为对于单独的全体，各个样本对应的性别是一样的。同时只对单独一个性别有意义的变量在另一个样本中也将被忽略。

```
> juulgrl <- subset(juul, sex==2, select=-c(testvol,sex))
> juulboy <- subset(juul, sex==1, select=-c(menarche,sex))
```

注意 subset 函数中 select 参数的用法。该参数在执行过程中将数据框的列名替换为列序号，并以返回的列序号对数据框进行引用。负的序号的作用是移除相应的列，比如，上面的代码将删除 juulgrl 数据集中的 testvol 列和 sex 列。

为了将数据框合并在一起，必须先加入缺少的变量：

```
> juulgrl$sex <- factor("F")
> juulgrl$testvol <- NA
> juulboy$sex <- factor("M")
> juulboy$menarche <- NA
```

接着，对数据框使用 rbind 函数即可：

```
> juulall <- rbind(juulboy, juulgrl)
> names(juulall)
[1] "age"      "igf1"     "tanner"   "testvol"  "sex"
[6] "menarche"
```

注意，rbind 函数在操作过程中使用了列名（因此，即使两个数据框中的列顺序不同，该函数也不会对不相关的变量进行合并），并且第一个数据框中的变量顺序"获胜"。最终，结果的变量顺序与 juulboy 数据集的变量顺序一致。也请注意，rbind 函数能够很好地处理合并后的因子水平：

```
> levels(juulall$sex)
[1] "M" "F"
```

10.3.2 合并数据框

正如我们可能会收集到一些属于不同试验组的试验者的数据集，我们也可能收集到一些针对同一批病人的独立的数据集。比如说，我们可能会收集到分别包含患者挂号信息、临床化验数据及问卷调查数据的数据集。使用 cbind 函数将数据集并排连在一起有时候也可行，只不过这种做法很冒险：如果数据集中的数据不够完整或者多出了不在某个数据集中的观测样本，怎么办？想要避免这种情形的发生，必须有一个独特的样本识别码。

merge 函数可以处理这类问题。它会比较每个数据集中的一个或多个变量。这组变量在两个数据集中默认具有相同的名字（一般而言，有一个叫作 ID 的变量标示测试者的身份）。假设在默认情况下，这两个数据集分别称为 dfx 和 dfy，可以简单通过下面来计算合并的数据框：

```
merge(dfx, dfy)
```

然而，有可能这两个数据集中有多个名字相同的变量。这时，你可以引入一个 by 参数，它指定了比较的变量名，如

```
merge(dfx, dfy, by="ID")
```

两个数据集中的任何其他变量都会在结果中的名字后面加后缀.x 或.y。为安全起见，在任何时候都应该使用这种格式，这种做法也能增加可读性与明确性。如果需要匹配的变量在两个数据框中有不同的名字，则可以使用 by.x 和 by.y。

匹配并不一定是一对一的。比如，其中一个数据集可能包括了对应着研究人群的表格型数据。常见的例子是死亡率表。在这种情况下，数据框之间一般是多对一的关系。在这个研究人群中，有多于一个的测试者属于表格中 40—49 岁的数据集，同时，在合并过程中，表格中的行也需要相应地进行复制。

下面使用 nickel 数据集来解释上述概念。该数据描述了南威尔士一个镍冶炼工人队的信息。数据集 ewrates 则包含了按照年份和以 5 年间隔的年龄进行分组的人群死亡率表格。

10.3 合并与重构数据框

```
> head(nickel)
  id icd exposure     dob  age1st   agein  ageout
1  3   0        5 1889.019 17.4808 45.2273 92.9808
2  4 162        5 1885.978 23.1864 48.2684 63.2712
3  6 163       10 1881.255 25.2452 52.9917 54.1644
4  8 527        9 1886.340 24.7206 47.9067 69.6794
5  9 150        0 1879.500 29.9575 54.7465 76.8442
6 10 163        2 1889.915 21.2877 44.3314 62.5413
> head(ewrates)
  year age lung nasal other
1 1931  10    1     0  1269
2 1931  15    2     0  2201
3 1931  20    6     0  3116
4 1931  25   14     0  3024
5 1931  30   30     1  3188
6 1931  35   68     1  4165
```

假设想根据进入研究群体的日期值来合并这两个数据集。其中，年龄信息包含在变量 agein 中，进入数据集的日期可用 dob + agein 计算得出。可以用下面的代码计算 ewrates 对应的群体编码：

```
> nickel <- transform(nickel,
+   agr = trunc(agein/5)*5,
+   ygr = trunc((dob+agein-1)/5)*5+1)
```

trunc 函数将变量的小数部分进行趋零取整。注意，年龄的每个组起始于可以被 5 整除的数，年份的每个组截止的时间与此对应；这也就是我们在前面的 ygr 的表达式中先减去 1，再在截尾后加上 1 的原因（事实上，这个步骤并不重要，因为本例中所有录入日期都是 1934、1939、1944 或者 1949 年的 4 月 1 日）。请注意，这里我们并没有使用与 ewrates 数据集中相同的变量名。这么做的原因在于，变量名 age 和 year 在 nickel 数据中不便于理解。

定义了年龄和年份组之后，接下来的合并过程就很简单了。这里只需要注意一下两个数据框中变量名不同的问题。

```
> mrg <- merge(nickel, ewrates,
+   by.x=c("agr","ygr"), by.y=c("age","year"))
> head(mrg,10)
   agr  ygr  id icd exposure     dob  age1st   agein  ageout
1   20 1931 273 154        0 1909.500 14.6913 24.7465 55.9302
2   20 1931 213 162        0 1910.129 14.2018 24.1177 63.0493
3   20 1931 546   0        0 1909.500 14.4945 24.7465 72.5000
4   20 1931 574 491        0 1909.729 14.0356 24.5177 70.6592
5   20 1931 110   0        0 1909.247 14.0302 24.9999 72.7534
6   20 1931 325 434        0 1910.500 14.0737 23.7465 43.0343
7   25 1931  56 502        2 1904.500 18.2917 29.7465 51.5847
8   25 1931 690 420        0 1906.500 17.2206 27.7465 55.1219
9   25 1931 443 420        0 1905.326 14.5562 28.9204 65.7616
10  25 1931 137 465        0 1905.386 19.0808 28.8601 74.2794
   lung nasal other
```

```
1    6    0  3116
2    6    0  3116
3    6    0  3116
4    6    0  3116
5    6    0  3116
6    6    0  3116
7   14    0  3024
8   14    0  3024
9   14    0  3024
10  14    0  3024
```

上面仅介绍了 merge 函数的主要部分。除此之外，函数还具有一个是否包含只出现在两个数据框中之一的行的选项（可以通过 all、all.x、all.y 参数设定），同时，知道伪变量名 row.names 允许用户使用基于行名的匹配功能也十分有用。

本节已经讨论了单对单以及多对单进行匹配的例子。多对多进行合并的情形也可能发生，然而，不太实用。多对多情形下，合并的结果会返回一个基于每个匹配集生成两个数据框中所有行组合的笛卡尔积。当函数中的 by 参数为空时，我们会看到多对多情形下的一个极端情形，此时会给出一个与行计数的乘积具有相同行数的合并结果。这会令那些预期行号充当隐式 ID 的人感到意外。

10.3.3　重塑数据框

纵向数据有两种格式：一是"宽"格式，其中每个时间点为单独的一列，但每个事件只有一个记录；另一种是"长"格式，其中每个事件都有多条记录，每个时间点有一条记录。因为不需要假设事件都是在相同的时间点被记录的，所以长格式使用更广泛，但在实际应用当中，使用宽格式可能会更容易，而且一些统计函数也需要这种格式的输入。但也有其他函数要求使用宽格式的数据。在任何一种情况下，都需要从一个格式转换到另一个格式。这就是 reshape 函数可以做的事情。

考虑下面的一个例子。病人在罹患乳腺癌之后，采用莫西芬进行治疗。我们使用病人在此期间的骨代谢的随机化研究数据作为例子。治疗开始之后，碱性磷酸酶在基准日以及治疗开始后的第 3、6、9、12、18 以及 24 个月后的浓度数据都被记录了下来。

```
> head(alkfos)
  grp  c0  c3  c6  c9 c12 c18 c24
1   1 142 140 159 162 152 175 148
2   1 120 126 120 146 134 119 116
3   1 175 161 168 164 213 194 221
4   1 234 203 174 197 289 174 189
5   1  94 107 146 124 128  98 114
6   1 128  97 113 203  NA  NA  NA
```

在 reshape 函数最简单的使用情况下，它会假定变量名包含了将数据重整为长格式数据所需的必要信息。它默认变量名和测量时间是由"."（点号）来分开的，因此，需要强制修改名字格式来满足这一原则。

```
> a2 <- alkfos
> names(a2) <- sub("c", "c.", names(a2))
> names(a2)
[1] "grp"  "c.0"  "c.3"  "c.6"  "c.9"  "c.12" "c.18" "c.24"
```

sub 函数的作用是在字符串内做替换操作。在这个例子中，其把"c"替换成了"c."。另外一种方式是通过在 reshape 命令中加入 sep=" "来改变原始名字格式（c0, …, c24）。

命名好变量名之后，接下来唯一要做的就是指明数据重整的方向以及具有时变性特征的变量集合。这里有一个简洁的功能，即后者可以用数据集的列下标来指定，这比使用变量名字引用变量更方便。

```
> a.long <- reshape(a2, varying=2:8, direction="long")
> head(a.long)
     grp time   c id
1.0    1    0 142  1
2.0    1    0 120  2
3.0    1    0 175  3
4.0    1    0 234  4
5.0    1    0  94  5
6.0    1    0 128  6
> tail(a.long)
     grp time   c id
38.24   2   24  95 38
39.24   2   24  NA 39
40.24   2   24 192 40
41.24   2   24  94 41
42.24   2   24 194 42
43.24   2   24 129 43
```

注意，结果的排列顺序是：先按照 time 变量继续排序，对每个 time 变量，再根据 ID 进行排序。从技术角度而言，这是最方便生成的格式。如果喜欢相反的排列顺序，可以运行下面的代码：

```
> o <- with(a.long, order(id, time))
> head(a.long[o,], 10)
     grp time   c id
1.0    1    0 142  1
1.3    1    3 140  1
1.6    1    6 159  1
1.9    1    9 162  1
1.12   1   12 152  1
1.18   1   18 175  1
1.24   1   24 148  1
2.0    1    0 120  2
2.3    1    3 126  2
2.6    1    6 120  2
```

我们使用同一个数据集来演示一遍相反的操作过程，这次数据集的初始存储格式是长格式。事实上，这个操作过程有点过于简单了，因为 reshape 已经在它的输出中给出了足够的信息，只需要运行 reshape(a.long) 命令即可实现向宽格式的转换。为了模拟原始数据是长格式的情况，这里先去掉了这些数据当中的"reshape Long"的属性。同时，使用 na.omit 函数删除数据集中具有缺失数据的记录。

```
> a.long2 <- na.omit(a.long)
> attr(a.long2, "reshapeLong") <- NULL
```

使用下面的代码把 a.long2 转换成宽格式，

```
> a.wide2 <- reshape(a.long2, direction="wide", v.names="c",
+                    idvar="id", timevar="time")
> head(a.wide2)
    grp id c.0 c.3 c.6 c.9 c.12 c.18 c.24
1.0   1   1 142 140 159 162  152  175  148
2.0   1   2 120 126 120 146  134  119  116
3.0   1   3 175 161 168 164  213  194  221
4.0   1   4 234 203 174 197  289  174  189
5.0   1   5  94 107 146 124  128   98  114
6.0   1   6 128  97 113 203   NA   NA   NA
```

注意，6 号病人对应的缺失记录以 NA 进行了填充；对他而言，只有前四次的记录。

参数 idvar 与 timevar 制定了结果中变量名包括每次观测对应的 ID 及时间的变量名。如果它们具有默认的名字，那么，对此也可以不做指定，但是这么做是比较好的做法。参数 v.names 指明了随时间改变的变量。请注意，如果忽略它，那么 grp 变量也将被当作随时间改变的变量。

10.4 数据的分组及分案例操作

一个具体的数据管理任务会涉及对数据框中的子集进行操作,特别是对每个个体有多组记录的时候更是如此。本节的例子包括计算某药代动力学试验中的累计剂量以及各种对数据进行归一化和标准化的方法。

对于这类问题，一个很好的思路是先将数据拆分成包含多个组的列表，接着分别对每个组中包含的列表进行计算，最后，把结果放在一起。

考虑将 a.long 数据集中碱性磷酸酶值以基准日的观测值为中心进行归一化。可以使用 split 函数来生成一个对应于不同测量时间的列表。

10.4 数据的分组及分案例操作

```
> l <- split(a.long$c, a.long$id)
> l[1:3]
$`1`
[1] 142 140 159 162 152 175 148

$`2`
[1] 120 126 120 146 134 119 116

$`3`
[1] 175 161 168 164 213 194 221
```

接下来，使用 lapply 函数对列表中的所有元素应用某个特定函数，并将数据存起来。

```
> l2 <- lapply(l, function(x) x / x[1])
```

最后，我们用 split 的逆操作函数 unsplit 将各切片的结果拼回一起。请注意，a.long 对应的 id 在 time 的同一水平下进行了排序，因此，该操作并不是简单地把 l2 中的元素拼接在一起。第一名病人对应的数据如下：

```
> a.long$c.adj <- unsplit(l2, a.long$id)
> subset(a.long, id==1)
     grp time  c  id    c.adj
1.0    1    0 142  1 1.0000000
1.3    1    3 140  1 0.9859155
1.6    1    6 159  1 1.1197183
1.9    1    9 162  1 1.1408451
1.12   1   12 152  1 1.0704225
1.18   1   18 175  1 1.2323944
1.24   1   24 148  1 1.0422535
```

事实上，有一个将这种分割—修改—合并操作规范化的函数，叫 ave。它的名字来源于它的默认功能是用组的平均值来替换数据。不过，基于该函数能够做很多更一般的转换。下面是另外一种可得到上述操作结果的方法：

```
> a.long$c.adj <- ave(a.long$c, a.long$id,
+     FUN = function(x) x / x[1])
```

在前面的代码中，只对 a.long$c 进行了操作。当然，也可以使用下面的代码对整个数据框进行切片处理：

```
> l <- split(a.long, a.long$id)
> l2 <- lapply(l, transform, c.adj = c / c[1])
> a.long2 <- unsplit(l2, a.long$id)
```

请注意 lapply 的最后一个参数是如何被传递给 transform 函数的。我们实际上是对列表 l 中的每个数据框 x 调用了 transform(x, c.adj = c / c[1]) 操作。这种做法比前一种方法低效，因为该操作涉及太多数据的拷贝过程，但它对更复杂的数据操作进行了一般性的概括。

10.5 时间分割

本节的讨论会比较深入，建议初学者先跳过。对于后续章节的学习并不需要理解本节的内容。另一方面，除了解决本节中的特殊问题外，本节第一次提供了一个很好的使用 R 编程以及进行"横向思维"的例子。

在 10.3.2 小节中对 nickel 和 ewrates 进行的合并操作不具有太多统计上的意义：只是在死亡率表中并入了对应的个体进入研究群体的年龄。然而，该数据集是关于癌症的，癌症是一种缓慢的疾病，一次暴露可能导致在 20 年或者更久之后面临日益增大的风险。假如试验对象一般在 50 岁左右死亡，那么，对 30 岁的人来讲，群体死亡率几乎和他们无关。

一个合理的统计研究需要考虑整个后续观察期间的群体死亡率。一种处理该问题的方法是将这些个体分割成多个"子个体"。

在这个数据集中，前 6 个观测是（在 10.3.2 小节的 merge 之后）

```
> head(nickel)
  id icd exposure      dob  age1st   agein  ageout agr  ygr
1  3   0        5 1889.019 17.4808 45.2273 92.9808  45 1931
2  4 162        5 1885.978 23.1864 48.2684 63.2712  45 1931
3  6 163       10 1881.255 25.2452 52.9917 54.1644  50 1931
4  8 527        9 1886.340 24.7206 47.9067 69.6794  45 1931
5  9 150        0 1879.500 29.9575 54.7465 76.8442  50 1931
6 10 163        2 1889.915 21.2877 44.3314 62.5413  40 1931
```

考虑 id == 4 的个体，这个人在 48.268 4 岁的时候进入研究样本，对应的死亡（因为肺癌）年龄是 63.271 2 岁（很抱歉，精度过高）。时序分割方法把这个试验人员当成 4 个独立的研究对象，一个在 48.268 4 岁时进入此项研究，并在 50 岁时离开（在 50 岁生日那天），其他的研究对象分别包括了 50—55 岁，55—60 岁以及 60—63.2712 岁的时间间隔。前三个对象都是需要被去掉的，因为研究对象并没有死亡。

如果把这些数据与人口列表合并，就能计算出给定年龄区间内的期望死亡人数，并可以将它与实际死亡人数进行比较。

利用 R 语言向量化运算的性质，我们可以通过对各个年龄区间做循环来很好地解决这个问题，同时，要将每个观测时期都"裁剪"到各个年龄区间内。

为了将观测时期裁剪到年龄介于比如 60 至 65 岁之间，如果进出这个年龄段的时间在该年龄段的范围之外，需要对其进行调整。可以删除那些在该年龄段内没有观测数据的案例。另外，如果测试对象在这个年龄段内没有死亡，对应的 icd 应设定为 0。

最简单的方法是"先射击再定靶"。调整后的进入和退出时间为：

```
> entry <- pmax(nickel$agein, 60)
> exit <- pmin(nickel$ageout, 65)
```

或者更确切地说，假如观测时期与目标年龄区间总是有合适的交叠期的话，它们应该是这样的（上式）。然而，有时候会出现测试对象在 60 岁前就离开了测试群体（由于死亡或其他原因），也有人在 65 岁之后才进入测试群体。在这两种情况下，出错的原因都在于 entry > exit，因此，可以通过计算下面的值来对此进行检查：

```
> valid <- (entry < exit)
> entry <- entry[valid]
> exit  <- exit[valid]
```

有效案例对应的审查指标是：

```
> cens <- (nickel$ageout[valid] > 65)
```

（也可以使用 cens <- (exit == 65)，不过，最好避免对浮点型数据的等值性进行逻辑判断。）

运行下面的代码可以得到切割后的数据集：

```
> nickel60 <- nickel[valid,]
> nickel60$icd[cens] <- 0
> nickel60$agein <- entry
> nickel60$ageout <- exit
> nickel60$agr <- 60
> nickel60$ygr <- with(nickel60, trunc((dob+agein-1)/5)*5+1)
```

结果的第一行是

```
> head(nickel60)
  id icd exposure      dob  age1st agein  ageout agr  ygr
1  3   0        5 1889.019 17.4808    60 65.0000  60 1946
2  4 162        5 1885.978 23.1864    60 63.2712  60 1941
4  8   0        9 1886.340 24.7206    60 65.0000  60 1946
5  9   0        0 1879.500 29.9575    60 65.0000  60 1936
6 10 163        2 1889.915 21.2877    60 62.5413  60 1946
7 15 334        0 1890.500 23.2836    60 62.0000  60 1946
```

几点需要注意的事情：如果有人恰好在 65 岁死亡，他们被记录为在年龄区间（60—65 岁）内死亡。与此对应，我们不会将正好在 60 岁死亡的人纳入该年龄区间，因为其应属于 55—60 岁的区间（出于和第 15 章相同的目的，应避免出现长度为 0 的观测区间）。因为 ygr 是基于原始的 agein 变量计算得出的，所以有必要重算 ypr 的值。

为了得到整个扩展的数据集，可以对每个年龄间隔（20—25, ⋯, 95—100）重复上述操作，并且用 rbind 函数将结果中返回的 16 个数据框拼接在一起。然而，这种做法太费周折，并且在复制粘贴过程中也有可能出错。一个替代方案是写一个单独的程序。首先，将应用到每个组的处理方法封装成函数：

```
> trim <- function(start)
+ {
+   end    <- start + 5
+   entry  <- pmax(nickel$agein, start)
+   exit   <- pmin(nickel$ageout, end)
+   valid  <- (entry < exit)
+   cens   <- (nickel$ageout[valid] > end)
+   result <- nickel[valid,]
+   result$icd[cens] <- 0
+   result$agein <- entry[valid]
+   result$ageout <- exit[valid]
+   result$agr <- start
+   result$ypr <- with(result, trunc((dob+agein-1)/5)*5+1)
+   result
+ }
```

（在实际操作中，不建议将上述代码敲到命令行里，推荐使用脚本窗口或者文档编辑器，见 2.1.3 小节。）

这是一个典型的专用程序。由于这个函数依赖于已知的各种变量名，而且把间隔长度强制限制为 5，因此，它不能广泛推广使用。然而，对于一个一次性计算也不需要太多的普适性。这里，较为重要的事情是显式地给出对 start 的依赖性，以便于对其做循环。

在这个定义下，trim(60) 等价于前文中计算过的 nickel60：

```
> head(trim(60))
  id icd exposure     dob age1st  agein  ageout agr  ypr
1  3   0        5 1889.019 17.4808    60 65.0000  60 1946
2  4 162        5 1885.978 23.1864    60 63.2712  60 1941
4  8   0        9 1886.340 24.7206    60 65.0000  60 1946
5  9   0        0 1879.500 29.9575    60 65.0000  60 1936
6 10 163        2 1889.915 21.2877    60 62.5413  60 1946
7 15 334        0 1890.500 23.2836    60 62.0000  60 1946
```

使用下面的代码，可得到所有间隔的结果：

```
> nickel.expand <- do.call("rbind", lapply(seq(20,95,5), trim))
> head(nickel.expand)
     id icd exposure     dob  age1st   agein  ageout agr  ypr
84  110   0        0 1909.247 14.0302 24.9999      25  20 1931
156 213   0        0 1910.129 14.2018 24.1177      25  20 1931
```

```
197 273  0        0 1909.500 14.6913 24.7465    25  20 1931
236 325  0        0 1910.500 14.0737 23.7465    25  20 1931
384 546  0        0 1909.500 14.4945 24.7465    25  20 1931
400 574  0        0 1909.729 14.0356 24.5177    25  20 1931
```

这里的 do.call 结构调用了 rbind，并给了它一个参数列表。这里，参数列表对应的是 lapply 函数的返回值。而 lapply 函数的作用是对 20, 25, ⋯ , 95 等值执行 trim 函数。上面的代码等价于：

```
rbind(trim(20), trim(25), ......, trim(95))
```

例如，显示一个试验对象，得到的结果如下：

```
> subset(nickel.expand, id==4)
     id icd exposure      dob   age1st   agein  ageout agr  ygr
2     4   0        5 1885.978 23.1864 48.2684 50.0000  45 1931
2100  4   0        5 1885.978 23.1864 50.0000 55.0000  50 1931
2102  4   0        5 1885.978 23.1864 55.0000 60.0000  55 1936
2104  4 162        5 1885.978 23.1864 60.0000 63.2712  60 1941
```

（上述结果中之所以出现很多奇怪的行名，是因为在操作过程中，将多个有相同行名的数据框进行了列合并，而合并后的数据框必须具有非重复的列名。）

由于 ygr 指向的是变量 agein 的日历时间组，这种分组方法的最大偏差可能多达 5 年，这是 ygr 计算过程中的一个缺点。但由于肺癌死亡率并不会随年龄变化那么快，因而，可以保持这种计算方式。一个更加细致的方法，事实上也是在流行病学研究中的一个常用方法，是同时对年龄和日历时间进行分割。Epi 包包含了两个广义时间分割程序：splitLexis 和 cutLexis，它们有助于实现这个目标以及对相关的基于单独事件（比如分娩）的时间分割问题的处理。

最后一步，跟 10.3.2 小节中的步骤一样，将死亡率表合并。

```
> nickel.expand <- merge(nickel.expand, ewrates,
+   by.x=c("agr","ygr"), by.y=c("age","year"))
> head(nickel.expand)
  agr  ygr  id icd exposure      dob   age1st   agein ageout lung
1  20 1931 325   0        0 1910.500 14.0737 23.7465     25    6
2  20 1931 273   0        0 1909.500 14.6913 24.7465     25    6
3  20 1931 110   0        0 1909.247 14.0302 24.9999     25    6
4  20 1931 574   0        0 1909.729 14.0356 24.5177     25    6
5  20 1931 213   0        0 1910.129 14.2018 24.1177     25    6
6  20 1931 546   0        0 1909.500 14.4945 24.7465     25    6
  nasal other
1     0  3116
2     0  3116
3     0  3116
4     0  3116
5     0  3116
6     0  3116
```

为了后续章节方便使用数据，在 ISwR 包中放了一个未经处理的原始版本，命名为 nickel.expand 。在第 15 章进行比率分析时还会用到这个数据集。

10.6 练习题

10.1 生成一个因子，其中 thuesen 数据中的变量 blood.glucose 被切分成区间(4,7]、(7, 9]、(9, 12]和(12, 20]。同时，修改因子水平名称为"low"、"intermediate"、"high"和"very high"。

10.2 在 bcmort 数据集中，四水平因子 cohort 可以看作两个双水平因子的乘积，比如 period 和 area。如何生成这些变量？

10.3 将 ashina 数据集转换成长格式。考虑如何编码才能判断 vas 测量值是来自第一个还是第二个测量过程。

10.4 将 sroke 数据按照 obsmonths 切分到中风后 0—0.5、0.5—2、2—12 以及 12+的时间区间中。

第 11 章

多元回归

本章将讨论包含多个预测变量的回归分析问题。因为模型设定及结果输出等内容与前面章节讲过的关于回归分析和方差分析的内容没有太大区别，因此，本章没有很多新的知识点。本章内容的新颖之处在于模型探索方面。具体而言，本章讲述了如何在一个潜在的预测变量集合中找到一个能够有效刻画响应变量的预测变量子集。

多元回归分析的基本模型如下：

$$y = \beta_0 + \beta_1 x_1 + \cdots + \beta_k x_k + \epsilon$$

其中，$x_1, \ldots, x_k$ 等是解释变量（也叫作预测变量）；模型参数 $\beta_1, \ldots, \beta_k$ 可通过最小二乘方法估计得出（具体参见 6.1 节）。借助矩阵积分容易推导出上述估计的一个隐式解，这里不再赘述。

11.1 多维数据绘图

下面以 Altman（1991）提到的一项关于囊胞性纤维症患者的肺功能的研究作为例子。研究中涉及的数据存放在 ISwR 包中的 cystfibr 数据框中。

使用 pairs 函数可以绘制数据集中任意两个变量之间的散点图。运行下面的代码可以绘制图 11.1：

```
> par(mex=0.5)
> pairs(cystfibr, gap=0, cex.labels=0.9)
```

图 11.1 中，参数 gap 和 cex.labels 用来控制图形的外观。其中，前者用来移除各个子图之间的图间距，后者用来缩放图中的字号，而绘图参数 mex 则用来减少图形边界的行间距。

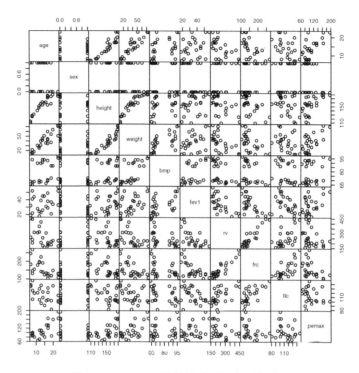

图 11.1 cystfibr 数据的两两矩阵相关图

因为 plot 函数是泛型函数，所以它能够根据参数的类型（参见 2.3.3 小节的内容）自动绘制出不同的图形。这里也可以运行 plot(cystfibr) 命令得到类似的图形。此处，参数类型是数据框，因而，当调用 plot 函数对整个数据框进行绘图时，得到配对散点图是一个合情合理的结果（当然，你也有理由预期得到一系列针对各个变量的直方图或者条形图）。

图 11.1 中的各个子图相对较小，不适合直接嵌入出版物中。不过，这种图形提供了一种获知多维数据整体情况的有效方法。例如，从图中可以清晰地看到变量 age、height 和 weight 强相关关系。

为了便于直接引用 cystfibr 数据集中的变量，我们可以将该数据集加入到当前的搜索路径中（本操作会返回一个关于隐蔽 tlc 的善意警告）：

```
> attach(cystfibr)
```

因为本例所用的数据集中包含很多诸如 age、height 和 weight 等常见变量名,所以,在操作时确认当前工作空间中是否存在同名的变量是个很好的主意。鉴于我们在前面介绍的章节中曾用过这些变量名,因而,这个确认过程尤其必要。

11.2 模型设定和模型输出

多元回归分析的模型设定是通过在模型公式中的解释变量之间添加 + 来完成的:

```
lm(pemax~age+sex+height+weight+bmp+fev1+rv+frc+tlc)
```

上面的公式意味着变量 pemax 可由一个由变量 age、sex 及其他变量组成的模型来描述(pemax 是指患者的最大呼气压力,对于数据集 cystfibr 中其他变量的说明可参见附录 B)。

与前面一样,lm 函数返回的结果有限。然而,借助 summary 函数可以得到更多有趣的输出结果:

```
> summary(lm(pemax~age+sex+height+weight+bmp+fev1+rv+frc+tlc))

Call:
lm(formula = pemax ~ age + sex + height + weight + bmp + fev1 +
    rv + frc + tlc)

Residuals:
    Min      1Q  Median      3Q     Max
-37.338 -11.532   1.081  13.386  33.405

Coefficients:
            Estimate Std. Error t value Pr(>|t|)
(Intercept) 176.0582   225.8912   0.779    0.448
age          -2.5420     4.8017  -0.529    0.604
sex          -3.7368    15.4598  -0.242    0.812
height       -0.4463     0.9034  -0.494    0.628
weight        2.9928     2.0080   1.490    0.157
bmp          -1.7449     1.1552  -1.510    0.152
fev1          1.0807     1.0809   1.000    0.333
rv            0.1970     0.1962   1.004    0.331
frc          -0.3084     0.4924  -0.626    0.540
tlc           0.1886     0.4997   0.377    0.711

Residual standard error: 25.47 on 15 degrees of freedom
Multiple R-squared: 0.6373,     Adjusted R-squared: 0.4197
F-statistic: 2.929 on 9 and 15 DF,  p-value: 0.03195
```

输出结果的相关涵义,前文已有说明,此处不再赘述。注意,上面结果表明所有变量对应的 t 值都不显著,但是,联合 F 检验的结果却是显著的,这一定是有缘由的。原因在于 t 检验说明的仅仅是当从模型中删除某个变量而保留其他变量时模型的变化结果；对于变量在简化模型中是否统计显著，则没有做出说明；t 检验认为没有一个变量是不能从模型中删除的。

注意，输出结果中的未调整 R2 和调整后 R2 有较大差异，这归咎于模型中较多的变量个数，这一变量个数与方差的自由度密切相关。前面讲过，前者表示的是与空模型相对的残差平方和的变化，后者对应的是残差方差的类似变化：

```
> 1-25.5^2/var(pemax)
[1] 0.4183949
```

其中，25.5 取自 summary 函数输出结果中的"残差标准误"。通过 anova 函数可以得到多元回归分析对应的方差分析（ANOVA）表，该表给出了一个截然不同的模型结果：

```
> anova(lm(pemax~age+sex+height+weight+bmp+fev1+rv+frc+tlc))
Analysis of Variance Table

Response: pemax
          Df  Sum Sq Mean Sq F value   Pr(>F)
age        1 10098.5 10098.5 15.5661 0.001296 **
sex        1   955.4   955.4  1.4727 0.243680
height     1   155.0   155.0  0.2389 0.632089
weight     1   632.3   632.3  0.9747 0.339170
bmp        1  2862.2  2862.2  4.4119 0.053010 .
fev1       1  1549.1  1549.1  2.3878 0.143120
rv         1   561.9   561.9  0.8662 0.366757
frc        1   194.6   194.6  0.2999 0.592007
tlc        1    92.4    92.4  0.1424 0.711160
Residuals 15  9731.2   648.7
---
Signif. codes:  0 '***' 0.001 '**' 0.01 '*' 0.05 '.' 0.1 ' ' 1
```

注意，除了最后一行（对应于变量 tlc）之外，这里的 F 检验结果与 summary 函数输出的 t 检验结果几乎完全相悖。这里，age 变量的检验结果变得显著了。导致这种结果的原因在于这里的检验过程是逐步进行的；具体而言，对应于（从下至上）将变量逐个从模型中移除，直至只剩下 age 变量。在该过程中，变量 bmp 的检验结果一度接近 5% 的临界点，但考虑到检验的个数，这一结果几乎不算显著。

在 8 次独立的检验中，检验结果给出小于等于 0.053 的 p 值的概率仅仅略高于 35%。虽然 ANOVA 表中的检验并非完全独立，但是其近似结果还是不错的。

ANOVA 表的输出结果表明在模型中已包含 age 变量的情况下，再添加其他变量，模型准确度并未得到显著的提高。可以进行联合检验，看看是否可以将

age 以外的变量全部去掉，做法是求贡献值的平方加和，再对总和进行 F 检验，对应程序如下：

```
> 955.4+155.0+632.3+2862.2+1549.1+561.9+194.6+92.4
[1] 7002.9
> 7002.9/8
[1] 875.3625
> 875.36/648.7
[1] 1.349407
> 1-pf(1.349407,8,15)
[1] 0.2935148
```

对应于去掉边框线的表格，它看起来是这样的：

```
         Df   Sum Sq  Mean Sq        F   Pr(>F)
age       1  10098.5  10098.5   15.566  0.00130
others    8   7002.9    875.4    1.349  0.29351
Residual 15   9731.2    648.7
```

（注意，这里并非系统的真实输出，输出结果中嵌入了前面经人工计算的数据。）

直接得到上述结算结果，可运行：

```
> m1<-lm(pemax~age+sex+height+weight+bmp+fev1+rv+frc+tlc)
> m2<-lm(pemax~age)
> anova(m1,m2)
Analysis of Variance Table

Model 1: pemax ~ age + sex + height + weight + bmp + fev1 + rv +
    frc + tlc
Model 2: pemax ~ age
  Res.Df     RSS Df Sum of Sq      F Pr(>F)
1     15  9731.2
2     23 16734.2 -8   -7002.9 1.3493 0.2936
```

上述结果中给出的是没有人工计算的近似的 F 检验。

注意，上述两个模型应该是嵌套关系。虽然 R 会自动检查响应观测值的数据是否一致以避免更明显的错误，但其不会对模型的嵌套关系进行检验。（当自变量有缺失值时，自变量数据较少的模型能包含更多的样本点。）

从方差分析表可以看出，删除除"年龄"外的其他变量都是允许的，然而，仅将该变量保留在模型中的原因在于，该变量在模型指定过程中排在第一位，下面的章节中会再次看到。

11.3 模型筛选

R 中有一个按照赤池信息准则（Akaike Information Criterion）进行模型筛选的函数 step()。鉴于其已经超出本书的知识范围，本节只使用一种较为简单的人工向后消元法。

下面通过一个实例看一下模型降阶的过程。注意，为了减少输出结果占用的空间，我们对输出信息进行了编辑。

```
> summary(lm(pemax~age+sex+height+weight+bmp+fev1+rv+frc+tlc))
...
            Estimate Std. Error t value Pr(>|t|)
(Intercept) 176.0582   225.8912   0.779   0.448
age          -2.5420     4.8017  -0.529   0.604
sex          -3.7368    15.4598  -0.242   0.812
height       -0.4463     0.9034  -0.494   0.628
weight        2.9928     2.0080   1.490   0.157
bmp          -1.7449     1.1552  -1.510   0.152
fev1          1.0807     1.0809   1.000   0.333
rv            0.1970     0.1962   1.004   0.331
frc          -0.3084     0.4924  -0.626   0.540
tlc           0.1886     0.4997   0.377   0.711
...
```

人工进行模型降阶的优点在于可以在该过程中引入逻辑结构。在本例中，很自然地会先想到去掉肺功能的指标。

```
> summary(lm(pemax~age+sex+height+weight+bmp+fev1+rv+frc))
...
            Estimate Std. Error t value Pr(>|t|)
(Intercept) 221.8055   185.4350   1.196   0.2491
age          -3.1346     4.4144  -0.710   0.4879
sex          -4.6933    14.8363  -0.316   0.7558
height       -0.5428     0.8428  -0.644   0.5286
weight        3.3157     1.7672   1.876   0.0790 .
bmp          -1.9403     1.0047  -1.931   0.0714 .
fev1          1.0183     1.0392   0.980   0.3417
rv            0.1857     0.1887   0.984   0.3396
frc          -0.2605     0.4628  -0.563   0.5813
...
> summary(lm(pemax~age+sex+height+weight+bmp+fev1+rv))
...
            Estimate Std. Error t value Pr(>|t|)
(Intercept) 166.71822  154.31294  1.080   0.2951
age          -1.81783    3.66773 -0.496   0.6265
sex           0.10239   11.89990  0.009   0.9932
height       -0.40981    0.79257 -0.517   0.6118
weight        2.87386    1.55120  1.853   0.0814 .
bmp          -1.94971    0.98415 -1.981   0.0640 .
fev1          1.41526    0.74788  1.892   0.0756 .
rv            0.09567    0.09798  0.976   0.3425
...
> summary(lm(pemax~age+sex+height+weight+bmp+fev1))
...
            Estimate Std. Error t value Pr(>|t|)
(Intercept) 260.6313   120.5215   2.163   0.0443 *
age          -2.9062     3.4898  -0.833   0.4159
```

```
sex          -1.2115    11.8083   -0.103   0.9194
height       -0.6067     0.7655   -0.793   0.4384
weight        3.3463     1.4719    2.273   0.0355 *
bmp          -2.3042     0.9136   -2.522   0.0213 *
fev1          1.0274     0.6329    1.623   0.1219
...
> summary(lm(pemax~age+sex+height+weight+bmp))
...
             Estimate Std. Error t value Pr(>|t|)
(Intercept)  280.4482   124.9556    2.244   0.0369 *
age           -3.0750     3.6352   -0.846   0.4081
sex          -11.5281    10.3720   -1.111   0.2802
height        -0.6853     0.7962   -0.861   0.4001
weight         3.5546     1.5281    2.326   0.0312 *
bmp           -1.9613     0.9263   -2.117   0.0476 *
...
```

从上面的结果可以看到，去除 4 个关于肺功能的变量没有什么不妥，接下来尝试删除那些描述病人身体发育状态或者尺寸信息的变量。在开始时，尽量避免删除 weight 和 bmp 变量，因为它们对应的 p 值很接近 5% 的显著性界限。

```
> summary(lm(pemax~age+height+weight+bmp))
...
             Estimate Std. Error t value Pr(>|t|)
(Intercept)  274.5307   125.5745    2.186   0.0409 *
age           -3.0832     3.6566   -0.843   0.4091
height        -0.6985     0.8008   -0.872   0.3934
weight         3.6338     1.5354    2.367   0.0282 *
bmp           -1.9621     0.9317   -2.106   0.0480 *
...
> summary(lm(pemax~height+weight+bmp))
...
             Estimate Std. Error t value Pr(>|t|)
(Intercept)  245.3936   119.8927    2.047   0.0534 .
height        -0.8264     0.7808   -1.058   0.3019
weight         2.7717     1.1377    2.436   0.0238 *
bmp           -1.4876     0.7375   -2.017   0.0566 .
> summary(lm(pemax~weight+bmp))
...
             Estimate Std. Error t value Pr(>|t|)
(Intercept)  124.8297    37.4786    3.331  0.003033 **
weight         1.6403     0.3900    4.206  0.000365 ***
bmp           -1.0054     0.5814   -1.729  0.097797 .
...
> summary(lm(pemax~weight))
...
             Estimate Std. Error t value Pr(>|t|)
(Intercept)   63.5456    12.7016    5.003 4.63e-05 ***
weight         1.1867     0.3009    3.944 0.000646 ***
...
```

注意，一旦删除 age 和 height 变量，变量 bmp 就不再显著了。在原文献

（Altman，1991）中，变量 weight、feval 和 bmp 在最终结果中对应的 p 值都低于 5%。然而，并非所有的模型降阶过程都是如此。

特别关注变量 age、weight 和 height 是个不错的想法，因为在处理儿童和青少年对应的数据时，这些变量表现出很强的相关性。

```
> summary(lm(pemax~age+weight+height))
...
            Estimate Std. Error t value Pr(>|t|)
(Intercept) 64.65555   82.40935   0.785    0.441
age          1.56755    3.14363   0.499    0.623
weight       0.86949    0.85922   1.012    0.323
height      -0.07608    0.80278  -0.095    0.925
...
> summary(lm(pemax~age+height))
...
            Estimate Std. Error t value Pr(>|t|)
(Intercept) 17.8600    68.2493   0.262    0.796
age          2.7178     2.9325   0.927    0.364
height       0.3397     0.6900   0.492    0.627
...
> summary(lm(pemax~age))
...
            Estimate Std. Error t value Pr(>|t|)
(Intercept) 50.408     16.657    3.026  0.00601 **
age          4.055      1.088    3.726  0.00111 **
...
> summary(lm(pemax~height))
...
            Estimate Std. Error t value Pr(>|t|)
(Intercept) -33.2757   40.0445  -0.831  0.41453
height        0.9319    0.2596   3.590  0.00155 **
...
```

从上面的结果可以看出，对于变量 weight、height 和 age，没有证据表明哪个比另外两个好。上面所用的消元方法之所以在最后仅留下 weight 作为自变量，完全是出于偶然。人们很容易被这种模型筛选程序得到的显著性变量的结果所误导。事实上，如果对一个类似的新数据集重复上述模型筛选过程，可能得到完全不同的结果。

不过，从上面的过程能得到一个合理的结论：响应变量可能跟病人的身体发育状况或者体型指标，比如 weight、height 和 age 相关。至于在模型中选取哪个变量，则可以随意。我们没有办法从数据中找到充分的证据帮助我们选择最优的变量，不过，结合理论假设或者前期的调查结果对这个过程很可能大有裨益。

11.4 练习题

11.1 在数据集 secher 中，对出生体重、腰围和二顶骨的直径变量进行对数变换后可以得到很好的数据分析结果。请拟合出生体重的预测表达式。在模型中同时纳入腹部直径和二顶骨直径时，模型结果如何？模型中两个回归系数之和约为 3，如何对其进行解释？

11.2 数据集 tlc 有一个同名变量 tlc，这不是一个很好的命名方式，请解释原因。用数据集中的其余变量来解释 tlc 变量，并对模型的有效性进行解释。

11.3 数据集 cystfibr 的分析过程涉及 sex 变量，它是一个二元变量，如何解释回归结果中对应的系数？

11.4 考虑 juul2 数据集，并筛选出该数据集中年龄超过 25 岁的子集，用 age 变量对 $\sqrt{\text{igf1}}$ 变量进行回归分析。再扩展模型中加入变量 height 和变量 weight，计算扩展模型对应的方差分析表，有没有意想不到的结果出现？为什么会这样呢？

11.5 使用多元回归模型，分析并解释 kfmdata 数据集中各个解释变量对牛奶摄入量的影响。注意，这里的 sex 变量是因子型变量，这对分析过程有什么影响？

第 12 章

线性模型

很多数据集本身非常复杂，按照标准的建模流程难以进行合适的处理，因此，需要构建特别的模型。线性模型提供了一个灵活的模型框架。在此框架内，我们得以对上述大部分——尽管不是全部——复杂数据集拟合模型。

你可能已经注意到，lm 函数既可以应用到分组数据的情景（第 7 章），也可以应用到（多元）线性回归问题（第 6 章和第 11 章），但两者对应的理论基础差异很大。然而，事实上，这两者是同一泛型模型的特例。

只要选取的解释变量得当，多元回归模型可以描述一系列广泛的数据分析情形。此时，模型不要求解释变量必须服从正态分布或者必须是连续型变量。举个简单的例子（参见第 11 章），一个两分类的变量可以通过重编码变成 0/1 型变量，从而可被纳入回归分析中来。此时，回归系数对应的不再是某个真实直线的斜率，而是对应两组样本之间的差异。当需要将变量划分为多个分类时，可以通过使用多个 0/1 型变量来处理。

生成*哑变量*的过程相当枯燥，好在模型公式能够自动完成该过程。在其他时候，这些公式通过平衡对待分类变量（因子型变量）和连续性变量能提供一个简便的设定模型的方法。我们需要掌握模型公式在底层做了哪些工作，以使得其模型能够反映我们构思的模型思想。

本章包含一系列模型以及使用 lm 构建这些模型的过程，大部分模型内容是对前文模型的扩展以及调整而得到的。这里仅对相关的内容提供一个简略的摘要，并不打算包括所有完备的细节。

12.1 多项式回归

一个基本的观察表明多元回归分析不像它看起来这么简单的一个地方在于，除了原始线性术语之外，它还可以在多元回归分析中纳入变量的二次和高次幂，即可以构建如下模型：

$$y = \alpha + \beta_1 x + \beta_2 x^2 + \cdots + \beta_k x^k + \epsilon$$

显然，上述公式刻画了变量 y 和变量 x 之间的非线性关系；不过，这无关紧要，该模型依然算是线性模型。重要的地方在于，参数与预期的观测值是线性关系。虽然回归变量 x，x^2，x^3，...之间具有确定的函数关系，但因为该函数关系是非线性的，因而也无关紧要。然而，拟合高次的多项式模型略有难度，因为方程组之间的近似多重共线性使得模型拟合在数值上不够稳定。

下面以 cystic fibrosis 数据集为例。图 11.1 中展示了变量 pemax 和 变量 height 之间的关系，从图中可以看出两者属非线性关系。通过在模型公式中增加一个变量 height 的平方可对此进行检验。

```
> attach(cystfibr)
> summary(lm(pemax~height+I(height^2)))
...
             Estimate Std. Error t value Pr(>|t|)
(Intercept) 615.36248  240.95580   2.554   0.0181 *
height       -8.08324    3.32052  -2.434   0.0235 *
I(height^2)   0.03064    0.01126   2.721   0.0125 *
...
```

注意，模型公式中的 height2 需要用 I() 函数进行"保护"。这个技术常常用来防止模型公式中的操作符被特殊解释。这种解释不作用于函数命令内部，I 是反身函数，其原封不动地返回自身的输入参数。

从上面的结果可以看出，两变量显著偏离线性相关关系。然而，考虑到促使我们进行这种特殊分析的过程，我们对结果中返回的 p 值应持保留态度，而且已危险地接近了"数据捕捞"（data dredging）（译者注：dredging 原意是指疏浚水道的挖泥过程，data dredging，用来指代数据挖掘过程中遇到的一些本质上完全不相关，但看起来相关的结果。），或者说"数据钓鱼"（fishing expeditions in data）。本例只是作为技术性演示，而不是一个数据分析的范例。

使用 predict 函数可以绘制带预测值和置信带的拟合曲线。为了避免因未按 height 变量大小对数据集进行排序而导致问题，这里使用一个新数据集。借助于这一新数据集，我们能够对一组特定的预测变量进行预测。这里选定一个身高取值为 110 厘米至 180 厘米，且步长为 2 厘米的数据集作为预测变量：

```
> pred.frame <- data.frame(height=seq(110,180,2))
> lm.pemax.hq <- lm(pemax~height+I(height^2))
> predict(lm.pemax.hq,interval="pred",newdata=pred.frame)
        fit      lwr      upr
1   96.90026 37.94461 155.8559
2   94.33611 36.82985 151.8424
3   92.01705 35.73077 148.3033
...
34 141.68922 88.70229 194.6761
35 147.21294 93.51117 200.9147
36 152.98174 98.36718 207.5963
```

基于上述预测数据，可以运行下面的代码得到图 12.1：

```
> pp <- predict(lm.pemax.hq,newdata=pred.frame,interval="pred")
> pc <- predict(lm.pemax.hq,newdata=pred.frame,interval="conf")
> plot(height,pemax,ylim=c(0,200))
> matlines(pred.frame$height,pp,lty=c(1,2,2),col="black")
> matlines(pred.frame$height,pc,lty=c(1,3,3),col="black")
```

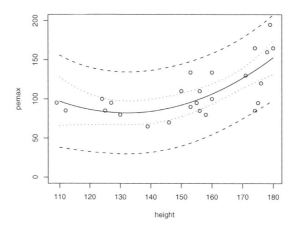

图 12.1　带有置信区间和预测区间的二项式回归

可以看到，对于较小的身高取值，拟合曲线随着身高的增加而减小。这可能是由为拟合数据选取了二次多项式形式的模型导致的结果。一个极有可能的现实是，pemax 变量在 150 厘米附近接近常数，随后随着身高的增加而快速增加。同时，要注意到，预测界线跟与较小身高取值相对应的数据的真实分布之间存在矛盾之处。标准差可能随着身高的增加而有所增加，类似的数据点分布也有可能是由偶然因素导致的，同时这里还存在一个对数据集进行过度拟合的危险。除非能确保模型的正确性，否则，不推荐基于上述这种限制性数据集来构建预测区间。

12.2 过原点的回归分析

有时候,假设回归线通过原点(0,0)或者说令回归线的截距项为零很有意义。向模型右边添加-1 项(表示减去截距项):y~x-1 可完成这种模型设定。

将模型写作 $y=\alpha \times 1+\beta \times x+\epsilon$ 有助于我们理解上述模型公式的逻辑。截距项对应的是模型中一个额外描述变量的系数,该描述变量为常数 1。在模型中移除该变量,可使得回归线经过原点。

下面是一个模拟的线性模型经过原点的例子($y = 2x + \epsilon$):

```
> x <- runif(20)
> y <- 2*x+rnorm(20,0,0.3)
> summary(lm(y~x))

Call:
lm(formula = y ~ x)
Residuals:
     Min      1Q  Median      3Q     Max
-0.50769 -0.08766 0.03802 0.14512 0.26358

Coefficients:
            Estimate Std. Error t value Pr(>|t|)
(Intercept) -0.14896    0.08812   -1.69    0.108
x            2.39772    0.15420   15.55 7.05e-12 ***
---
Signif. codes:  0 '***' 0.001 '**' 0.01 '*' 0.05 '.' 0.1 ' ' 1

Residual standard error: 0.2115 on 18 degrees of freedom
Multiple R-squared: 0.9307,   Adjusted R-squared: 0.9269
F-statistic: 241.8 on 1 and 18 DF,  p-value: 7.047e-12


> summary(lm(y~x-1))

Call:
lm(formula = y ~ x - 1)

Residuals:
     Min      1Q  Median      3Q     Max
-0.62178 -0.16855 -0.04019 0.12044 0.27346

Coefficients:
  Estimate Std. Error t value Pr(>|t|)
x  2.17778    0.08669   25.12 4.87e-16 ***
---
Signif. codes:  0 '***' 0.001 '**' 0.01 '*' 0.05 '.' 0.1 ' ' 1

Residual standard error: 0.2216 on 19 degrees of freedom
Multiple R-squared: 0.9708,   Adjusted R-squared: 0.9692
F-statistic: 631.1 on 1 and 19 DF,  p-value: 4.873e-16
```

在上面的第一个分析中，截距项的系数不显著，这并不奇怪。在第二个分析中，我们强制截距项的系数为零，从而使得模型斜率的估计精度显著提升。

比较上述两种分析中的 R^2，结果有时候会令人迷惑：移除了截距项的模型对应的 R^2 比包含截距项的模型更大！这并不意味着不包含截距项的模型更线性，也不意味着它能解释更多响应变量的变动。导致这种结果的原因是两种情形下 R^2 本身的定义不同。从两种分析对应的 ANOVA 表格中很容易看出这一点：

```
> anova(lm(y~x))
Analysis of Variance Table

Response: y
          Df Sum Sq Mean Sq F value    Pr(>F)
x          1 10.8134 10.8134  241.80 7.047e-12 ***
Residuals 18  0.8050  0.0447
---
Signif. codes:  0 '***' 0.001 '**' 0.01 '*' 0.05 '.' 0.1 ' ' 1
> anova(lm(y~x-1))
Analysis of Variance Table

Response: y
          Df Sum Sq Mean Sq F value    Pr(>F)
x          1 30.9804 30.9804  631.06 4.873e-16 ***
Residuals 19  0.9328  0.0491
---
Signif. codes:  0 '***' 0.001 '**' 0.01 '*' 0.05 '.' 0.1 ' ' 1
```

注意，两种分析中对应的模型的总平方和及模型的总自由度是不同的。对于包含截距项的模型，模型对应的自由度是 19，且总平方和的定义为 $\sum(y_i - \bar{y})^2$；而不包含截距项的模型对应的总自由度是 20，且总平方和的定义为 $\sum y_i^2$。除非 $\bar{y}$ 近似为零，不然，后者始终比前者更大，因而，如果残差方差大小相仿，后者的 R^2 更接近于 1。

将不包含截距项的模型对应的总平方和定义为这种形式的原因在于，其须与最小模型中的残差平方和对应。而最小模型必须是回归模型的子模型，否则，ANOVA 表就没有意义了。在通常的回归分析中，最小模型的形式为 $y = \alpha + \epsilon$；当回归分析不包括 α 时，对应的最小模型的形式是 $y = 0 + \epsilon$。

12.3 设计矩阵与虚拟变量

函数 model.matrix 可以返回给定模型的设计矩阵（design matrix）。返回结果如下：

```
> model.matrix(pemax~height+weight)
  (Intercept) height weight
1           1    109   13.1
2           1    112   12.9
3           1    124   14.1
4           1    125   16.2
...
24          1    175   51.1
25          1    179   71.5
attr(,"assign")
[1] 0 1 2
```

（cystfibr 数据集已经在前文中载入过了。）

这里，暂时不用在意结果中的 assign 属性，重要的是结果中返回的三列数。如果以其对应的回归系数为权重，对三列求和即可得到模型的拟合值。注意，截距项对应的是一列常数 1 的系数。

如果对于一个包含因子型变量的模型执行上述过程，将看到如下结果（这里用前文提到麻醉通风的例子）：

```
> attach(red.cell.folate)
> model.matrix(folate~ventilation)
   (Intercept) ventilationN2O+O2,op ventilationO2,24h
1            1                    0                 0
2            1                    0                 0
...
16           1                    1                 0
17           1                    1                 0
18           1                    0                 1
19           1                    0                 1
20           1                    0                 1
21           1                    0                 1
22           1                    0                 1
attr(,"assign")
[1] 0 1 1
attr(,"contrasts")
attr(,"contrasts")$ventilation
[1] "contr.treatment"
```

那两个由 0 和 1 组成的列有时也被称作虚拟变量。它们的解释与前面类似：它们各自乘以对应的回归系数，再求和即可得到拟合值。注意，对于第二列，当观测值属于第二组时，其取值为 1，否则为 0。也就是说，该列对应的回归系数表示的是在该特定组的截距基础上应当增加的值。当观测值来自第一组时，这两列数据都对应为 0，此时，对应的均值用截距 β_0 来表示。回归系数 β_1 对应的是第一组和第二组的均值差，β_2 表示的是第一组和第三组之间的均值差。

尽管没有像前面那样在模型中出现回归线，但使用"回归系数"可能令人迷感。事实上，这里是将一个针对分组数据构建的模型重写为一个规范的多元回归模型，这样一来，我们就能够使用相同的函数来拟合模型了。前面已经看到，规范回归系数和各组均值之间存在一一对应关系。

描述分组数据时，有多种不同的定义虚拟变量的方法。这种特定的方法叫"处理对比"，因为如果把第一组作为未处理组，那么模型中的系数反映的则是其他处理组的影响。这里不对其他处理方法做深入讨论。更多讨论细节可以参见 Venables 和 Ripley （2002）。注意，在每组的基准中只有对比类型是可以设定的，这正是设计矩阵的对比（"contrasts"）属性反映的内容。

完备性方面，分配（"assign"）属性标明了那些列是一体的。比如，当需要使用 anove 函数进行方差分析时，ventilation 对应的平方和所具有的自由度是 2，对应于同时删除其对应的两列数据。

从包含因子型变量的模型中移除截距项并不意味着模型中的特定组对应的均值为零，因为这种模型通常没有意义。R 会生成更简单的一组虚拟变量，作为因子水平的指示变量。这与包含截距项的模型是相对应的（这里拟合值是恒定的），只是模型对应的回归系数具有不同的含义。

12.4 组间的共线性

有时候，数据会根据某个连续尺度的分段进行分组，或者试验设计过程中令变量取几个特定的 x 值的集合。这两种情况都跟比较线性回归的结果和方差分析的结果相关。

在对 x 取值进行分组的情况下，有时会取中间值作为整组数据的代表，比如，将所有位于组"20~29 岁"的样本都看作 25 岁。如果所有个体有对应的 x 取值，那么这些取值在回归分析中当然会被用到。但这会令回归分析的过程变得更加复杂，因此，接下来不讨论这种复杂的情况。

现在，对于同样的数据，我们有两种可供选择的线性模型。两者都属于线性模型的范畴，且都能通过 lm 函数来拟合。线性回归模型是单因素方差分析模型的子模型，因为前者可以通过向后者的参数添加约束得到（真实的组均值位于一条直线上）。

可以通过检验被解释的方差的减少值和较大模型对应的残差方差来决定模型降阶是否通过，这就是 F 检验。

12.4 组间的共线性

在接下来的 trypsin（胰蛋白酶）浓度的例子中，数据按照年龄进行分组（Altman, 1991），数据以 6 个组对应的均值和标准差的形式给出。R 没法直接处理这种形式的数据，因此，有必要创建一个均值和标准差都相同的伪数据，对应的代码如下：

```
> attach(fake.trypsin)
```

方差分析的真实结果仅依赖于均值和标准差，因此，其与生成伪数据的过程是独立的。对生成伪数据过程感兴趣的读者可以看一下 ISwR 文件夹中的 fake.trypsin.R 文件。

数据框 fake.trypsin 共包含 3 个变量，可以运行下面的代码进行查看：

```
> summary(fake.trypsin)
    trypsin           grp           grpf
 Min.   :-39.96   Min.   :1.000   1: 32
 1st Qu.:119.52   1st Qu.:2.000   2:137
 Median :167.59   Median :2.000   3: 38
 Mean   :168.68   Mean   :2.583   4: 44
 3rd Qu.:213.98   3rd Qu.:3.000   5: 16
 Max.   :390.13   Max.   :6.000   6:  4
```

注意，数据框中既包含数值型向量 grp，也包含一个具有 6 个水平的因子型变量 grpf。对生成的伪数据执行单因素方差分析得到的 ANOVA 表如下：

```
> anova(lm(trypsin~grpf))
Analysis of Variance Table

Response: trypsin
           Df Sum Sq Mean Sq F value   Pr(>F)
grpf        5 224103   44821  13.508 9.592e-12 ***
Residuals 265 879272    3318
```

如果用变量 grp 替换模型公式中的 grpfin 变量，将得到一个关于分组号的线性回归模型。有时候，这可能是一个严重的错误，但是，在本例中这种做法能够说得通。年龄区间的中值是等距的，所以，这跟假定变量随年龄线性相关的模型是等价的（但是，这里需要特别注意一下回归系数的意义）。得到的 ANOVA 表格如下：

```
> anova(lm(trypsin~grp))
Analysis of Variance Table

Response: trypsin
           Df Sum Sq Mean Sq F value   Pr(>F)
grp         1 206698  206698  62.009 8.451e-14 ***
Residuals 269 896677    3333
```

注意，残差均方的变化不大，这意味着这两个模型对数据的刻画效果基本上一样。如果想做一个正规的检验来比较简单线性模型和各组具有独立均值的模型的话，可直接运行下面的代码：

```
> model1 <- lm(trypsin~grp)
> model2 <- lm(trypsin~grpf)
> anova(model1,model2)
Analysis of Variance Table

Model 1: trypsin ~ grp
Model 2: trypsin ~ grpf
  Res.Df    RSS Df Sum of Sq      F Pr(>F)
1    269 896677
2    265 879272  4     17405 1.3114 0.2661
```

从上面的结果可以看出，模型降阶后对应的 p 值不显著，因此，模型 2 对模型的拟合效果并不比模型 1 更好。这种方法仅适用于其中一个模型是另外一个模型的子模型的情况，本例正是如此，因为这里的线性模型是通过向分组均值添加约束得到的。

另一种得到类似结果的方法是将两个模型合成在一起，此时的公式形式如下：

```
> anova(lm(trypsin~grp+grpf))
Analysis of Variance Table

Response: trypsin
           Df Sum Sq Mean Sq F value    Pr(>F)
grp         1 206698  206698 62.2959 7.833e-14 ***
grpf        4  17405    4351  1.3114    0.2661
Residuals 265 879272    3318
```

这种模型跟前面只包含变量 grpf 的模型效果一样。不过，这里返回的 ANOVA 表中对模型的平方和进行了细分，其中，grpf 线描述的是将模型由一个参数扩展为 5 个参数后引起的变化。Altman（1991）给出的 ANOVA 表跟这里不同，因为他给出的是一个错误的表。运行下面的代码可绘制图 12.2：

```
> xbar.trypsin <- tapply(trypsin,grpf,mean)
> stripchart(trypsin~grp, method="jitter",
+    jitter=.1, vertical=T, pch=20)
> lines(1:6,xbar.trypsin,type="b",pch=4,cex=2,lty=2)
> abline(lm(trypsin~grp))
```

绘制图 12.2 的技巧本质上跟图 7.1 相同，所以，这里不再对绘图细节进行探讨。

注意，图中那个负的胰岛素密度点暴露了数据是伪造的。原始数据没法看到，但原始数据的分布应该表现出明显的向上倾斜特征。

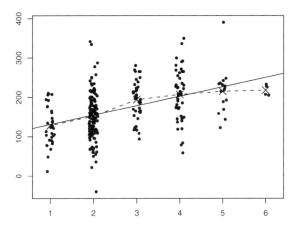

图 12.2 带拟合线和经验均值的伪数据散点图

事实上，无须生成伪数据即可在 R 中对数据进行分析。以各组观测值的数目为权重，对各组的均值进行加权回归分析即可得到 ANOVA 表中的前两条线，第三条线可以基于标准差算出，相关细节如下：

```
> n <- c(32,137, 38,44,16,4)
> tryp.mean <- c(128,152,194,207,215,218)
> tryp.sd <-c(50.9,58.5,49.3,66.3,60,14)
> gr<-1:6
> anova(lm(tryp.mean~gr+factor(gr),weights=n))
Analysis of Variance Table

Response: tryp.mean
           Df Sum Sq Mean Sq F value Pr(>F)
gr          1 206698  206698
factor(gr)  4  17405    4351
Residuals   0      0
```

注意，结果中的残差线为零，且没有计算 F 检验。忽略因子项将导致该直线进入残差，并被视作残差方差的估计。然而，鉴于这种做法没有包括组间方差的信息，因此，这可能不是令人满意的结果。需要补充基于各组标准差和各组样本量计算得出的缺失信息。运行下面的代码，可以得到残差平方和、残差平方和对应的自由度及均方：

```
> sum(tryp.sd^2*(n-1))
[1] 879271.9
> sum(n-1)
[1] 265
> sum(tryp.sd^2*(n-1))/sum(n-1)
[1] 3318.007
```

没有能够根据外部的方差估计更新 ANOVA 表的简单方法，不过，直接对此进行计算本身就足够便捷了：

```
> 206698/3318.007 # F statistic for gr
[1] 62.29583
> 1-pf(206698/3318.007,1,265) # p-value
[1] 7.838175e-14
> 4351/3318.007    # F statistic for factor(gr)
[1] 1.311329
> 1-pf(4351/3318.007,4,265) # p-value
[1] 0.2660733
```

12.5 交互效应

多元回归模型的一个基本假设是模型中的各变量对响应变量的影响具有叠加效应。然而，这并不是说线性模型无法刻画非叠加效应。我们可以通过添加特殊的交互项来指定一个变量受另外一个变量水平变动的影响程度。在 R 中的模型公式里，交互项可以使用"：" 来生成，比如 a:b。通常，我们还会在模型中包含 a 和 b 这两项，同时，R 的模型里允许 a*b 或者 a+b+a:b 这种公式，也可以刻画三个或者三个以上变量之间的交互效应。

交互项的准确定义以及对相关的回归系数的解释并不通俗易懂。当某个交互项出现，但一个或多个主效应缺失的时候会发生奇怪的事情。最好通过试验的方式来探寻相关的细节。然而，根据交互项的特性，即 a 和 b 是因子型还是数值型变量，可以将包括交互项的总效应描述如下：

- 两个因子型变量之间的交互作用。这是概念上最简单的情形，包括交互效应的模型根据两个因子水平对应的所有因子水平的不同组合而具有不同的水平。

- 因子型变量和数值型变量之间的交互作用。此时，包括交互效应的模型包括连续变量的线性效应，这里的线性效应根据因子定义的各个组而具有不同的斜率。

- 数值型变量和数值型变量之间的交互作用。这是一种略为特殊的模型。该模型中包含一个新的由两个数值型变量的乘积组成的回归变量。对此可进行如下理解：先变动其中一个变量，并研究该变量的线性效应，在此过程中，保持另外一个变量不变，当改变后者时，模型的斜率随之改变。

12.6 可重复的双因素方差分析

coking 数据集来自 Johnson （1994）。该数据描述的是从煤炭炼制焦炭的时间，该研究共包含 6 次试验，试验中炉温和炉宽分别有 2 个取值和 3 个取值。每种组合重复三次：

```
> attach(coking)
> anova(lm(time~width*temp))
Analysis of Variance Table

Response: time
           Df  Sum Sq Mean Sq F value    Pr(>F)
width       2 123.143  61.572 222.102 3.312e-10 ***
temp        1  17.209  17.209  62.076 4.394e-06 ***
width:temp  2   5.701   2.851  10.283  0.002504 **
Residuals  12   3.327   0.277
---
Signif. codes:  0 '***' 0.001 '**' 0.01 '*' 0.05 '.' 0.1 ' ' 1
```

从上面的结果可以看到，交互项对应的系数是显著的。如果我们看一下每个组合同样的均值，就能明白出现这种情况的原因：

```
> tapply(time,list(width,temp),mean)
         1600     1900
4    3.066667 2.300000
8    7.166667 5.533333
12  10.800000 7.333333
```

炼焦过程中高炉温和低炉温对炼焦时间的影响的差异随着炉宽的增加而增加，这导致无法用简单的加法模型来刻画数据集。此时，针对两个因子型变量单独做检验就意义不大了。如果模型中的交互效应不显著的话，我们就能对两个因子型变量单独做 F 检验。

12.7 协方差分析

本节以一个关于四膜虫细胞生长环境的数据集 Tetrahymena 为例，该数据集出自 Per Hellung-Larsen。数据分别对应于两组不同的培养基，其中一组培养基中加入了葡萄糖，另外一组则没有。对于两组培养基，分别记录其对应的平均细胞直径（μ）和细胞密度（每毫升的细胞数量）。试验开始时设定了初始细胞浓度，两组葡萄糖组的细胞密度之间不存在系统性差异。预期试验中的细胞直径会受到培养液中是否含葡萄糖的影响。

上面的数据存储在数据框 hellung 里面，其可以用下面的命令载入：

```
> hellung
  glucose   conc diameter
1       1 631000     21.2
2       1 592000     21.5
3       1 563000     21.3
4       1 475000     21.0
```

```
...
49      2    14000     24.4
50      2    13000     24.3
51      2    11000     24.2
```

变量 glucoseis 的编码规则如下：取值 1 表示加入了葡萄糖，取值 2 表示未加入葡萄糖。该数据集中没有缺失值。

查看一下数据集的摘要信息：

```
> summary(hellung)
    glucose           conc             diameter
 Min.   :1.000    Min.   : 11000    Min.   :19.20
 1st Qu.:1.000    1st Qu.: 27500    1st Qu.:21.40
 Median :1.000    Median : 69000    Median :23.30
 Mean   :1.373    Mean   :164325    Mean   :23.00
 3rd Qu.:2.000    3rd Qu.:243000    3rd Qu.:24.35
 Max.   :2.000    Max.   :631000    Max.   :26.30
```

注意，细胞密度对应的分布是严重右偏的，且其均值几乎 2 倍于其中位数。从上面的结果可以看到，虽然变量 glucose 只有两个不同的取值，但 summary 函数在操作过程中仍将其看作数值型变量。

将 glucose 看作因子型变量更便于操作，因此，可以按照下面的方法对其进行记录。回顾一下前面提到的，使用 $ 符号（第 15 页）能够改变数据框中指定的变量值。

```
> hellung$glucose <- factor(hellung$glucose, labels=c("Yes","No"))
> summary(hellung)
 glucose        conc             diameter
 Yes:32    Min.   : 11000    Min.   :19.20
 No :19    1st Qu.: 27500    1st Qu.:21.40
           Median : 69000    Median :23.30
           Mean   :164325    Mean   :23.00
           3rd Qu.:243000    3rd Qu.:24.35
           Max.   :631000    Max.   :26.30
```

为了不使用 hellung$prefix 前缀也能够方便地引用 hellung 中的变量，可以将 hellung 加到搜索路径中。

```
> attach(hellung)
```

12.7.1 图形描述

首先，对原始数据绘制图形（图 12.3 ）：

```
> plot(conc,diameter,pch=as.numeric(glucose))
```

通过执行 as.numeric(glucose) 命令，我们将因子型变量 glucose 转为底层编码 1 和 2 。对 pch 参数的指定意味着数据集中组 1 （培养液中加入了葡萄

12.7 协方差分析

糖）对应的数据点在图 12.3 中显示为绘图符号 1（圆圈），组 2 对应的数据点在图 12.3 中显示为绘图符号 2（三角形）。

要想使用其他绘图符号，必须先创建一个包含绘图符号序号的向量，并将其赋予 pch 参数。下面的代码：c(1,16)[glucose] 将生成一个填充为黑色、无边框线的圆点。这个语句看起来指意不清楚，但它只是 R 中处理下标引用的一种结果。为了取下标，像 glucose 这种因子型变量跟只有两个水平的因子相仿。因此，当观测值来自组 1 时，结果返回的是 c(1,16) 的第一个元素，也就是 1；当观测值来自组 2 的时候，结果返回为 16。

按如下方法使用 legend 函数可向图形添加解释性文本：

> legend(locator(n=1),legend=c("glucose","no glucose"),pch=1:2)

注意，上述命令中的函数和其中一个参数都是 legend 。

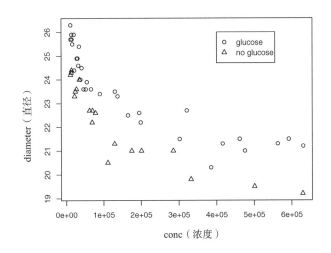

图 12.3 数据集 Tetrahymena 中的细胞直径和细胞密度的散点图

函数 locator 返回图 12.3 上某个点的坐标。在执行过程中，该函数等待来自鼠标按钮的点击操作，继而返回光标的位置坐标。你可以在命令行中直接运行 locator() 函数来查看该函数的执行效果。注意，如果不指定参数 n 的值，则需要在执行完数据点的选取操作之后点鼠标的右键。

图 12.3 表明，细胞密度和细胞直径之间具有清晰的反向、非线性关系。更进一步地，没有葡萄糖的培养方法的组系统性地小于含有葡萄糖的培养方法。

对 x 轴取对数，可以得到一个更美观的图形（图 12.4）。

```
> plot(conc,diameter,pch=as.numeric(glucose),log="x")
```

此时,细胞密度和细胞直径的关系看起来线性了。

也可以尝试一下双对数图(见图 12.5 ,图中的回归线如下文所讲):

```
> plot(conc,diameter,pch=as.numeric(glucose),log="xy")
```

如图 12.5 所示,图形没有出现太大变化,然而,必须在分析数据时对细胞直径和细胞密度同时进行对数变换,因为试验预期两者之间具有幂律关系($y = \alpha x^\beta$,在双对数图上呈现出直线)。

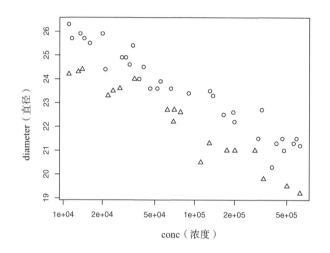

图 12.4 对 x 轴取对数绘制 Tetrahymena 数据集的散点图

当向半对数图形或者双对数图形添加回归线时,要注意,abline 函数将这些直线看作经过取对数(基底为 10)的坐标系中的直线。因而,通过向以 $\log_{10}(\text{diamatre})$ 和 $\log_{10}(\text{conc})$ 为变量的回归分析的结果执行 abline 函数,可以向散点图添加回归线。第一步,可以根据试验组中是否包含葡萄糖定义相应的数据框:

```
> tethym.gluc <- hellung[glucose=="Yes",]
> tethym.nogluc <- hellung[glucose=="No",]
```

注意,这里必须使用名字而不是因子水平对应的序号来选取相应的组。

在向图形添加回归线时,只需要用到上面定义的两个数据框,因此,如果通过 attach 函数将其放到系统的搜索路径、绘制图形、再删数据就显得十分繁琐。事实上,借助 lm 函数中的 data 参数可以便捷地进行相关操作,该参数允许用户显式地指定用于搜索变量的数据框。运行下面的代码,可以向图形添加对应的两条回归线:

```
> lm.nogluc <- lm(log10(diameter)~ log10(conc),data=tethym.nogluc)
> lm.gluc <- lm(log10(diameter)~ log10(conc),data=tethym.gluc)
> abline(lm.nogluc)
> abline(lm.gluc)
```

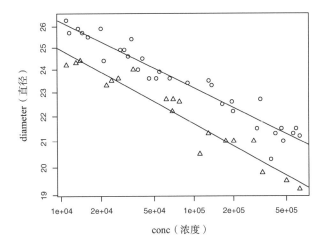

图 12.5　对 Tetrahymena 数据集绘制的带回归线的双对数图

得到的图形跟图 12.5 类似。从图上可以看出，回归线对模型的拟合效果相当好，且两条回归线看起来几乎（虽然并不完全）平行。现在的问题是，两条直线对应的斜率之间是否有统计上显著的差异。这是下一节将要讨论的问题。

12.7.2　比较回归线

对应于前面得到的两条线，可以得到下面的回归分析结果：

```
> summary(lm(log10(diameter)~ log10(conc), data=tethym.gluc))

Call:
lm(formula = log10(diameter) ~ log10(conc), data = tethym.gluc)

Residuals:
      Min        1Q    Median        3Q       Max
-0.0267219 -0.0043361 0.0006891 0.0035489 0.0176077
Coefficients:
             Estimate Std. Error t value Pr(>|t|)
(Intercept)  1.63134    0.01345   121.29   <2e-16 ***
log10(conc) -0.05320    0.00272   -19.56   <2e-16 ***
---
Signif. codes:  0 '***' 0.001 '**' 0.01 '*' 0.05 '.' 0.1 ' ' 1

Residual standard error: 0.008779 on 30 degrees of freedom
Multiple R-squared: 0.9273,    Adjusted R-squared: 0.9248
F-statistic: 382.5 on 1 and 30 DF,  p-value: < 2.2e-16
```

```
> summary(lm(log10(diameter)~ log10(conc), data=tethym.nogluc))

Call:
lm(formula = log10(diameter) ~ log10(conc), data = tethym.nogluc)

Residuals:
       Min         1Q     Median         3Q        Max
-2.192e-02 -4.977e-03  5.598e-05  5.597e-03  1.663e-02

Coefficients:
             Estimate Std. Error t value Pr(>|t|)
(Intercept)  1.634761   0.020209   80.89  < 2e-16 ***
log10(conc) -0.059677   0.004125  -14.47 5.48e-11 ***
---
Signif. codes:  0 '***' 0.001 '**' 0.01 '*' 0.05 '.' 0.1 ' ' 1

Residual standard error: 0.009532 on 17 degrees of freedom
Multiple R-squared: 0.9249,    Adjusted R-squared: 0.9205
F-statistic: 209.3 on 1 and 17 DF,  p-value: 5.482e-11
```

注意，这里的模型公式中使用了数学表达式［这里是 $\log_{10}(\cdots)$］。然而，这种用法也有局限性，比如，z~x+y 表示变量 z 是由 x 和 y 组成的可加模型来描述的，这跟以两个变量之和为因变量进行回归分析是不同的。后者需要用 z~I(x+y) 来表示（I 表示恒等函数）。

一个评估两条直线对应的斜率差异是否显著的方法可以如下进行：两个斜率的差异是 0.006 5，对应的标准差是 $\sqrt{0.004\,1^2 + 0.002\,7^2} = 0.004\,9$。能够计算出对应的 t 统计量是 $t = 0.006\,5 / 0.004\,9 = 1.3$，因而，我们可以假定两条直线对应的斜率是一样的。

然而，人们更倾向于对整个数据集拟合模型，并根据该模型检验两组样本对应斜率相等的假设。人们偏好这种方法的一个原因在于，这种模型形式可以推广到更复杂的情形。另外一个原因则是尽管对斜率相等的假设做简单检验算不上是严重的错误，但该检验过程对具体的检验细节提供的信息很有限。如果两条直线对应的斜率一样，那么，我们自然想要得到关于共同斜率的一个估计以及两条平行线之间的距离。

首先，我们设定一个刻画细胞浓度和细胞直径的模型，在该模型中，允许对葡萄糖处理方法不同的组具有不同的斜率和截距项。

```
> summary(lm(log10(diameter)~log10(conc)*glucose))

Call:
lm(formula = log10(diameter) ~ log10(conc) * glucose)

Residuals:
       Min         1Q     Median         3Q        Max
-2.672e-02 -4.888e-03  5.598e-05  3.767e-03  1.761e-02
```

```
Coefficients:
                        Estimate Std. Error t value Pr(>|t|)
(Intercept)             1.631344   0.013879 117.543   <2e-16 ***
log10(conc)            -0.053196   0.002807 -18.954   <2e-16 ***
glucoseNo               0.003418   0.023695   0.144    0.886
log10(conc):glucoseNo  -0.006480   0.004821  -1.344    0.185
---
Signif. codes:  0 '***' 0.001 '**' 0.01 '*' 0.05 '.' 0.1 ' ' 1

Residual standard error: 0.009059 on 47 degrees of freedom
Multiple R-squared: 0.9361,     Adjusted R-squared: 0.9321
F-statistic: 229.6 on 3 and 47 DF,  p-value: < 2.2e-16
```

模型的各回归系数的读法如下。一个细胞浓度为 C 的观测值对应的取对数后的细胞直径的期望值等于下面四项之和：

1. 截距，1.631 3

2. $-0.053\,2 \times \log_{10} C$

3. 0.003 4，只适用于未加入葡萄糖的培养基

4. $-0.006\,5 \times \log_{10} C$，只适用于未加入葡萄糖的培养基

因此，对于加入了葡萄糖的细胞培养基，对应的线性关系是：
$$\log_{10} D = 1.631\,3 - 0.053\,2 \times \log_{10} C$$
对于未加入葡萄糖的培养基，则有：
$$\log_{10} D = (1.631\,3 + 0.003\,4) - (0.053\,2 + 0.006\,5) \times \log_{10} C$$

换句话说，联合模型中的前两个系数可解释为组一对应的截距和斜率的估计值，而后两个系数分别对应的是组一和组二在截距和斜率上的差异。与单独的回归分析比较来看，分析中得到的斜率和截距跟联合分析中的斜率和截距一致。但联合分析中的标准误跟单独分析有些差异，因为这里用到的是联合方差估计方法。注意，前面提到的粗略进行的关于斜率差异的检验，本质上是对后面的参数所进行的 t 检验。

也要注意，glucose 项和 log10(conc).glucose 项表示的是，对于未加入葡萄糖的培养基应该被叠加到对应的模型系数上的那部分。这是因为因子水平被设定为 yes = 1 和 no = 2，其中，第一组对应的是基础水平。

拟合一个可加模型，则得到：

```
> summary(lm(log10(diameter)~log10(conc)+glucose))
...
Coefficients:
              Estimate Std. Error t value Pr(>|t|)
(Intercept)   1.642132   0.011417  143.83  < 2e-16 ***
log10(conc)  -0.055393   0.002301  -24.07  < 2e-16 ***
glucoseNo    -0.028238   0.002647  -10.67 2.93e-14 ***
...
```

这里的系数对应的解释如下：对于加入了葡萄糖的培养基，估计得到的关系是：

$$\log_{10} D = 1.642\,1 - 0.055\,4 \times \log_{10} C$$

对于没有加入葡萄糖的培养基是：

$$\log_{10} D = (1.642\,1 - 0.028\,2) - 0.055\,4 \times \log_{10} C$$

这意味着，两组培养基对应的回归线是平行的，不过，没有加入葡萄糖的培养基对应的细胞直径比加入了葡萄糖的培养基对应的细胞直径小 0.028 2。在数据的原有尺度上（未取对数时），这意味着前者比后者小 6.3%（对数尺度上的恒定绝对值差异与原始尺度上的恒定相关差异是对应的，这里 $10^{-0.028\,2} = 0.937$）。

联合分析假定两组数据对应的围绕回归线的方差是相同的。在对数据进行上述分析之前，很有必要对这一假设进行检验。使用 var.test 函数可以做一个正式的检验，该函数允许使用一对线性模型作为参数，不再要求参数必须是一个模型公式或者两组向量：

```
> var.test(lm.gluc,lm.nogluc)

        F test to compare two variances

data:  lm.gluc and lm.nogluc
F = 0.8482, num df = 30, denom df = 17, p-value = 0.6731
alternative hypothesis: true ratio of variances is not equal to 1
95 percent confidence interval:
 0.3389901 1.9129940
sample estimates:
ratio of variances
         0.8481674
```

当用来比较的数据多于两组时，可以使用 Bartlett 检验。该函数同样允许对线性模型进行比较。这里保留了针对非正态性的稳健性。

从上面的分析可以知道，可以假设两条回归线具有相同的斜率及相同的截距，当然——正如将要看到的——不能将两者同时设定为一样。不管怎么说，假设两条回归线具有相同的截距并不聪明，除非两者的斜率也相同：根据定义，截

距等于 $x=0$ 时对应的 y 值，因为这里使用了对数标度，因此，它对应的是细胞密度为 1 的情形。这将远远超出数据覆盖的范围，认为改变对数密度的测度单位将改变它的值是很武断的观点。

上述模型的 ANOVA 表如下：

```
> anova(lm(log10(diameter)~ log10(conc)*glucose))
Analysis of Variance Table

Response: log10(diameter)
                    Df  Sum Sq   Mean Sq  F value   Pr(>F)
log10(conc)          1 0.046890 0.046890  571.436 < 2.2e-16 ***
glucose              1 0.009494 0.009494  115.698  2.89e-14 ***
log10(conc):glucose  1 0.000148 0.000148    1.807    0.1853
Residuals           47 0.003857 0.000082
---
Signif. codes:  0 '***' 0.001 '**' 0.01 '*' 0.05 '.' 0.1 ' ' 1
```

模型公式 a*b，其中，a 在这里表示 log10(conc)，b 表示 glucose，是公式 a+b+a:b 的缩写形式，其读作"a 的效应加 b 的效应再加上交互效应"。ANOVA 表中倒数第二行对应的 F 检验的作用是检验模型中的最后一项 (a:b) 是不是可被省略，若被省略，则模型简化为包含 log10(conc) 和 glucose 的可加模型，其对应于两个平行的回归线。再向上数一行对应的 F 检验表示是否可以接着删除模型中的 glucose 项，第一行中的 F 检验表示是否可以进一步删除 log10(conc) 项，从而得到一个空模型。

也可以选择从上至下来读上表，此时，表格描述的是一个向模型中逐渐增加对总平方和解释量越来越大的模型项的过程。对于熟悉 SAS 系统的人来说，这种 ANOVA 表格又称作第一类平方和。

log10(conc):glucose 对应的 p 值可以看作针对前面输出中 log10(conc).glucose 项对应的系数的 t 检验。F 统计量恰好是 t 统计量的平方。这种关系成立的前提是函数中对应的只有两组数据。当对应于三组或三组以上的数据时，会有多组回归系数。此时，F 检验会同时对它们做方差为零的检验，就像在单变量方差分析中检验所有组的方差是否相等时一样。

注意，此时对移除 log10(conc) 项进行检验没有意义，因为必须得先移除 glucose 项。然而，当 glucose 项对模型有显著影响时没法移除该项。在未移除 glucose 项时对 log10(conc) 项进行检验很行得通——这对应于对假定两个平行回归线为水平的假设进行检验——但该检验的结果在 ANOVA 表中没有展示。通过修改模型中各项的顺序可以得到正确的检验，比如，对两个回归分析进行对比：

```
> anova(lm(log10(diameter)~glucose+log10(conc)))
Analysis of Variance Table

Response: log10(diameter)
            Df   Sum Sq   Mean Sq  F value    Pr(>F)
glucose      1 0.008033  0.008033   96.278 4.696e-13 ***
log10(conc)  1 0.048351  0.048351  579.494 < 2.2e-16 ***
Residuals   48 0.004005  0.000083
---
Signif. codes:  0 '***' 0.001 '**' 0.01 '*' 0.05 '.' 0.1 ' ' 1
> anova(lm(log10(diameter)~log10(conc)+ glucose))
Analysis of Variance Table

Response: log10(diameter)
            Df   Sum Sq   Mean Sq  F value    Pr(>F)
log10(conc)  1 0.046890  0.046890  561.99  < 2.2e-16 ***
glucose      1 0.009494  0.009494  113.78  2.932e-14 ***
Residuals   48 0.004005  0.000083
---
Signif. codes:  0 '***' 0.001 '**' 0.01 '*' 0.05 '.' 0.1 ' ' 1
```

上面两个模型公式描述的是相同的模型，这一点反映为上述结果中相同的残差平方和。然而，残差平方和的构成却不一样，而且差异可能比这里看到的更明显。差异在于是否向已包含 glucoseor 项的模型中增加 log10(conc) 项或者反之。鉴于上述两个表格中的第二个 F 检验的结果高度显著，因此没法对模型进行降阶。上面一行的 F 检验结果不太相关。

如果回顾一下具有两个平行回归线的模型的回归系数，会发现 t 检验的平方和是 579.49 和 113.8，刚好等于上面两个表格 F 检验的结果。将上面的协方差分析与忽略了细胞密度影响的简单分析进行对比，可以得到很多信息：

```
> t.test(log10(diameter)~glucose)
        Welch Two Sample t-test

data:  log10(diameter) by glucose
t = 2.7037, df = 36.31, p-value = 0.01037
alternative hypothesis: true difference in means is not equal to 0
95 percent confidence interval:
 0.006492194 0.045424241
sample estimates:
mean in group Yes  mean in group No
         1.370046          1.344088
```

注意，p 值没有上面那么极端了，但在这里仍然显著。如果数据集更小的话，检验的显著性可能很容易就完全消失。两组的均值差异是 0.026，与协方差分析中 glucose 项的效应 0.028 属于同一个数量级。然而，置信水平从 0.006 增至 0.045，但是，协方差分析是 0.023 至 0.034 $[0.028\,2\pm t_{.975}(48)\times 0.002\,6]$，宽度近乎缩小为四分之一，这在效率上明显是一个有效的增进。

12.8 模型诊断

模型诊断一般用来评估模型假设以及研究分析过程中是否存在对分析过程影响较大的观测值。做模型诊断的其中一个基本手段是借助针对 lm 对象的绘图来完成。下面 2×2 的图展示了模型诊断的 4 个方法：

```
> attach(thuesen)
> options(na.action="na.exclude")
> lm.velo <- lm(short.velocity~blood.glucose)
> opar <- par(mfrow=c(2,2), mex-0.6, mar=c(4,4,3,2)+.3)
> plot(lm.velo, which=1:4)
> par(opar)
```

par 函数的作用是将绘图界面分割为 2×2 的格局，同时压缩边缘的文本，在绘图结束后恢复默认设置。

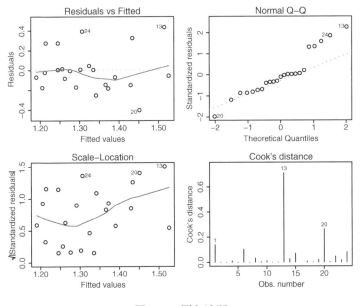

图 12.6　回归诊断

左上面板展示的是残差与拟合值的散点图。右上面板展示的是标准化残差的 Q-Q 正态分布图。注意，这里一个是残差，一个是标准化后的残差；后者经过了调整，因为从残差的标准差的差异取决于它们在设计中的位置。（极端 x 值对应的残差，由于受到过度拟合的影响，通常具有较小的标准差。）第 3 幅图中是标准残差绝对值的平方根；这种做法能够消除分布的偏度，更便于检测数据的分散趋势。第 4 幅图是 "Cook 距离"，用来衡量每个观测值对回归系数的影响。

简要地回顾下 Cook 距离。事实上，这并非是默认的绘图方式；默认情况下，第 4 幅图是一个包含了进入计算 Cook 距离的两个组分的图，但其在这个层次上很难解释。

thuesen 数据集的绘图结果显示，第 13 个观测值从诸多角度来看都是极端值。该观测值对应于最大的残差，且其在 Cook 距离图中对应于最显著的尖峰。第 20 个观测值也对应于一个较大的残差，但没有对应的 Cook 距离那么显著。

```
> opar <- par(mfrow=c(2,2), mex=0.6, mar=c(4,4,3,2)+.3)
> plot(rstandard(lm.velo))
> plot(rstudent(lm.velo))
> plot(dffits(lm.velo),type="l")
> matplot(dfbetas(lm.velo),type="l", col="black")
> lines(sqrt(cooks.distance(lm.velo)), lwd=2)
> par(opar)
```

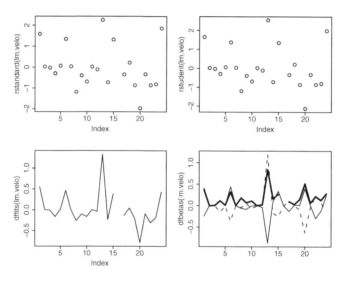

图 12.7　更多的回归诊断

也可以得到单个观测值的诊断结果；图 12.7 中选取了部分诊断图。rstandard 函数给出了前文讨论过的标准化的残差。还有一个 rstudent 函数，该函数给出去一法（leave-out-one）残差，将忽略掉当前选中的观测值对拟合值进行计算；如果模型合适，则计算结果应当服从（学生氏）t 分布。（糟糕的是，很多教科书中使用"学生化残差"来表示残差与残差标准差的商，例如 R 中的 rstandard 计算的结果）。要有敏锐的洞察力才能发现这两种残差之间的差别，不过，rstudent 函数计算的结果中极端残差更容易脱颖而出。

函数 dffits 描述的是观测值对相关的拟合值的影响。跟残差图类似，第 13

个和第 20 个观测值对应的结果非常突出。同时，要注意到图中一处断点，这是因为数据集中缺失第 16 个观测值，并且我们在处理过程中使用了 na.exclude 函数。这种绘图结果看起来不太美观，但也有优点，即使得 x 轴与观测值的序号能够对应。

dfbetas 函数给出了当删除某个观测值之后估计参数相对于标准误的变化。该函数返回的结果为矩阵，因此，使用 matplot 函数能够将结果中的各列数据绘制在同一个图上。注意，图中的第 13 个观测值对 α 和 β 的影响都接近一个标准误。

dfbetas 函数得名于其在多元回归分析中的应用。在多元回归模型中，模型形式为 $y = \beta_0 + \beta_1 x_1 + \beta_2 x_2 + \cdots$。当进行简单回归分析时，这个名字可能令人困惑，因为在简单回归分析中截距对应的是字母 α。

cooks.distance 函数计算的 Cook 距离 D 本质上是对组成 dfbetas 结果的各组分的联合度量。具体的计算过程如下：计算非标准化的系数变化值，并使用 $\hat{\beta}$ 参数的协方差估计矩阵定义的范数，再除以系数的个数。$\sqrt{D}$ 跟 dfbetas 的标度相同，并以双宽线格式添加到图形上。（如果深入 R 函数查看这些公式，也许会发现它们与上面描述的定义相当不同，但事实上，它们是一致的，只是在运算上更有效率）。

从图上可以看出，第 13 个观测值对分析的影响较大。下面看一看删除该观测值之后的分析结果。

我们在函数 lm 中应用 subset 参数。该参数跟其他索引操作类似，也能够通过取负值来删除观测值。

```
> summary(lm(short.velocity~blood.glucose, subset=-13))

Call:
lm(formula = short.velocity ~ blood.glucose, subset = -13)

Residuals:
     Min       1Q   Median       3Q      Max
-0.31346 -0.11136 -0.01247  0.06043  0.40794

Coefficients:
              Estimate Std. Error t value Pr(>|t|)
(Intercept)    1.18929    0.11061  10.752 9.22e-10 ***
blood.glucose  0.01082    0.01029   1.052    0.305
---
Signif. codes:  0 '***' 0.001 '**' 0.01 '*' 0.05 '.' 0.1 ' ' 1

Residual standard error: 0.193 on 20 degrees of freedom
  (1 observation deleted due to missingness)
Multiple R-squared: 0.05241,    Adjusted R-squared: 0.005026
F-statistic: 1.106 on 1 and 20 DF,  p-value: 0.3055
```

数据间的相关性突然消失了！整个分析结果实际上取决于这单个观测值。如果数据和模型有效，当然，原来的 p 值是正确的，或许，你会说在小数据集中通常都会有对分析结果影响较大的观测值，但一些谨慎的解释看起来很有必要。

对于包含多个描述变量的回归分析而言，查询影响点和异常值的方法尤其重要。一个大问题是，如何以合理的方式将相关数量继续可视化展示。或许可以使用三维图形来表现相关关系（附加包 scatterplot3 能做到这一点），但借助不同的颜色编码也可以做相当多的事情。

这里看一下如何对模型中的 Cook 距离（通常是正值）进行可视化，在该模型中我们使用 height 和 weight 来描述 pemax 变量，如图 12.8 所示。

```
> cookd <- cooks.distance(lm(pemax~height+weight))
> cookd <- cookd/max(cookd)
> cook.colors <- gray(1-sqrt(cookd))
> plot(height,weight,bg=cook.colors,pch=21,cex=1.5)
> points(height,weight,pch=1,cex=1.5)
```

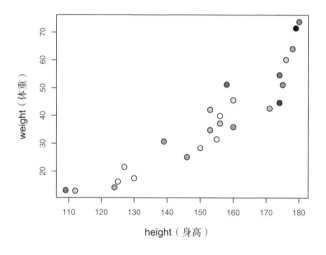

图 12.8　pemax ~height + weight 模型中的 Cook 距离（对数据点的颜色进行编码）

第一行命令用来计算 Cook 距离，第二行将计算结果标准化的 0 和 1 之间。然后，借助 gray 函数对 cookd 变量对应的值进行颜色编码。后者将自身的参数解释为白度，因为如果你把较大的距离用黑色来表示的话，需要用 1 减去该值。进一步，由于该距离是平方形式的距离测度（这种测度结果使得图形中有过多的白色或者说接近白色的点），对其进行开方可能更便于作图。接下来，根据选取的颜色绘制变量 height 和变量 weight 的散点图。

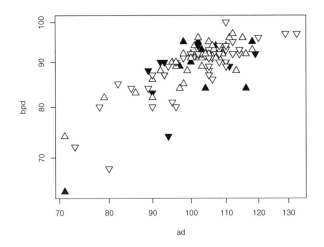

图 12.9 Secher 数据集中的学生化残差，对颜色进行了编码
图中正三角表示正值，倒三角表示负值

为了使得图中的灰度看起来更清晰，绘图过程中使用一个加大的填充绘图符号。

可用类似的技术来刻画其他关于对影响力的测度。在符号测度情形下，可以用不同的符号类型来表示正值和负值。下面是一个刻画数据集对应的学生化残差的例子。在该数据集中，我们将出生体重描述为腰围和胎儿在出生之前由超声波测得的二顶骨直径的函数。练习题 11.1 也用到了该数据集（见图 12.9）：

```
> attach(secher)
> rst <- rstudent(lm(log10(bwt)~log10(ad)+log10(bpd)))
> range(rst)
[1] -3.707509  3.674050
> rst <- rst/3.71
> plot(ad,bpd,log="xy",bg=gray(1-abs(rst)),
+      pch=ifelse(rst>0,24,25), cex=1.5)
```

12.9 练习题

12.1 针对数据集 ashina 构建一个可加模型，该模型中须包括 subjects、period 和 treatment 变量的可加效应。试比较该模型的结果和 t 检验的结果。

12.2 对数据集 tb.dilute 进行两变量方差分析。对模型进行调整，使模型中包含 dose 变量的影响，且与变量 log(dose) 线性相关。计算斜率的置信区间。另外一个可选择的做法是，针对不同的动物计算斜率，再对这些斜率进行检验。计算平均斜率的置信区间，将该结果与前一种方法的结果进行比较。

12.3 考虑下面的定义：

```
a <- gl(2, 2, 8)
b <- gl(2, 4, 8)
x <- 1:8
y <- c(1:4,8:5)
z <- rnorm(8)
```

生成模型 z~a*b 和 z~a:b 对应的模型矩阵，并讨论相关含义。拟合模型，注意哪些模型包含奇异值。

12.4 （高级）在试验 secretin 中，我们猜想个体在葡萄糖水平及注射分泌素引起的变化方面都存在个体间差异。因子 time.comb 合并了 30 分钟、60 分钟、90 分钟对应的时间值。因子 time20plus 合并了 20 分钟及之前的所有时间值。讨论下面各线性模型之间的不同点及联系。

```
attach(secretin)
model1 <- lm(gluc ~ person * time)
model2 <- lm(gluc ~ person + time)
model3 <- lm(gluc ~ person * time20plus + time)
model4 <- lm(gluc ~ person * time20plus + time.comb)
```

12.5 对 bp.obese 数据集，将血压当作肥胖和性别的函数进行分析。

12.6 使用协方差分析对数据集 vitcap2 进行分析。回顾一下练习题 5.2 并比较两题的结论。试用参数设定为 test="F" 的 drop1 函数代替本题在分析过程中用到的 summary 函数。

12.7 针对数据集 juul，对青春期前期的孩子们（坦纳氏期为 1）对应的 $\sqrt{igf1}$ 进行回归分析；分别对男孩和女孩两个群体的年龄进行回归分析。比较两条回归线。

12.8 试对数据集 kfm 执行 step 函数，并对结果进行讨论。诊断图上显示有一个观测值对模型的影响很大，试解释原因。如果进一步对模型进行降阶，会怎样？

12.9 对于数据集 juul，对 igf1 拟合模型，模型须包括变量 age、sex、及坦纳氏期对应的年龄小于 25 岁的交互作用。解释模型中的交互效应。提示：绘制拟合值和年龄的散点图会很有用。可使用诊断图来评估对自变量进行的转换操作类型：不进行转换、对数转换或者开方。

第 13 章

逻辑回归

有的时候，你希望能够对二元输出，即只有两个可能取值，比如对生病或者未生病这样的变量进行建模，你想要描述在某些不同的状况下得某种疾病的风险。第 8 章中，我们讨论了一些基于表格的简单方法，但是有时也许你更希望能够得到一个输入—输出关系或者同时对多个变量的效应进行建模。如果能使用和线性模型一样的建模技术，那将会是非常吸引人的。

然而，对于概率，我们若用通常的可加模型进行建模则会遇到一些问题，因为概率取值被限制在[0,1]之间；如若使用回归模型，其预测值有可能超过这个范围。而如果能在一个变换了的刻度上对概率进行建模，则会更有意义；逻辑回归分析就是这样来做的。

对于变换后的概率建立的线性模型可以如下表达：

$$\text{logit}\, p = \beta_0 + \beta_1 x_1 + \beta_2 x_2 + \ldots + \beta_k x_k$$

其中 $\text{logit}\, p = \log[p/(1-p)]$ 是可能性的对数。模型中包含的常数效应对应着常数让步比（odds ratio）。logit 函数有多种选择，但是上面的这种表达具有很多良好的数学性质。其他选择确实存在，比如 probit 函数（正态分布的分位数函数）或者 $\log(-\log p)$，其与生存分析模型联系紧密。

关于逻辑回归模型，另一个值得注意的是，不似线性模型，它没有误差项。我们是对一个事件发生的概率直接建模，而二元输出的变异性将由此概率来确定。因此，与正态分布不同，这里没有方差这个参数。

该模型的参数由极大似然估计法得到。这是一种非常通用的技术，类似最小二乘法，它寻找最优化拟合优度准则的参数（事实上，最小二乘法本身正是一种修正了的极大似然方法）。似然函数 $L(\beta)$ 很简单，就是不同参数设置时，观测到的样本数据的概率。

所谓偏差，是指极大值与拟合数据最好的"极大模型"下对应的差。模型缩减导致的偏差的变化，近似地服从 χ^2 分布，自由度等于模型中参数个数的变化数。

在这一章，我们将会看到在 R 中如何进行逻辑回归分析。本章内容有很多与线性模型的内容重合，因为这两个模型非常相近。然而也有一些特殊的内容，比如偏差表，以及如何对事先表格化了的数据进行建模。

13.1 广义线性模型

逻辑回归分析属于广义线性模型的一种。这类模型由其响应变量的分布（比如二项分布）来描述，使用连接函数将响应变量变换到另外一种度量上，使得在这个度量上，响应变量与输入变量之间的关系可以描述为线性可加的。在逻辑回归分析中，连接函数是 logit $p = \log[p/(1-p)]$。

关于广义线性模型，还有一些其他的例子。比如，对于计数数据，通常使用可乘的 Poisson 模型，其连接函数是 $\log \lambda$，其中 λ 是泊松分布的均值。所有这些模型，都可以用同样的算法来处理，这也给了用户通过定义适合的连接函数来开发他们自己的模型提供了一些方便。

在 R 中，广义线性模型由函数 glm 来建立。这个函数与我们已经使用多次的 lm 非常相似。这两个函数使用的是同样的模型方程以及提取函数（summary 等），但是 glm 有广义线性模型还需要一些特殊的内容。这由参数 family 来控制。比如你要建立一个二项模型，使用 logit 连接函数（逻辑回归分析），则你需要写下 family=binomial("logit")。

13.2 表格化数据的逻辑回归

在这一节，我们分析 Altman（1991, p.353）的高血压数据。首先，我们输入数据：

```
> no.yes <- c("No","Yes")
> smoking <- gl(2,1,8,no.yes)
> obesity <- gl(2,2,8,no.yes)
```

13.2 表格化数据的逻辑回归

```
> snoring <- gl(2,4,8,no.yes)
> n.tot <- c(60,17,8,2,187,85,51,23)
> n.hyp <- c(5,2,1,0,35,13,15,8)
> data.frame(smoking,obesity,snoring,n.tot,n.hyp)
  smoking obesity snoring n.tot n.hyp
1      No      No      No    60     5
2     Yes      No      No    17     2
3      No     Yes      No     8     1
4     Yes     Yes      No     2     0
5      No      No     Yes   187    35
6     Yes      No     Yes    85    13
7      No     Yes     Yes    51    15
8     Yes     Yes     Yes    23     8
```

gl 函数旨在"生成水平"（generate levels），其在 7.3 节已经简单介绍过了。gl 函数的前 3 个参数是水平数、每个水平的重复数，以及向量的总长度。第 4 个参数用以指定所生成的因子的水平的名称。这些变量被放在一个数据框中，输出更直观好看。另一种生成如此数据的方法是使用函数 expand.grid：

```
> expand.grid(smoking=no.yes, obesity=no.yes, snoring=no.yes)
  smoking obesity snoring
1      No      No      No
2     Yes      No      No
3      No     Yes      No
4     Yes     Yes      No
5      No      No     Yes
6     Yes      No     Yes
7      No     Yes     Yes
8     Yes     Yes     Yes
```

对于表格化的数据进行逻辑回归分析，在 R 中有两种途径。你需要将输出表示成一个矩阵，其中一列是"患病"的个数，一列是"健康"的个数。（或者"成功"、"失败"，基于具体的场景而定。）

```
> hyp.tbl <- cbind(n.hyp,n.tot-n.hyp)
> hyp.tbl
     n.hyp
[1,]     5   55
[2,]     2   15
[3,]     1    7
[4,]     0    2
[5,]    35  152
[6,]    13   72
[7,]    15   36
[8,]     8   15
```

cbind 函数（"c"表示列"column"）将变量按列合并在一起，形成一个矩阵。请注意，这里如果将第二列置为总的计数而非失败的计数，就会产生严重的错误。

然后你就可以如下建立逻辑回归模型了：

第 13 章　逻辑回归

```
> glm(hyp.tbl~smoking+obesity+snoring,family=binomial("logit"))
> glm(hyp.tbl~smoking+obesity+snoring,binomial)
```

另外一种建立逻辑回归模型的方法是给出每个水平组合中得病数的占比：

```
> prop.hyp <- n.hyp/n.tot
> glm.hyp <- glm(prop.hyp~smoking+obesity+snoring,
+                binomial,weights=n.tot)
```

指定 weight 是必要的，因为 R 无法识别出这个占比所基于的基数是多少。

至于输出，你得到如下的形式：

```
Call:  glm(formula = hyp.tbl ~ smoking + obesity + snoring, ...

Coefficients:
(Intercept)    smokingYes    obesityYes    snoringYes
   -2.37766      -0.06777       0.69531       0.87194

Degrees of Freedom: 7 Total (i.e. Null);  4 Residual
Null Deviance:        14.13
Residual Deviance: 1.618           AIC: 34.54
```

这个输出类似于打印 lm 对象得到的最少内容的输出。glm 的输出中也有一些没有展示出来的信息，你需要用析取函数将其提取出来。你可以将函数的结果保存在一个变量中，然后使用 summary 函数提取该对象的信息：

```
> glm.hyp <- glm(hyp.tbl~smoking+obesity+snoring,binomial)
> summary(glm.hyp)

Call:
glm(formula = hyp.tbl ~ smoking + obesity + snoring, family ...

Deviance Residuals:
      1         2         3         4         5         6
-0.04344   0.54145  -0.25476  -0.80051   0.19759  -0.46602
      7         8
-0.21262   0.56231

Coefficients:
             Estimate Std. Error z value Pr(>|z|)
(Intercept) -2.37766     0.38018  -6.254    4e-10 ***
smokingYes  -0.06777     0.27812  -0.244   0.8075
obesityYes   0.69531     0.28509   2.439   0.0147 *
snoringYes   0.87194     0.39757   2.193   0.0283 *
---
Signif. codes:  0 '***' 0.001 '**' 0.01 '*' 0.05 '.' 0.1 ' ' 1

(Dispersion parameter for binomial family taken to be 1)

    Null deviance: 14.1259  on 7  degrees of freedom
Residual deviance:  1.6184  on 4  degrees of freedom
AIC: 34.537

Number of Fisher Scoring iterations: 4
```

接下来，我们将依次看看广义线性模型的 summary 函数输出：

```
Call:
glm(formula = hyp.tbl ~ smoking + obesity + snoring, family = ...
```

与往常一样，这里首先重复模型的函数。很明显，在函数调用时没有指明模型函数形式的时候，这样的输出更令人感兴趣。

```
Deviance Residuals:
       1         2         3         4         5         6
-0.04344   0.54145  -0.25476  -0.80051   0.19759  -0.46602
       7         8
-0.21262   0.56231
```

这个是每个表格中的每个格子（水平组合）对偏差的贡献（这里的偏差对应着正态分布线性模型的误差平方和），符号表示观测值大于或者小于其期望。它可以定位出拟合较差的格子，但是对于稀疏的表格，我们需要注意该如何解释它。

```
Coefficients:
            Estimate Std. Error z value Pr(>|z|)
(Intercept) -2.37766    0.38018  -6.254    4e-10 ***
smokingYes  -0.06777    0.27812  -0.244   0.8075
obesityYes   0.69531    0.28509   2.439   0.0147 *
snoringYes   0.87194    0.39757   2.193   0.0283 *
---
Signif. codes:  0 '***' 0.001 '**' 0.01 '*' 0.05 '.' 0.1 ' ' 1

(Dispersion parameter for binomial family taken to be 1)
```

这是我们主要感兴趣的表。这张表中给出了回归系数的估计、标准误差以及每个系数显著性的假设检验结果。这与 lm 的输出几乎是一致的。

注意，参数之间的差别与二项分布的方差完全依赖于其均值这一现象是相关的。与正态分布不同，这里没有如方差这样的刻度参数。

```
    Null deviance: 14.1259  on 7  degrees of freedom
Residual deviance:  1.6184  on 4  degrees of freedom
AIC: 34.537
```

"残差偏差"对应着普通回归分析中的残差平方和，是用以估计回归线的标准偏差的。在二项分布模型中，观测数据的标准偏差是已知的，因此你可以将其用在模型的验证中。AIC（赤池信息准则）将模型参数个数考虑进来，度量模型拟合的好坏。

R 勉强给出了偏差的 p 值。这是因为无法得到精确的 p 值，只能在大样本的情况下给出一个近似值。在当前这个例子中，其实有一些格子的计数的期望值是很小的。

残差偏差的近似分布是 χ^2 分布，自由度也在上面给出了。因此即便近似的程度并不精确，数据中也不会有什么东西来指出模型是错的（5%的显著性得到的值是 9.49，而这里的值是 1.62）。

空偏差是指模型只包含截距项的偏差（也就是说，模型仅仅给出了一个固定的概率，对于高血压数据来说，每个格子中出现高血压的概率是一样的）。你更感兴趣的应该是它与模型残差偏差的差，这里是 14.13–1.62=12.51，这可以用于检验模型的显著性。在这个例子中，检验的 p 值大概是 0.6%。

```
Number of Fisher Scoring iterations: 4
```

这指出在拟合的过程中迭代的次数，是一个纯技术指标。其中不包含统计信息，但是，你也应该关注它，因为如果它太大，也许表示对于现有的数据而言，模型太过复杂。通常，当迭代数大于 25 的时候，glm 自动终止拟合过程，当然你可以配置这个限制值。

拟合过程是迭代的，因为没有一个明确的公式用来计算估计值，只有一系列需要满足的等式。然而，如果你给出一个等式族的解的初始估计，则将会得到一个等式族的近似解。而这个解，将用于接下来迭代中改进该解的初始解，这个过程不断重复，直到解足够稳定。

参数之间的相关性可以通过在 summary 函数中设定参数 corr=T 来获得。它看起来是这样的：

```
Correlation of Coefficients:
           (Intercept) smokingYes obesityYes
smokingYes -0.1520
obesityYes -0.1361    -9.499e-05
snoringYes -0.8965    -6.707e-02 -0.07186
```

从中我们可以看到，参数估计值之间的相关性很小，因此我们可以期待从模型中去掉一个变量，不会影响其他变量的系数估计和 p 值。（截距项和回归系数之间的相关性不包含太多信息；它通常最多和这个变量中被标记为"Yes"的个数是多还是少有关。）

回归系数 z 检验的结果表明，模型可以通过去掉 smoking 项进行简化。结果如下（有简略）：

```
> glm.hyp <- glm(hyp.tbl~obesity+snoring,binomial)
> summary(glm.hyp)

...
Coefficients:
             Estimate Std. Error z value Pr(>|z|)
(Intercept) -2.3921     0.3757    -6.366 1.94e-10 ***
obesityYes   0.6954     0.2851     2.440   0.0147 *
snoringYes   0.8655     0.3967     2.182   0.0291 *
```

13.2.1 偏差表分析

偏差表对应着多元回归分析中的 ANOVA 表，使用 anova 函数生成：

```
> glm.hyp <- glm(hyp.tbl~smoking+obesity+snoring,binomial)
> anova(glm.hyp, test="Chisq")
Analysis of Deviance Table

Model: binomial, link: logit

Response: hyp.tbl

Terms added sequentially (first to last)


        Df Deviance Resid. Df Resid. Dev P(>|Chi|)
NULL                       7    14.1259
smoking  1   0.0022        6    14.1237    0.9627
obesity  1   6.8274        5     7.2963    0.0090
snoring  1   5.6779        4     1.6184    0.0172
```

注意，Deviance 列给出了不同变量顺次加入模型时模型之间的差别。偏差近似 χ^2 分布，其自由度也在表中给出。若需得到近似 χ^2 检验单结果，则需要加入参数 test="chisq"。

因为最后一行表明变量 snoring 是显著的，因此该变量不应该从模型中删除，我们无法使用这个表来调整模型的降阶。然而，如果加入模型的变量顺序改变，使得 smoking 是最后一个，那么我们就可以得到一个基于偏差的删除变量的检验。

```
> glm.hyp <- glm(hyp.tbl~snoring+obesity+smoking,binomial)
> anova(glm.hyp, test="Chisq")
...
        Df Deviance Resid. Df Resid. Dev P(>|Chi|)
NULL                       7    14.1259
snoring  1   6.7887        6     7.3372    0.0092
obesity  1   5.6591        5     1.6781    0.0174
smoking  1   0.0597        4     1.6184    0.8069
```

从这个结果中，你可以看到 smoking 可以被删除，而之后 obesity 则不能被删除。

为了公平起见，你还应该对剩下的两个变量交换顺序。这样一来，你会得到是否 snoring 会从模型中删除，而只留下 obesity 的检验结果：

```
> glm.hyp <- glm(hyp.tbl~obesity+snoring,binomial)
> anova(glm.hyp, test="Chisq")
...
        Df Deviance Resid. Df Resid. Dev P(>|Chi|)
NULL                       7    14.1259
obesity  1   6.8260        6     7.2999    0.0090
snoring  1   5.6218        5     1.6781    0.0177
```

另一种模型检验的方法是使用 drop1 函数，尝试一次删除一个变量：

```
> drop1(glm.hyp, test="Chisq")
Single term deletions

Model:
hyp.tbl ~ obesity + snoring
        Df Deviance    AIC    LRT Pr(Chi)
<none>      1.678  32.597
obesity  1  7.337  36.256  5.659 0.01737 *
snoring  1  7.300  36.219  5.622 0.01774 *
---
Signif. codes:  0 '***' 0.001 '**' 0.01 '*' 0.05 '.' 0.1 ' ' 1
```

这里，LRT 是似然比检验，是偏差变化的另外一种称呼。

虽然严格地说，如果使用不同的近似，结果会有所不同，但是上面偏差表中给出的信息和回归系数的 z 检验表中的信息基本上是一样的。从理论上来讲，应该选择偏差检验，但是在实践中，两者之间的差别通常很小，因为大样本下一个自由度的 $\chi^2 \approx z^2$。然而当我们要对两个以上水平的变量进行检验的时候，就只能使用偏差表了，因为 z 检验只能比较组与组之间的差别。此外，小样本的情况往往会比较特殊。请看下一节。

13.2.2 与趋势检验之间的关联

在第 8 章中，我们考虑了对相对频率的检验，使用了 prop.test 和 prop.trend.test 函数，并且举了一个剖腹产与鞋码的例子。这个例子也可以通过对"鞋子分数"进行逻辑回归来进行分析，鞋子分数用以区别鞋码的组别。因为实际上使用的是同样的模型，因此得到了本质上一样的分析。

```
> caesar.shoe
     <4   4  4.5   5  5.5   6+
Yes   5   7    6   7    8   10
No   17  28   36  41   46  140
> shoe.score <- 1:6
> shoe.score
[1] 1 2 3 4 5 6

> summary(glm(t(caesar.shoe)~shoe.score,binomial))
...
Coefficients:
            Estimate Std. Error z value Pr(>|z|)
(Intercept) -0.87058    0.40506  -2.149  0.03161 *
shoe.score  -0.25971    0.09361  -2.774  0.00553 **
---
Signif. codes:  0 '***' 0.001 '**' 0.01 '*' 0.05 '.' 0.1 ' ' 1

(Dispersion parameter for binomial family taken to be 1)
```

```
        Null deviance: 9.3442  on 5  degrees of freedom
Residual deviance: 1.7845  on 4  degrees of freedom
AIC: 27.616
...
```

注意，caesar.shoe 已经通过函数 t(...)进行了转置，因此矩阵已经可以用作 glm 的响应变量。

```
> anova(glm(t(caesar.shoe)~shoe.score,binomial))
...
           Df Deviance Resid. Df Resid. Dev
NULL                          5      9.3442
shoe.score  1   7.5597         4      1.7845
```

从最后一行，你可以看到线性项偏差（4 个自由度，而值为 1.78）并不显著，因此 shoe.score 对模型具有显著的贡献。

为了比较，我们重复之前标准检验所做的分析：

```
> caesar.shoe.yes <- caesar.shoe["Yes",]
> caesar.shoe.no <- caesar.shoe["No",]
> caesar.shoe.total <- caesar.shoe.yes+caesar.shoe.no
> prop.trend.test(caesar.shoe.yes,caesar.shoe.total)
       Chi-squared Test for Trend in Proportions
...
X-squared = 8.0237, df = 1, p-value = 0.004617

> prop.test(caesar.shoe.yes,caesar.shoe.total)
        6-sample test for equality of proportions without
        continuity correction
...
X-squared = 9.2874, df = 5, p-value = 0.09814
...
Warning message:
In prop.test(caesar.shoe.yes, caesar.shoe.total) :
  Chi-squared approximation may be incorrect
```

prop.test 得到的 9.29 对应着 NULL 模型的残差偏差 9.34，而趋势检验中的 8.02 对应着 shoe.score 显著性检验的 7.56，因此，这两个检验并没有得到完全相同的检验结果，但是大致上是相同的。理论上来讲，趋势检验也许比基于回归模型的检验要更好一些。然而通过拆分对线性性质进行两个 χ^2 检验，肯定不如真的做线性性的检验。

13.3 似然剖面分析

z 检验输出的结果基于 Wald 近似，需要计算当参数真实值等于估计值时参数估计的近似标准误。在大型数据集中，这样做是合适的，因为结果与那些很好地拟合了数据的所有参数值都近似相同。然而，在比较小的数据集中，Wald 检验和似然比检验之间的差别是很可观的。

区间估计作为检验的逆问题，即给出不被一个检验拒绝的参数值的集合，上述做法也影响到置信区间的计算。作为一个基于 Wald 检验的 $\pm 1.96 \times$ s.e. 技术的替代，MASS 包允许读者通过考虑似然比检验的逆问题来计算置信区间。实用中，做法如下：

```
> confint(glm.hyp)
Waiting for profiling to be done...
                2.5 %     97.5 %
(Intercept) -3.2102369 -1.718143
obesityYes   0.1254382  1.246788
snoringYes   0.1410865  1.715860
```

用 confint.default 可以得到结果的标准形式。在这个例子中，虽然在 snoring 和截距行中可以看到一点差别，但差别并不是很大。

```
> confint.default(glm.hyp)
                 2.5 %      97.5 %
(Intercept) -3.12852108 -1.655631
obesityYes   0.13670388  1.254134
snoringYes   0.08801498  1.642902
```

上述做法的原理是通过似然剖面分析（likelihood profiling）。对某个参数的一组试验值，在模型中关于其他参数极大化似然函数。结果可以通过下述命令的剖面图显示。

```
> library(MASS)
> plot(profile(glm.hyp))
```

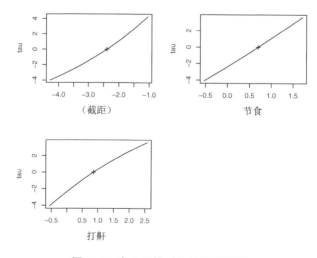

图 13.1　高血压模型的似然剖面图

需要注意的是，这里我们需要装载 MASS 包。（该函数之前是通过 confint 使用的，但没有把它放在搜索路径中。）

输出的图形需要一点解释。y 轴的标记为 tau 的量表示带符号的似然比检验量的平方根。

$$\tau(\beta) = \text{sgn}(\beta - \hat{\beta})\sqrt{-2[\ell(\beta) - \ell(\hat{\beta})]}$$

此处 ℓ 表示剖面对数似然。主要思想是考虑当剖面似然函数是近似二次时，$\tau(\beta)$ 是近似线性的。反过来说，不能很好地用二次函数近似的似然函数会表现为非线性剖面图。

然而，需要注意的很重要的一点是，虽然剖面分析方法可以获得关于似然函数的非二次表现，但基于似然比检验的置信区间的计算始终受制于检验分布近似的精确性。

13.4 让步比估计的表达

在流行病学领域，使用让步比来进行 logistic 回归分析已经成为一个传统。当协变量是定量的时候，这意味着协变量每单位变化所带来的让步比，也就是回归系数的逆对数变化来代替回归系数本身。因为在这样的变换之后，标准误差没有太大的意义，所以一般会给出一个置信区间来代替估计值。这可以通过如下代码很容易地做到：

```
> exp(cbind(OR=coef(glm.hyp), confint(glm.hyp)))
Waiting for profiling to be done...
                    OR       2.5 %      97.5 %
(Intercept) 0.09143963 0.04034706 0.1793989
obesityYes  2.00454846 1.13364514 3.4791490
snoringYes  2.37609483 1.15152424 5.5614585
```

截距项（Intercept）是非打鼾非肥胖者得高血压病的几率，而非让步比。

13.5 原始数据的逻辑回归

在这一节我们依然使用 Anders Juul 的数据（参看 p.64）。下面为了简单的参考起见，我们给出如何读入数据，以及将描述分组信息的变量转化为因子（这次的代码稍作了简化）：

```
> juul$menarche <- factor(juul$menarche, labels=c("No","Yes"))
> juul$tanner <- factor(juul$tanner)
```

接下来我们来看看作为响应变量的'menarche'（月经初潮）。这个变量指示每个女孩是否已经经历了月经初潮。其被编码为 1 和 2，分别表示"没有"和"有"。查看 8—20 岁女孩的数据子集是很方便的，可以通过如下代码实现：

```
> juul.girl <- subset(juul,age>8 & age<20 &
+                    complete.cases(menarche))
> attach(juul.girl)
```

显然，男孩子不会有如此生理现象，因此没必要对性别进行区分。

然后，你可以分析初潮与年龄的关系，代码如下：

```
> summary(glm(menarche~age,binomial))
Call:
glm(formula = menarche ~ age, family = binomial)

Deviance Residuals:
    Min       1Q   Median       3Q      Max
-2.32759  -0.18998   0.01253   0.12132   2.45922

Coefficients:
            Estimate Std. Error z value Pr(>|z|)
(Intercept) -20.0132     2.0284  -9.867   <2e-16 ***
age           1.5173     0.1544   9.829   <2e-16 ***
---
Signif. codes:  0 '***' 0.001 '**' 0.01 '*' 0.05 '.' 0.1 ' ' 1

(Dispersion parameter for binomial family taken to be 1)

    Null deviance: 719.39  on 518  degrees of freedom
Residual deviance: 200.66  on 517  degrees of freedom
AIC: 204.66

Number of Fisher Scoring iterations: 7
```

响应变量'menarche'是一个两水平的因子，第二个水平表示事件发生。变量如果编码为 0，1 也是可以的（但是在本例中，编码为 1 和 2）。

注意，从模型中，我们可以估计月经初潮年龄的中位数，这个值是使得 logit $p = 0$ 的年龄。简单算一算，我们可以得到这个年龄是 13.19 岁。（solve–20.013 2+1.517 3×age=0，计算得到 20.013 2/1.517 3=13.19。）

在这个例子中，你不应该对偏差残差给予太多的关注，因为在每一个拟合概率违背观测数据（一定会发生）的情况下，这个值都会变大。此外，在每一个格子中只有一个观测的时候，偏差也是很难以解释的。

若要进行更复杂的分析，我们可以在模型中引入青春期的发生阶段。你将会被警告说如此分析的模型会导致非常复杂的解释，并且和'menarche'关于'age'的模型有着性质上的差别。这里只是为了预测的目的（尽管你询问一个女孩子是否经历月经初潮比判定她是否进入青春期来的简单得多），但是关于这一项的解释却是不明确的。

```
> summary(glm(menarche~age+tanner,binomial))
...
Coefficients:
            Estimate Std. Error z value Pr(>|z|)
(Intercept) -13.7758     2.7630  -4.986 6.17e-07 ***
age           0.8603     0.2311   3.723 0.000197 ***
tanner2      -0.5211     1.4846  -0.351 0.725609
tanner3       0.8264     1.2377   0.668 0.504313
tanner4       2.5645     1.2172   2.107 0.035132 *
tanner5       5.1897     1.4140   3.670 0.000242 ***
...
```

注意，关于'tanner'的效应没有联合检验。从 z-value 来看，有一些效应是显著的，所以你可以说'tanner'变量是有价值的（当然，在数据缺失的情况下，你也许也会有同样的想法）。然而，我们必须做正式的检验：

```
> drop1(glm(menarche~age+tanner,binomial),test="Chisq")
...
       Df Deviance    AIC    LRT  Pr(Chi)
<none>     106.599 118.599
age     1  124.500 134.500 17.901 2.327e-05 ***
tanner  4  161.881 165.881 55.282 2.835e-11 ***
...
```

很显然，两个变量都是高度显著的。

13.6 预测

predict 函数对于广义线性模型同样适用。我们首先考虑高血压的例子，这个例子中数据是以列表形式给出的：

```
> predict(glm.hyp)
         1          2          3          4          5          6
-2.3920763 -2.3920763 -1.6966575 -1.6966575 -1.5266180 -1.5266180
         7          8
-0.8311991 -0.8311991
```

smoking 从模型中去除了，这也就是为什么这些值两两相等。

这些值都是在 logit 刻度下的，从而显示了可加的结构。注意，$2.392 - 1.697 = 1.527 - 0.831 = 0.695$（不考虑四舍五入的误差），这个值是 obesity 的回归系数。而 snoring 的回归系数则为 $2.392 - 1.527 = 1.697 - 0.831 = 0.866$。

要获得概率刻度下的预测值，需要在 predict 函数中设定参数 type="response"：

```
> predict(glm.hyp, type="response")
         1          2          3          4          5          6
0.08377892 0.08377892 0.15490233 0.15490233 0.17848906 0.17848906
         7          8
0.30339158 0.30339158
```

同样的结果也可以使用 fitted 函数得到，但是这个函数无法在新的数据上进行预测。

在 menarche 的分析中，我们主要的兴趣点在于看到年龄和期望概率的关系图（图 13.2）。我们可以用如下代码大致画一个图：

```
plot(age, fitted(glm(menarche~age,binomial)))
```

（如果使用 pch 和 cex 参数使得绘图的符号尺寸更小，图形会更好看。）但是，这里我们还有一个更雄心勃勃的计划：

```
> glm.menarche <- glm(menarche~age, binomial)
> Age <- seq(8,20,.1)
> newages <- data.frame(age=Age)
> predicted.probability <- predict(glm.menarche,
+                                   newages,type="resp")
> plot(predicted.probability ~ Age, type="l")
```

这是图 13.2 的绘制代码。seq 函数生成等距元素的向量，这里年龄是从 8—20 岁，间隔为 0.1，所以将点连接起来会得到一个更光滑的曲线。

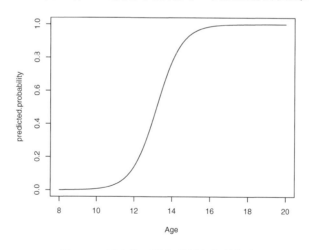

图 13.2　拟合的已发生月经初潮的概率

13.7　模型检查

对于列表化的数据，很显然，应该去比较观测与拟合出来的值的占比。在高

血压例子中，我们有

```
> fitted(glm.hyp)
         1          2          3          4          5          6
0.08377892 0.08377892 0.15490233 0.15490233 0.17848906 0.17848906
         7          8
0.30339158 0.30339158
> prop.hyp
[1] 0.08333333 0.11764706 0.12500000 0.00000000 0.18716578
[6] 0.15294118 0.29411765 0.34782609
```

问题在于，你不知道相对频率是如何计算得到的。如果能看一看观测到的和估计得到的数量会更好些。前者可以如下计算：

```
> fitted(glm.hyp)*n.tot
        1         2         3         4         5         6
 5.0267351 1.4242416 1.2392186 0.3098047 33.3774535 15.1715698
        7         8
15.4729705 6.9780063
```

我们将这种比较以更好的方式打印出来：

```
> data.frame(fit=fitted(glm.hyp)*n.tot,n.hyp,n.tot)
        fit n.hyp n.tot
1  5.0267351     5    60
2  1.4242416     2    17
3  1.2392186     1     8
4  0.3098047     0     2
5 33.3774535    35   187
6 15.1715698    13    85
7 15.4729705    15    51
8  6.9780063     8    23
```

注意，在第 4 个格子中，出现 15% 的期望和 0% 的观测这样的差别，这是因为在这个格子中的 2 个观测都没有高血压，而模型预测里有 0.3 个得高血压。

对于连续多个变量的复杂模型，对其进行充分的检查是困难的。当观测数据只有两个不同取值时，你会发现没有什么真正对应着残差图，这对于模型的检验是特别的阻碍。

我们考虑 menarche 作为 age 函数的例子。这里的问题在于，二者之间的关系在 logit 刻度下是否真的可以假设为线性的。在这个例子中，你或许可以试着将 x 轴划分为几个区间，然后看看每个区间里的点的数量占比与估计的概率之间是否相符。图 13.3 中展现了这种方法。注意，以下代码是在图 13.2 中加入这些点而不删除原图。

```
> age.group <- cut(age,c(8,10,12,13,14,15,16,18,20))
> tb <- table(age.group,menarche)
> tb
         menarche
```

```
age.group  No  Yes
  (8,10]  100   0
  (10,12]  97   4
  (12,13]  32  21
  (13,14]  22  20
  (14,15]   5  36
  (15,16]   0  31
  (16,18]   0 105
  (18,20]   0  46
> rel.freq <- prop.table(tb,1)[,2]
> rel.freq
     (8,10]      (10,12]      (12,13]      (13,14]      (14,15]      (15,16]
0.00000000   0.03960396   0.39622642   0.47619048   0.87804878   1.00000000
    (16,18]      (18,20]
1.00000000   1.00000000
> points(rel.freq ~ c(9,11,12.5,13.5,14.5,15.5,17,19),pch=5)
```

我们需要对上面所用到的方法进行一些解释。首先，cut 用于定义因子 age.group，它描述了年龄区间的不同分组。然后交叉表 tb 从 menarche 和 age.group 得到。使用 prop.table，得到每个值在每一行所占的比重，从而将该表中的第二列抽取出来。这里包含了每个年龄段的月经初潮已经发生的女孩数量所占的比重。最后，绘制关于期望概率的图，与观测占比的图重叠在一起。

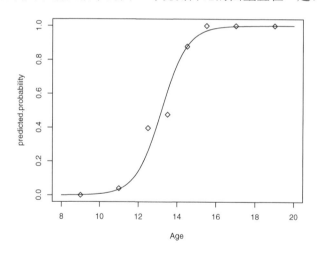

图 13.3　拟合的月经初潮发生概率以及观测的各年龄分组占比

整体来看，这个图是有意义的，尽管 12—13 岁年龄段的观测数量占比显得高了一些，而 13—14 岁观测数量占比显得略低。

但是你如何评估这样的偏差是否比统计学意义上的差别更大？可以尝试的一件事是在模型中加入描述划分区间的因子。实战中一般不使用 age.group 的所有部分，因为有些年龄区间的女孩子全部已经或者没有月经初潮。

因此我们使用另外一种对年龄的分割，分割点为 12、13、14，并且在模型中加入这个因子作为一个线性效应项。

```
> age.gr <- cut(age,c(8,12,13,14,20))
> summary(glm(menarche~age+age.gr,binomial))
...
Coefficients:
             Estimate Std. Error z value Pr(>|z|)
(Intercept) -21.5683     5.0645  -4.259 2.06e-05 ***
age           1.6250     0.4416   3.680 0.000233 ***
age.gr(12,13] 0.7296     0.7856   0.929 0.353024
age.gr(13,14] -0.5219    1.1184  -0.467 0.640765
age.gr(14,20] 0.2751     1.6065   0.171 0.864053
...

> anova(glm(menarche~age+age.gr,binomial))
...
       Df Deviance Resid. Df Resid. Dev
NULL                   518      719.39
age     1   518.73     517      200.66
age.gr  3     8.06     514      192.61
> 1-pchisq(8.058,3)
[1] 0.04482811
```

可以看到，新加入的分组因子确实给了我们一个更好的偏差。这个效应不那么显著，但是因为偏差指出了那些确实更有可能发生的年龄，因此你应该对于年龄的 logit-线性效应这一假定更加小心。

另外值得尝试的是使用多项式回归模型。这里你需要至少尝试 3 阶多项式来描述 13 岁附近的阶梯形状。我们不会仔细来做多项式模型，只是展示部分输出以及图 13.4 中给出的模型的图像表达。

```
> anova(glm(menarche~age+I(age^2)+I(age^3)+age.gr,binomial))
...
        Df Deviance Resid. Df Resid. Dev
NULL                    518      719.39
age      1   518.73     517      200.66
I(age^2) 1     0.05     516      200.61
I(age^3) 1     8.82     515      191.80
age.gr   3     3.34     512      188.46
Warning messages:
1: In glm.fit(x = X, y = Y, weights = weights, ....  :
  fitted probabilities numerically 0 or 1 occurred
2: In method(x = x[, varseq <= i, drop = FALSE], .... :
  fitted probabilities numerically 0 or 1 occurred
> glm.menarche <- glm(menarche~age+I(age^2)+I(age^3), binomial)
Warning message:
In glm.fit(x = X, y = Y, weights = weights, start = start, .... :
  fitted probabilities numerically 0 or 1 occurred
> predicted.probability <-
+     predict(glm.menarche, newages, type="resp")
> plot(predicted.probability ~ Age, type="l")
> points(rel.freq~c(9,11,12.5,13.5,14.5,15.5,17,19), pch=5)
```

出现拟合概率为 0 或者 1 的警告，是因为三次项比线性模型使得 logit 更快地达到。出现两个警告是因为调用 anova 函数时产生了两个包含三次项的模型。

需要注意的是，在偏差表中三次项导致了偏差的可观的改进，但是三次项的假如导致年龄分组这一项对模型的改进没有了作用。这在图像中可以看得出。

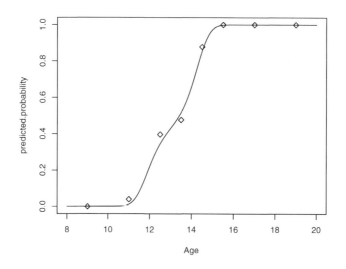

图 13.4　对月经初潮数据的 logit 三次多项式拟合

13.8　练习题

13.1　在 malaria 数据集中，分析得疟疾（malaria）的风险与年龄和抗体水平的对数之间的关系。

13.2　对 graft.vs.host 数据集拟合一个逻辑回归模型，来预测 gvhd。使用变量 index 的不同变换。使用向后消去法来削减模型。

13.3　在 malaria 和 graft.vs.host 两个数据的分析中，使用函数 confint 来找出回归系数的置信区间。

13.4　继续练习题 8.2 关于"落基山斑点热"（Rocky Mountain spotted fever）数据的分析。按照年龄分组对数据划分为如下表格。这是否证实了之前的分析？

年龄组	西部总计	致命的	东部总计	致命的
15岁以下	108	13	310	40
15—39岁	264	40	189	21
40岁及以上	375	157	162	61
	747	210	661	122

13.5 probit回归也类似于逻辑回归,但是所用的连接函数不同。尝试在juul数据集中对变量menarche用这个连接函数,看看拟合效果是否改进。

第 14 章

生存分析

对于寿命数据的分析，在生物学和医药学中是非常重要的话题。除此之外，在工程应用中的可靠性分析中也非常重要。寿命数据往往是高度非正态数据，因此使用标准的线性模型会有很多问题。

寿命数据往往是有截断的：除非它小于某个给定的值，否则你不会知道确切的寿命是多少。举个例子，在治疗癌症的试验中，有些病人失去了联系，或者他们的寿命长于试验的研究期，这样我们就没办法获取这部分病人真正的寿命。如果在统计分析中忽略掉这种截断，就会出错，有时候会导致非常严重的后果。试想，如果在研究的后期引入了一个新的治疗方法，那么几乎所有观测到的寿命数据都会缩短。

14.1 重要概念

令 X 为真正的寿命，T 是一个截断时间。你所观测的是 X 与 T 中的较小值，此外还有一个标志指明其是真正的寿命或是截断时间。T 可以是随机变量，也可以是一个确定的时间，这有赖于你具体的应用场景。但是如果是它是随机的，那么我们通常希望这种随机性对我们的应用几乎不提供什么信息。有的时候，在分析某种疾病的死亡率时，"死于其他原因"会被考虑为一种截断事件，在其他死亡原因与致死疾病无关的情况下，这是非常重要的。

生存函数（survival function）$S(t)$ 是对在某个时刻存活概率的测量。它其实就是 1 减掉 X 的累积分布函数：

风险函数（hazard function）或死亡力函数（force of mortality）$h(t)$，是对在某个时刻 t 还存活的个体，在极短时间（无限小）内死亡的风险的度量。如果寿命分布的密度为 f，则 $h(t) = f(t)/S(t)$。相比生存数据分布的均值或者中位数，在生存分析的建模中，风险函数是更为基础的。

14.2 生存对象

我们使用包 survival，作者是 Terry Therneau，由 Thomas Lumley 将其接入到 R 中。这个包集成了一批生存分析的先进工具。而在本书中，我们只是用了其中的一小部分。

首先，载入 survival 包：

```
> library(survival)
```

（此时可能会产生一个无害的警告信息，提示 ISwR 包中的数据集 lung 被屏蔽了。）

survival 包中最常用的是"Surv"类的对象，它是将时间和截断信息合并在一起的一种数据结构。这种对象由函数 Surv 生成，该函数带有 2 个参数，其一是观测到的时间，其二是事件标志。后者被编码为逻辑变量，0/1 或者 1/2。后一种编码方式是不推荐的，因为当所有编码都是 1 的时候，Surv 函数默认按照 0/1 方式编码。

事实上，Surv 函数还可以带 3 个参数，这是用以处理带有开始时间、结束时间（"交错进入"）以及时间区间内截断事件的数据的（这种情景中，你知道时间会在两个日期之间发生，比如在对某种疾病的重复测试中）。

我们使用 K.T.Drzewiecki 收集的 melanom（黑色素瘤）数据集，该数据集由 Andersen 等人（1991）重建。数据可以通过如下方式获取：

```
> attach(melanom)
> names(melanom)
[1] "no"     "status" "days"   "ulc"    "thick"  "sex"
```

变量 status 是病人在研究期结束时的状态：1 表示"死于恶性黑色素瘤"，2 表示"1978 年 1 月 1 日的时候还是存活的"，3 表示"死于其他原因"。变量 days 是观测的日期，ulc 指示是否存在溃疡性肿瘤（1 表示是，2 表示否），thick 是以 1/100 mm 计量的厚度，sex 指病人的性别（1 表示女性，2 表示男性）。

我们希望创建一个 Surv 对象，其中变量 status 的值 2 和 3 作为截断。由下面的代码实现：

```
> Surv(days, status==1)
  [1]   10+    30+   35+    99+   185    204   210    232   232+   279
 [11]  295    355+  386    426   469    493+  529    621   629    659
 [21]  667    718   752    779   793    817   826+   833   858    869
...
[181] 3476+ 3523+ 3667+ 3695+ 3695+ 3776+ 3776+ 3830+ 3856+ 3872+
[191] 3909+ 3968+ 4001+ 4103+ 4119+ 4124+ 4207+ 4310+ 4390+ 4479+
[201] 4492+ 4668+ 4688+ 4926+ 5565+
```

上述代码直接打印出了 Surv 对象，其中'+'号标记出截断的观测。比如 10+就表示这个病人并未在 10 天内死于黑色素瘤，然而无法继续进行跟踪试验（事实上，他死于其他原因），185 表示这个病人在手术后半年多的时间就死于黑色素瘤了。

注意，Surv 函数的第二个参数是一个逻辑向量；status==1 对于死于黑色素瘤的病人观测为 TRUE，其他为 FALSE。

14.3 Kaplan-Meier 估计

Kaplan-Meier 估计用以计算右侧截断数据的生存函数的估计。它也被称为乘积限估计，因为这种估计方法可以描述为：对某个没有截断或者没有死亡的区间内的条件生存曲线进行相乘。该估计是一个阶梯函数，当时刻 t 发生一起死亡，此时仍有 R_t 个观测存活，并且尚未截断时，存活的估计会按 $1 - 1/R_t$ 的比例降低。

生存函数的 Kaplan-Meier 估计的计算可以通过调用函数 survfit 来实现。该函数最简单的形式只带一个参数，即为 Surv 对象。函数返回一个 survfit 对象。正如上面论述的，我们将"死于其他原因"当作截断事件进行处理，代码如下（译者注：2013 年 3 月最新版本的 survival 包中的 survfit 函数不再支持忽略公式的右边，比如`~1`，因此原书中的代码已经不再适用，这里进行了修改，以配合最新的版本，具体请参看 cran 上该包的帮助文档）。

```
> survfit(Surv(days,status==1))
Call: survfit(formula = Surv(days, status == 1))

     n  events  median  0.95LCL  0.95UCL
   205      57     Inf      Inf      Inf
```

可以看到，单纯使用 survfit 函数并没有提供多少信息（这类似简单打印 lm 的输出），你获得的信息包括一些汇总的统计量，以及对生存中位数的一个估计。

在这里后者完全引不起人的兴趣，因为它是 NA。生存曲线并未通过 50% 的标志，因为在此之前所有病人的观测都被截断了。

要看真正的 Kaplan-Meier 估计，我们需要对 survfit 对象使用 summary 函数。首先我们将 survfit 对象存入一个变量，这里命名为 surv.all，因为这里包含了所有病人（没有考虑病人特征）的原始生存函数。

```
> surv.all <- survfit(Surv(days,status==1))
> summary(surv.all)
Call: survfit(formula = Surv(days, status == 1))

 time n.risk n.event survival std.err lower 95% CI upper 95% CI
  185    201       1    0.995 0.00496        0.985        1.000
  204    200       1    0.990 0.00700        0.976        1.000
  210    199       1    0.985 0.00855        0.968        1.000
  232    198       1    0.980 0.00985        0.961        1.000
  279    196       1    0.975 0.01100        0.954        0.997
  295    195       1    0.970 0.01202        0.947        0.994
...
 2565     63       1    0.689 0.03729        0.620        0.766
 2782     57       1    0.677 0.03854        0.605        0.757
 3042     52       1    0.664 0.03994        0.590        0.747
 3338     35       1    0.645 0.04307        0.566        0.735
```

这里包含了生存函数在事件发生时刻的值。截断时间没有显示，但是却存在于 survfit 对象中，可以通过在 summary 中设定参数 censored=T 来获取。（可以参考 summary.survfit 的帮助。）

Kaplan-Meier 估计是一个阶梯函数，其跳跃点是给定的时间点。`survival` 中，相应的估计值也在一个跳跃点后给出。除此之外，曲线的标准差的估计值，以及真实曲线的逐点置信区间也一并给出。

通常，相比数值，你可能对 Kaplan-Meier 估计的图像更感兴趣。你只需要简单输入如下代码，就可以作出其图形：

```
> plot(surv.all)
```

曲线上的记录表示截断时间，带（band）表示近似的置信区间。如果你仔细观察，你会发现这些带并不是以估计值为中心对称的。这是因为这里的置信带原估计值进行对数变化之后构造对称的置信带，然后逆向变换到原来的刻度上得到的。

将多条生存曲线同时画在一个图上往往是有用的，这样有助于对其进行直接比较。我们要获取不同性别的生存曲线，可以输入如下代码：

```
> surv.bysex <- survfit(Surv(days,status==1)~sex)
> plot(surv.bysex)
```

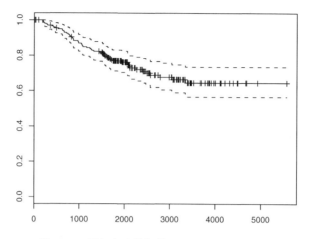

图 14.1　黑色素瘤数据的 Kaplan-Meier 图

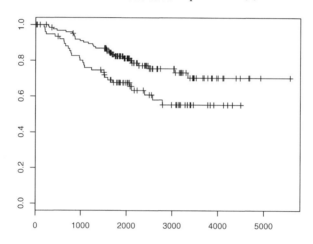

图 14.2　以年龄分组的黑色素瘤数据的 Kaplan-Meier 图

也就是说，你使用一个和 lm、glm 中类似的公式，该公式指定生存对象是由 day 和 status 生成的，并且按照 sex 进行区分。你会注意到，这个曲线图中没有置信区间，这是因为我们关闭了绘制置信区间的开关，如果一幅图中出现两条或者两条以上的曲线，会引起混淆。我们可以在 plot 函数中设置参数 conf.int=T 来打开这个开关。在这个情况下，我们建议两条曲线使用不同的颜色。

```
> plot(surv.bysex, conf.int=T, col=c("black","gray"))
```

类似地，在只有一个观测的情况下，你可以通过设置参数 conf.int=F 来避免画出置信区间。如果你希望置信区间具有 99% 的置信度，则可以将参数 conf.int=0.99 传递给 survfit。请注意，这个置信水平是拟合模型时的函数参数（模型中用它计算置信限），而作图时 plot 有一个同名的参数，是用来控制是否绘制置信区间的。注意这二者的区分。

14.4 对数秩检验

对数秩检验用以检验两条或者多条生存曲线是否相同。它的基本想法是在每个死亡时刻考察该时刻的总体，并且计算个体死亡数量的期望与每个分组中面临风险的个体数量的比值，然后将所有死亡时刻的对应值相加，并与观测到的死亡数量进行比较。这个过程和 χ^2 检验很像，但是又不完全一致。请注意，对于"期望的"和"观测到的"的解释是有些特殊的：如果死亡数量很大，那么你可以比较轻易地"期望"同样的个体在试验的过程中会死多次；如果总体被观测到，在尚未截断时就全部灭亡了，那么观测到的死亡数量就等于该组的大小，也因此期望值会包含所有的随机变化。

对数秩检验是典型的非参数检验，因为检验统计量的分布值依赖于各个分组的生存函数相同这一假设。然而，这也可以看作基于模型的检验，基于比例风险的假设（参看 14.1 节）。你可以建立一个半参数模型。在这个模型中，风险本身不通过模型来指定，但是假设风险在组与组之间是成比例的。通过对比例因子是否一致做检验，这就是一个对数秩检验。对数秩检验的效果对这样的备择假设是最好的。

对数秩检验的计算是通过 survdiff 来计算得到的。事实上，这个函数继承了整个系列的检验方法，由参数 ρ 控制选择哪种检验。当 ρ 非零时，它对应着许多关于非比例风险的备择假设。当 $\rho = 0$ 时，则为对数秩检验。

```
> survdiff(Surv(days,status==1)~sex)
Call:
survdiff(formula = Surv(days, status == 1) ~ sex)

        N Observed Expected (O-E)^2/E (O-E)^2/V
sex=1 126       28     37.1      2.25      6.47
sex=2  79       29     19.9      4.21      6.47

 Chisq= 6.5  on 1 degrees of freedom, p= 0.011
```

对模型的指定和线性模型或者广义线性模型中类似。但是这个检验只能处理分组数据，所以如果你在方程的右边指定多个变量，则检验是对由这些变量所有取值组合形成的分组进行的。该检验对于因子型和数值型的编码方式不做区分。对于函数 survfit 也同样。

指定分层的分析也是可行的。在这种情况下,"观测到的"和"期望的"值是在数据集的不同分层中计算得到的。比如说,你可以分别对溃疡型和非溃疡型肿瘤的观测数据做基于性别分组的对数秩检验:

```
> survdiff(Surv(days,status==1)~sex+strata(ulc))
Call:
survdiff(formula = Surv(days, status == 1) ~ sex + strata(ulc))

        N Observed Expected (O-E)^2/E (O-E)^2/V
sex=1 126       28     34.7      1.28      3.31
sex=2  79       29     22.3      1.99      3.31

 Chisq= 3.3  on 1 degrees of freedom, p= 0.0687
```

请注意,这样做使得性别的效应变得不那么显著。一个可能的解释或许是,相比女性,男性在疾病发展到比较严重的阶段才会去寻求治疗,所以当我们对病情的不同阶段分别进行假设检验的时候,性别之间的差别的显著程度就下降了。

14.5 Cox 比例风险模型

比例风险模型允许用类似 lm 或者 glm 的回归模型来分析生存数据,并且假设在对数风险这一刻度上,关系是线性的。模型可以通过用极大化 Cox 似然函数拟合得到。Cox 似然函数并非真正的似然函数,但是我们将会看到,它可以被当作似然函数来使用。其计算方式和对数秩检验类似,是每个死亡时刻观测到的死亡的条件似然函数的乘积。

作为第一个例子,我们仅仅考虑包含一个回归变量 sex 的模型:

```
> summary(coxph(Surv(days,status==1)~sex))
Call:
coxph(formula = Surv(days, status == 1) ~ sex)

  n= 205
      coef exp(coef) se(coef)   z     p
sex 0.662      1.94    0.265 2.5 0.013

    exp(coef) exp(-coef) lower .95 upper .95
sex      1.94      0.516      1.15      3.26

Rsquare= 0.03   (max possible= 0.937 )
Likelihood ratio test= 6.15   on 1 df,   p=0.0131
Wald test            = 6.24   on 1 df,   p=0.0125
Score (logrank) test = 6.47   on 1 df,   p=0.0110
```

其中,coef 是估计得到的两个组之间的风险比的对数,因此真正的风险比是

exp(coef)。接下来的一行给出了交换两个组后计算得到的风险比以及风险比的置信区间。最后给出了对模型显著性的三种检验结果。在大样本的时候，这三种检验结果是一样的，但是对于小样本也许会出现差别。注意，Wald 检验与 z 检验是一样的，均基于估计的系数除以期标准误差，而 score 检验与对数秩检验等价（只要模型只有一个简单分组变量）。

一个更复杂的例子包含了连续的协变量以及一个分层变量，如下：

```
> summary(coxph(Surv(days,status==1)~sex+log(thick)+strata(ulc)))
Call:
coxph(formula = Surv(days, status == 1) ~ sex + log(thick) +
    strata(ulc))

  n= 205

            coef exp(coef) se(coef)    z      p
sex         0.36   1.43     0.270    1.33 0.1800
log(thick)  0.56   1.75     0.178    3.14 0.0017

            exp(coef) exp(-coef) lower .95 upper .95
sex            1.43      0.698      0.844      2.43
log(thick)     1.75      0.571      1.234      2.48

Rsquare= 0.063   (max possible= 0.9 )
Likelihood ratio test= 13.3  on 2 df,   p=0.00130
Wald test            = 12.9  on 2 df,   p=0.00160
Score (logrank) test = 13.0  on 2 df,   p=0.00152
```

可以看到变量 sex 的显著性被大大削减了。

Cox 模型假设一个潜在的基线模型对应一条生存曲线。在分层分析中，每一个层中都会有一条如此的曲线。可以通过在 coxph 的输出中作用 survfit 函数得到该曲线，并且使用对 survfit 对象的绘制功能将曲线绘制出来：

```
> plot(survfit(coxph(Surv(days,status==1)~
+              log(thick)+sex+strata(ulc))))
```

请注意，survfit 默认的是对伪个体生成曲线，这些伪个体的协方差等于它们的均值。在本例中，其对应 1.88 mm 的肿瘤厚度以及 1.39 的性别（！）。注意，我们这里偷懒了，并没有把 sex 变量定义为一个属性变量，不过这实际上并不会让结果有所不同（coxph 在拟合之前会减去回归因子的均值，所以 1/2 编码与 0/1 编码是一样的，就是定义属性变量的结果）。不过，你可以通过 survfit 的 newdata 参数指定希望对其计算生存曲线的数据框。

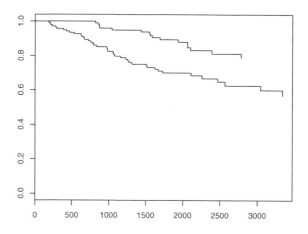

图 14.3 分层 Cox 回归中的基线生存曲线（溃疡和尚未溃疡的肿瘤）

14.6 练习题

14.1 在 graft.vs.host 数据集中，估计不带有 GVHD 的病人的生存函数。对这两组生存函数相同的假设进行检验。通过加入其他变量来扩展你的分析。

14.2 本章最后一节介绍了 Cox 模型，请基于 Cox 模型，对非溃疡肿瘤（nonulcerated tumors）厚度在 0.1 mm、0.2 mm、0.5 mm 的男性患者作出估计生存曲线（三条线在一幅图上）。提示：survfit 对象可以用[]做索引来提取个体所处层次。

14.3 对 stroke 数据拟合 Cox 模型，预测变量分别为 sex 本身以及 sex 和 age，并解释两者的区别。

14.4 从练习题 10.4 被划分的数据中，你可以对 stroke 数据拟合一个含有左删失数据（delayed entry）的 Cox 模型；help(Surv)会告诉你如何设置这样的 Surv 对象。从前述的练习中重新拟合模型。

第 15 章

比率和泊松回归

在流行病学的研究中经常涉及比率的计算,比如死亡率或者某慢性或急性病的得病率。比率的计算基于某特定时间内时间发生的次数。泊松回归方法经常用于对这类数据进行统计分析。然而,事实上,这一类数据并不是事件发生的次数,而是某个事件可以被等价的技术进行分析的时间。

15.1 基本思想

我们希望去分析的数据可以是如下两种形式中的一种。数据可以是基于年份 T 的观测次数 x 的整合。通常,后者是基于总体大小的表格的近似。当然,数据不止一组,我们希望对不同组的数据的比率建立不同的模型。

我们也许也会有个体层面的数据。在这种情况下,我们有观测时间 T_i,以及一个 0/1 指示 x_i 标记出这个主题下是否包含了某事件。整合过的数据可以认为是 $x = \sum x_i$ 并且 $T = \sum T_i$,这里是对每个分组中的所有个体进行求和。

15.1.1 泊松分布

泊松分布可以被认为是带有某种限制的二项分布。泊松分布当观测数量参数 N 增加时,其中成功的事件数的期望 $\lambda = Np$ 是固定的。这对于描述大样本下的罕见事件是很有用的。最终的概率分布函数为:

$$f(x) = \frac{\lambda^x}{x!} e - \lambda \qquad x = 0, 1, \ldots$$

该分部从理论上讲是无界的，然而对于大的 x，概率分布会非常小。在 R 中，泊松分布可以用函数 dpois，ppois 等获得。

在流行病学的数据中，我们所感兴趣的参数通常是每单位观测时间中事件发生次数的期望。这可以让我们比较不同大小的或者不同观测时常的分布。因此，我们可以将泊松分布的参数设置为

$$\rho = \lambda / T$$

请注意，这里用参数 λ 记比率。这里之所以用这些符号来记，是为了与函数 dpois 中的参数名相对应。

泊松分布似然函数

对泊松分布的数据进行建模可以使用极大似然法。我们以 ρ 作为该分布的参数，则对数似然函数如下：

$$l(\rho) = \text{constant} + x \log \rho - \rho T$$

当 $\rho = x/T$ 时，该函数达到极大值。通过对同类项加和，对数似然函数能够扩展为数个计数的模型。

15.1.2 带有常数风险的生存分析

在这一小节，为了方便，我们使用和死亡率研究相关的术语，尽管事件未必是某个主体的死亡。

除了记号上的差别，个体层面数据其实就是第 14 章所描述的生存数据。然而也存在一个区别，即在分析比率时，往往会假设风险是不随时间变化的，或者至少不会发生突然的变化。比率往往是在很短的个体时间段内获得的，时间表的开始通常也不是某些改变人生的大事，比如某种疾病的发生或者进行了一个大手术。

如果风险是常量，那么寿命数据的分布将会是指数分布，密度为 $\rho e^{-\rho t}$，生存函数为 $e^{-\rho t}$。

似然分析

截尾数据的似然函数可以使用如下任意一种方式描述：某个时刻死亡的概率密度或者某个时刻的生存概率。在风险为常量的情况下，这两种方式的差别仅在于是否包含因子 ρ。我们可以很方便地使用事件发生的指标 x_i 来对其进行编码，从而得到的对数似然函数为

$$l(\rho) = x_i \log \rho - \rho T_i$$

除了常数项（并不依赖于 ρ）外，该函数中的其他项都与泊松分布的似然函数中的相同，计数项为 1（死亡）或者 0（截尾）。这也是可以使用泊松回归来分析带有常数风险的生存数据的关键"技巧"所在。

这个技巧可以推广到风险是分段常数的情况。假设某个体的寿命可以划分为 $T_i = T_i^{(1)} + \cdots + T_i^{(k)}$，其中在其寿命的每一个阶段，风险被假设为一个常量。与此对应的对数似然函数为

$$l(\rho_1, \ldots, \rho_k) = \sum_{j=1}^{k}(x_i^{(j)} \log \rho_j - \rho_j T_i^{(j)})$$

其中，前 k–1 个 $x_i^{(k)}$ 为 0，最后一个 $x_i^{(j)}$ 可以为 1 或者 0。我们将这个似然函数如此精心地写成这种形式，目的就在于同一个个体不同阶段的情况可以等价地认为是由 k 个不同个体组成的，其中前 k–1 个个体是截尾数据。

将同一个个体的不同阶段描述为多个独立的伪个体的叠加，这背后是的逻辑是合理的。

需要注意的是，即便带有常数（分段常数）风险的模型可以用极大似然方法拟合与分析，然而这都是建立在数据来自泊松分布的假设之上的。这样的方法并不会自然地扩展到所有的模型上去。比如，去跟踪一个族群的灭亡总会导致一个固定的总数，而其所对应的泊松模型会认为总的事件发生数服从泊松分布。两类模型都是对比率，单位时间的计数进行建模，但是差别在于计数与时间上到底带来了多大程度的随机差别。当数据被删失的频率很高时（比如罕见事件），生存模型可以用泊松模型很好地逼近。

15.2 泊松模型的拟合

广义线性模型（参看 13.1 节）中包括了泊松分布，默认使用对数连接函数。这既考虑到数学上的方便，同时也是一个自然的选择，因为这样允许在整个实轴上建立可加模型。我们可以对比率的对数建立如下形式的模型：

$$\log \rho = \beta_0 + \beta_1 x_1 + \beta_2 x_2 + \ldots + \beta_k x_k$$

或者，glm 函数希望对计数的期望建模而非比率，因此使用如下的模型：

$$\log \lambda = \beta_0 + \beta_1 x_1 + \beta_2 x_2 + \ldots + \beta_k x_k + \log T$$

第 15 章 比率和泊松回归

很多泊松模型中都包含一个特点，即包含对线性预测的某种补偿，在这个例子中是 log T 这一项。请注意，这一项并非回归模型中的变量，因为这一项的回归系数固定为 1。

接下来的例子使用了 Erling B. Andersen 1977 年的数据。该数据集包含了 4 个丹麦城市的肺癌患病率，你可以在 ISwR 包的 eba1977 数据集中找到它。

```
> names(eba1977)
[1] "city"  "age"   "pop"   "cases"
> attach(eba1977)
```

为了对肺癌案例建立带有 age 与 city 交互效应的模型，我们使用 glm 函数，该过程与建立逻辑回归的方式类似。当然，我们需要改变 family 参数，以适应泊松分布数据。此外，我们需要合并这四个城市不同样本量和年龄结构所带来的补偿项。

```
> fit <- glm(cases~city+age+offset(log(pop)), family=poisson)
> summary(fit)
Call:
glm(formula = cases ~ city + age + offset(log(pop)), family=poisson)

Deviance Residuals:
     Min        1Q    Median        3Q       Max
-2.63573  -0.67296  -0.03436   0.37258   1.85267
Coefficients:
              Estimate Std. Error z value Pr(>|z|)
(Intercept)   -5.6321     0.2003  -28.125  < 2e-16 ***
cityHorsens   -0.3301     0.1815   -1.818   0.0690 .
cityKolding   -0.3715     0.1878   -1.978   0.0479 *
cityVejle     -0.2723     0.1879   -1.450   0.1472
age55-59       1.1010     0.2483    4.434 9.23e-06 ***
age60-64       1.5186     0.2316    6.556 5.53e-11 ***
age65-69       1.7677     0.2294    7.704 1.31e-14 ***
age70-74       1.8569     0.2353    7.891 3.00e-15 ***
age75+         1.4197     0.2503    5.672 1.41e-08 ***
---
Signif. codes:  0 '***' 0.001 '**' 0.01 '*' 0.05 '.' 0.1 ' ' 1

(Dispersion parameter for poisson family taken to be 1)

    Null deviance: 129.908  on 23  degrees of freedom
Residual deviance:  23.447  on 15  degrees of freedom
AIC: 137.84

Number of Fisher Scoring iterations: 5
```

本例中补偿项包含在了模型方程中。你也可以将其作为一个单独的参数给出：

```
glm(cases~city+age, offset = log(pop), family=poisson)
```

Coefficients 这张表包含了回归系数以及标准差和 z 检验的结果。关于它们的解释与通常的多元线性回归以及逻辑回归的方法是一样的。因为这些变量都是因子，因此我们使用处理对照（参看 12.3 节），系数表示城市腓特烈西亚 50—54 年龄段作为基准，其他水平与其进行比较得到的对数比率的差别。

截距项表示腓特烈西亚 50—54 年龄段的对数比率。请注意，因为我们使用的是人口总体的数据而非每年的数据，而该数据集涵盖了 1968—1971 年的数据，因此该比率其实是以 4 年为基准计算的。

拟合优度统计量由比较残差偏差在 χ^2 分布中的位置得到。在所有分组中，计数的期望若都大于 5，则该统计量是合理的。因此，

```
> min(fitted(fit))
[1] 6.731286
> pchisq(deviance(fit), df.residual(fit), lower=F)
[1] 0.07509017
```

我们从中看到模型的拟合情况是可以接受的。当然，我们也可以通过 summary 的输出中的残差偏差和自由度来计算拟合优度统计量：

```
> pchisq(23.45, 15, lower=F)
[1] 0.07504166
```

从系数表中，我们可以明显看到年龄的影响是显著的，但是城市是否有影响就不那么显著了。我们可以使用 drop1 对每一项的显著性进行 χ^2 检验：

```
> drop1(fit, test="Chisq")
Single term deletions

Model:
cases ~ city + age + offset(log(pop))
       Df Deviance     AIC    LRT  Pr(Chi)
<none>      23.447 137.836
city    3   28.307 136.695  4.859   0.1824
age     5  126.515 230.903 103.068  <2e-16 ***
...
```

我们不出意料地看到年龄是显著的，而城市的影响明显不显著。然而如果我们先验地知道腓特烈西亚这个城市的癌症率比其他城市都要高，那么我们将其他城市的数据进行合并，再来建模，得到如下分析：

```
> fit2 <- glm(cases~(city=="Fredericia")+age+offset(log(pop)),
+                   family=poisson)
> anova(fit, fit2, test="Chisq")
Analysis of Deviance Table

Model 1: cases ~ city + age + offset(log(pop))
Model 2: cases ~ (city == "Fredericia") + age + offset(log(pop))
```

```
  Resid. Df Resid. Dev Df Deviance P(>|Chi|)
1      15      23.4475
2      17      23.7001 -2  -0.2526    0.8814
> drop1(fit2, test="Chisq")
Single term deletions

Model:
cases ~ (city == "Fredericia") + age + offset(log(pop))
                     Df Deviance     AIC     LRT  Pr(Chi)
<none>                     23.700 134.088
city == "Fredericia"  1    28.307 136.695   4.606  0.03185 *
age                   5   127.117 227.505 103.417 < 2e-16 ***
...
```

通过如上代码，你将其他三个城市的数据合并。而这样的结果表明，腓特烈西亚确实明显区别于其他。你也可以直接看 fit2 的模型系数。

```
> summary(fit2)
...
Coefficients:
                         Estimate Std. Error z value Pr(>|z|)
(Intercept)              -5.9589     0.1809 -32.947  < 2e-16 ***
city == "Fredericia"TRUE  0.3257     0.1481   2.200   0.0278 *
age55-59                  1.1013     0.2483   4.436 9.17e-06 ***
age60-64                  1.5203     0.2316   6.564 5.23e-11 ***
age65-69                  1.7687     0.2294   7.712 1.24e-14 ***
age70-74                  1.8592     0.2352   7.904 2.71e-15 ***
age75+                    1.4212     0.2502   5.680 1.34e-08 ***
...
```

我们可以看到 p 值是 0.027 8。这与 drop1 函数的结果 0.031 85 相符。你不能指望这两个检验的 p 值完全相同，因为它们基于不同的渐进分布的假设。如果你真的很在意这一点，你可以认为单边检验得到的 p 值的一半是合理的，因为你只希望腓特烈西亚比其他城市癌症率更高。然而，这样的论证就太过细微了。在 Andersen 的论文中，他指出对腓特烈西亚与其他城市差异性的检验是可行的，然而在看到 p 值后这个检验就该结束，"因为没有任何理由相信腓特烈西亚是一个更危险的城市，也不存在这样的先验信息。"

有时候，对泊松回归分析的估计值进行指数变换 exp() 从而得到率比（rate ratios）是更好的选择（这与 13.4 节逻辑回归分析中的让步比是等价的）。截距项并不是一个比值，而是一个比率。对于非因子的自变量，我们应该将系数理解为该变量每单位变化带来的相对改变。因为模型中进行了非线性变换，因此标准误差失去了意义；我们可以如下计算模型系数的置信区间来代替：

```
> cf <- coefficients(summary(fit2))
> est <- cf[,1]
> s.e. <- cf[,2]
> rr <- exp(cbind(est, est - s.e.*qnorm(.975), est
```

```
+                                  + s.e.*qnorm(.975) ))
> colnames(rr) <- c("RateRatio", "CI.lo","CI.hi")
> rr
                          RateRatio       CI.lo       CI.hi
(Intercept)              0.002582626 0.001811788 0.003681423
city == "Fredericia"TRUE 1.384992752 1.036131057 1.851314957
age55-59                 3.008134852 1.849135187 4.893571521
age60-64                 4.573665854 2.904833526 7.201245496
age65-69                 5.863391064 3.740395488 9.191368903
age70-74                 6.418715646 4.047748963 10.178474731
age75+                   4.142034525 2.536571645 6.763637070
```

事实上，我们可以用 confint 函数做得更好。该函数通过评估似然函数来计算置信区间，而非使用渐进正态分布的假设。可以如下来做：

```
> exp(cbind(coef(fit2), confint(fit2)))
Waiting for profiling to be done...
                                         2.5 %       97.5 %
(Intercept)              0.002582626 0.001776461 0.003617228
city == "Fredericia"TRUE 1.384992752 1.029362341 1.841224091
age55-59                 3.008134852 1.843578634 4.902339637
age60-64                 4.573665854 2.912314045 7.248143959
age65-69                 5.863391064 3.752718226 9.256907108
age70-74                 6.418715646 4.053262281 10.234338998
age75+                   4.142034525 2.527117848 6.771833979
```

在本例中，我们看到渐进正态分布的假设还是有效的。所以在两种置信区间中差别甚微。然而有时某些分组中的计数很少，因此一些参数的估计情况很糟，差别将会比较明显。

15.3 计算比率

我们回到第 10 章中讨论过的威尔士镍矿工人的数据。在那一节，我们讨论了如何将个体的寿命数据划分为不同的小组，从而可以合理地整合在一个标准的死亡率表中。

我们这里使用的数据是 nickel.expand，由 ewrates 数据集整合后得到的。该数据集中包含了很多短时间区间，如下：

```
> head(nickel.expand)
  agr  ygr  id icd exposure      dob   age1st   agein ageout lung
1  20 1931 325   0        0 1910.500  14.0737 23.7465     25    6
2  20 1931 273   0        0 1909.500  14.6913 24.7465     25    6
3  20 1931 110   0        0 1909.247  14.0302 24.9999     25    6
4  20 1931 574   0        0 1909.729  14.0356 24.5177     25    6
5  20 1931 213   0        0 1910.129  14.2018 24.1177     25    6
6  20 1931 546   0        0 1909.500  14.4945 24.7465     25    6
  nasal other
1     0  3116
```

```
2       0  3116
3       0  3116
4       0  3116
5       0  3116
6       0  3116
```

同样的个体将在大龄数据中重现。比如，id 号为 325 的个体的所有数据为

```
> subset(nickel.expand, id==325)
    agr  ygr  id icd exposure   dob   age1st   agein   ageout  lung
1    20 1931 325   0        0 1910.5 14.0737 23.7465 25.0000     6
13   25 1931 325   0        0 1910.5 14.0737 25.0000 30.0000    14
172  30 1936 325   0        0 1910.5 14.0737 30.0000 35.0000    30
391  35 1941 325   0        0 1910.5 14.0737 35.0000 40.0000    81
728  40 1946 325 434        0 1910.5 14.0737 40.0000 43.0343   236
    nasal other
1       0  3116
13      0  3024
172     1  3188
391     1  3549
728     3  3643
```

对应地，这个主体在 23.7 岁时进入了该项研究，我们对其跟踪了 5 个年龄段，直到他 43 岁时死亡。

变量 ygr 表示在进入该区间的年份，所以尽管该主体死于 1953 年，而最后一条记录依然表示 1946—1950 年。

第 325 号主体的 icd 编码为 434。这参考了国际疾病划分标准（第 7 版），表示其他或不明确的心脏疾病。对于本章而言，我们主要关注肺癌，其编码为 162 和 163，因此我们定义一个变量指明是否是因为肺癌而死亡。（如下将会导致出现 lung 数据集被覆盖的警告。）

```
> nickel.expand <- within(nickel.expand,
+     lung.cancer <- as.numeric(icd %in% c(162,163)))
> attach(nickel.expand)
```

%in% 操作符返回一个逻辑向量，表示是否左边对应的元素的取值包含在了右边的向量中。如果 icd 中有 NA，则会有一些危险。但是在这个数据集中，不存在这种状况。我们将该结果转化为 0 或者 1，因为稍后我们将认为它是泊松分布的计数（严格地讲，这个不是必要的）。请注意，使用 lung.cancer 作为结束点，我们将所有其他死因都当作截尾来处理。

对于每一条记录，提供进入年龄与离开年龄，我们这样来汇总风险次数：

```
> pyr <- tapply(ageout-agein,list(ygr,agr), sum)
> print(round(pyr), na.print="-")
```

```
        20  25  30  35  40  45  50  55  60  65  70  75  80
1931     3  86 268 446 446 431 455 323 159  23   4   -   -
1936     -   - 100 327 504 512 503 472 314 130  20   5   -
1941     -   -   0 105 336 481 482 445 368 235  80  14   3
1946     -   -   -   - 102 335 461 404 369 263 157  43  10
1951     -   -   -   -   -  95 299 415 334 277 181  92  31
1956     -   -   -   -   -   -  89 252 364 257 181 101  52
1961     -   -   -   -   -   -   -  71 221 284 150 104  44
1966     -   -   -   -   -   -   -   -  66 168 208  93  51
1971     -   -   -   -   -   -   -   -   -  57 133 131  54
1976     -   -   -   -   -   -   -   -   -   -  31  68  53
```

我们研究的主体都是在 1864—1910 年之间出生的，因此在左下方有一块很大的缺失值区域，在右上角也有一块小的缺失值区域。na.print 选项可以允许你将缺失值用非"NA"的其他字符串来代替。

对应的癌症病例数如下计算得到：

```
> count <- tapply(lung.cancer, list(ygr, agr), sum)
> print(count, na.print="-")
      20 25 30 35 40 45 50 55 60 65 70 75 80
1931   0  0  0  0  0  4  2  2  2  0  0  -  -
1936   -  -  0  0  2  3  4  6  5  1  0  0  -
1941   -  -  0  0  3  7  5  6  3  2  0  0  0
1946   -  -  -  0  0  8  7  6  2  2  0  0  0
1951   -  -  -  -  0  3  3  9  6  1  0  0  0
1956   -  -  -  -  -  0  4  3  6  1  2  0  0
1961   -  -  -  -  -  -  0  1  1  3  2  1  0
1966   -  -  -  -  -  -  -  2  0  0  1  0  0
1971   -  -  -  -  -  -  -  -  0  0  2  2  0
1976   -  -  -  -  -  -  -  -  -  0  1  1  0
```

癌症发病率可以通过计算风险次数的比例得到。它们很小，因此我们将其乘以 1000，得到每千人-年的发病率

```
> print(round(count/pyr*1000, 1), na.print="-")
      20 25 30 35 40  45   50   55   60   65   70   75   80
1931   0  0  0  0  0 9.3  4.4  6.2 12.6  0.0  0.0    -    -
1936   -  -  0  0  4 5.9  7.9 12.7 15.9  7.7  0.0  0.0    -
1941   -  -  0  0  0 6.2 14.5 11.2 16.3 12.8 25.0  0.0  0.0
1946   -  -  -  0  0 0.0 17.4 17.3 16.3  7.6 12.8  0.0  0.0
1951   -  -  -  -  0 0.0 10.0  7.2 27.0 21.7  5.5  0.0  0.0
1956   -  -  -  -  -  -  0.0 15.9  8.2 23.4  5.5 19.8  0.0
1961   -  -  -  -  -  -   -   0.0  4.5  3.5 19.9 19.3 22.8
1966   -  -  -  -  -  -   -    -  30.1  0.0  0.0 10.7  0.0
1971   -  -  -  -  -  -   -    -   -    0.0  0.0 15.2 36.8
1976   -  -  -  -  -  -   -    -   -     -   0.0 14.6 19.0
```

比较这些比率和 ewrates 中对应的，我们发现这些比率很高。然而，这样的显示方式是有缺陷的，它隐藏了这些比率的基数。在这个例子中，我们看到 80—84 岁区间段的，这是因为该区间段每个组里只有 50 人-年。

也许基于标准死亡率表计算每个组的计数，然后比较真实的计数会更好。因为我们已经在 ewrates 数据集中进行了整合，我们只要将风险时间乘以比率即可。我们需要除以 1e6（106=1 000 000），因为标准的比率单位为每百万人-年。

```
> expect.count <- tapply(lung/1e6*(ageout-agein),
+                        list(ygr,agr), sum)
> print(round(expect.count, 1), na.print="-")
     20 25 30  35  40  45  50  55  60  65  70  75  80
1931  0  0  0   0 0.1 0.1 0.2 0.2 0.1 0.0 0.0   -   -
1936  -  -  0   0 0.1 0.1 0.2 0.3 0.2 0.1 0.0 0.0   -
1941  -  -  -   0 0.1 0.2 0.3 0.4 0.4 0.2 0.1 0.0 0.0
1946  -  -  -   - 0.0 0.2 0.4 0.5 0.6 0.5 0.2 0.0 0.0
1951  -  -  -   -  -  0.1 0.4 0.8 0.9 0.8 0.5 0.2 0.0
1956  -  -  -   -  -  -   0.1 0.6 1.2 1.0 0.7 0.3 0.1
1961  -  -  -   -  -  -   -   0.2 0.8 1.4 0.7 0.5 0.1
1966  -  -  -   -  -  -   -   -   0.2 0.9 1.3 0.6 0.2
1971  -  -  -   -  -  -   -   -   -   0.3 0.9 1.0 0.3
1976  -  -  -   -  -  -   -   -   -   -   0.2 0.6 0.4
```

我们可以看到计数显然比期望的要大。我们可以通过计算整体 SMR（Standardized Mortality Rate，标准死亡率）来描述其概要。SMR 就是总的案例数与期望案例数的比。

```
> expect.tot <- sum(lung/1e6*(ageout-agein))
> expect.tot
[1] 24.19893
> count.tot <- sum(lung.cancer)
> count.tot
[1] 137
> count.tot/expect.tot
[1] 5.661408
```

也就是说，这个数据集中的死亡率是通用的人口数据计算得到的期望死亡率近乎 6 倍。

15.4 带有常数强度的模型

我们可以讲 SMR 分析重新建模为 15.1.2 小节中介绍的泊松回归模型。SMR 背后的假设是相对标准死亡率，存在一个常量的率比，所以我们可以建立一个只包含截距项和补偿项的模型。这与对比率建模没什么两样——总体死亡率 ρ_i 可以如此表达：$\log \rho_i + \log T_i = \log \rho_i T_i$。

```
> fit <- glm(lung.cancer ~ 1, poisson,
+            offset = log((ageout-agein)*lung/1e6))
> summary(fit)
...
Coefficients:
            Estimate Std. Error z value Pr(>|z|)
```

```
(Intercept)   1.73367    0.08544   20.29   <2e-16 ***
---
Signif. codes:  0 '***' 0.001 '**' 0.01 '*' 0.05 '.' 0.1 ' ' 1

(Dispersion parameter for poisson family taken to be 1)

    Null deviance: 1175.6  on 3723  degrees of freedom
Residual deviance: 1175.6  on 3723  degrees of freedom
AIC: 1451.6

Number of Fisher Scoring iterations: 7
```

注意，这是基于个体数据的；因变量 lung.cancer 是 0 或者 1。我们已经根据 agr 和 ygr 交叉分组对数据进行了整合，并且分析了每个组中的案例个数。因此此时使用 glm 也许会计算得更快，但是从另一方面讲，在之前的基础上再加入其他自变量（比如年龄），就不可能了。

在本例中，我们在模型检验中无法使用偏差，既是因为每个组中的期望计数很小，也是因为我们事实上并没有泊松分布的数据。然而，如果假设成立，标准误差与 p 值就是可靠的。

这个分析与 SMR 之间的联系可以如下立即得到。

```
> exp(coef(fit))
(Intercept)
   5.661408
```

这与前一节计算的 SMR 值完全相同。

我们可以使用回归方法更彻底地分析这个数据。与前一个方法类似，我们使用可乘泊松模型来分析 SMR 关于年份与年龄是否是一个常量。

我们需要简化分组，因为一些分组中案例太少。通过计算计数表的边界，我们得到了一些如何简化的想法：

```
> tapply(lung.cancer, agr, sum)
20 25 30 35 40 45 50 55 60 65 70 75 80
 0  0  0  0  2 10 24 27 34 19  9  8  4
> tapply(lung.cancer, ygr, sum)
1931 1936 1941 1946 1951 1956 1961 1966 1971 1976
  10   21   26   25   22   16    8    3    4    2
```

为了使得每个水平组合上至少有 10 个案例，我们合并了 agr 值为 45 及以下的分组（及年龄小于 50 的），并且将 70 及以上的进行了合并。

```
> detach()
> nickel.expand <- within(nickel.expand,{
+     A <- factor(agr)
+     Y <- factor(ygr)
```

228　第 15 章　比率和泊松回归

```
+       lv <- levels(A)
+       lv[1:6] <- "< 50"
+       lv[11:13] <- "70+"
+       levels(A) <- lv
+       lv <- levels(Y)
+       lv[7:10] <- "1961ff"
+       levels(Y) <- lv
+       rm(lv)
+ })
> attach(nickel.expand)
```

注意，这里使用的 within 函数（参看 2.1.8 小节）比 transform 函数表现要好，是因为它更灵活，可以生成临时变量，比如 lv。

我们可以通过建立一个对数可加模型来分析 A 和 Y 对死亡率的影响。请注意，我们计算 offset 时依然使用原来的分组，这是因为 SMR 对年龄小于 50 的每一个人都是一样的，等等。我们使用 drop1 函数来检测这两个因子的显著性。

```
> fit <- glm(lung.cancer ~ A + Y, poisson,
+            offset=log((ageout-agein)*lung/1e6))
> drop1(fit, test="Chisq")
Single term deletions

Model:
lung.cancer ~ A + Y
       Df Deviance    AIC     LRT  Pr(Chi)
<none>      1069.73 1367.73
A       5   1073.81 1361.81    4.08   0.5376
Y       6   1118.50 1404.50   48.77 8.29e-09 ***
---
Signif. codes:  0 '***' 0.001 '**' 0.01 '*' 0.05 '.' 0.1 ' ' 1
```

从中我们可以看到，在模型中我们不需要加入年龄分组，但是年份分组是需要的。因此，我们建立只有 Y 的模型。去除截距项后，我们得到了关于 Y 的每一个水平有一个单独的系数的模型参数。

```
> fit <- glm(lung.cancer ~ Y - 1, poisson,
+            offset=log((ageout-agein)*lung/1e6))
> summary(fit)
...
Coefficients:
        Estimate Std. Error z value Pr(>|z|)
Y1931     2.6178     0.3162   8.279  < 2e-16 ***
Y1936     3.0126     0.2182  13.805  < 2e-16 ***
Y1941     2.7814     0.1961  14.182  < 2e-16 ***
Y1946     2.2787     0.2000  11.394  < 2e-16 ***
Y1951     1.8038     0.2132   8.461  < 2e-16 ***
Y1956     1.3698     0.2500   5.479 4.27e-08 ***
Y1961ff   0.4746     0.2425   1.957   0.0504 .
....
```

回归系数可以解释为 log-SMR 值，如下即是证明。

15.4 带有常数强度的模型

```
> round(exp(coef(fit)), 1)
  Y1931  Y1936  Y1941  Y1946  Y1951  Y1956 Y1961ff
   13.7   20.3   16.1    9.8    6.1    3.9    1.6
> expect.count <-  tapply(lung/1e6*(ageout-agein), Y, sum)
> count <- tapply(lung.cancer, Y, sum)
> cbind(count=count, expect=round(expect.count,1),
+       SMR= round(count/expect.count, 1))
        count expect  SMR
1931       10    0.7 13.7
1936       21    1.0 20.3
1941       26    1.6 16.1
1946       25    2.6  9.8
1951       22    3.6  6.1
1956       16    4.1  3.9
1961ff     17   10.6  1.6
```

使用回归方法的优点在于，它提供了一个程式化统计检验的框架，并且你可以同时对多个变量的效应进行探索。

Breslow 和 Day 分析了镍矿工人的数据（Breslow and Day，1987）。在他们的分析中，依据 3 个标准对个体风险次数进行了划分，其中两个准则包括年龄和时期，这是为了匹配标准死亡率表。但是他们同时将被雇佣的时长作为了一个带有分段常量效应的自变量来处理，这需要将人-年做更进一步的划分。他们将时间效应表达为三个变量：TFE（起始时间），AFE（届时年龄）和 YFE（初次被雇佣的年龄）。更多的，他们加入了暴露水平的测量。

如下的分析粗略重复了 Breslow 和 Day 的分析。因为我们打算仅用 agr 来划分时间，而用进入的年龄来定义 TFE 变量，因此我们的重复与原版并不完全相似。然而，这使我们可以对结果进行一些比较，我们分组的规则与 Breslow 和 Day 的类似：

```
> detach()
> nickel.expand <- within(nickel.expand,{
+     TFE <- cut(agein-age1st, c(0,20,30,40,50,100), right=F)
+     AFE <- cut(age1st, c(0, 20, 27.5, 35, 100), right=F)
+     YFE <- cut(dob + age1st, c(0, 1910, 1915, 1920, 1925),right=F)
+     EXP <- cut(exposure, c(0, 0.5, 4.5, 8.5, 12.5, 25), right=F)
+ })
> attach(nickel.expand)
```

对分组重新打标签也许是必要的，因为 EXP 的水平实际上是 0，0.5-4，4.5-8，8.5-12，12.5+ —— 但是我们不做更多不那么必要的事情。

我们拟合一个可乘的模型并且检验每一项的显著性：

```
> fit <- glm(lung.cancer ~ TFE + AFE + YFE + EXP, poisson,
+            offset=log((ageout-agein)*lung/1e6))
> drop1(fit, test="Chisq")
Single term deletions
```

```
Model:
lung.cancer ~ TFE + AFE + YFE + EXP
       Df Deviance    AIC     LRT     Pr(Chi)
<none>     1052.91 1356.91
TFE     4  1107.33 1403.33   54.43 4.287e-11 ***
AFE     3  1054.99 1352.99    2.08 0.5560839
YFE     3  1058.06 1356.06    5.15 0.1608219
EXP     4  1071.98 1367.98   19.07 0.0007606 ***
```

这表明 TFE 和 EXP 是主要的两项,而 AFE 和 YFE 则可以从模型中剔除。注意,从上面的结果我们无法总结出这两项都可以剔除。原则上,其中一项剔除后,另一项也许会变得显著。然而,在本例中,这一现象并未发生。

系数表如下:

```
> summary(fit)
...
Coefficients:
                 Estimate Std. Error z value Pr(>|z|)
(Intercept)       2.36836    0.55716   4.251 2.13e-05 ***
TFE[20,30)       -0.21788    0.36022  -0.605 0.545284
TFE[30,40)       -0.77184    0.36529  -2.113 0.034605 *
TFE[40,50)       -1.87583    0.41707  -4.498 6.87e-06 ***
TFE[50,100)      -2.22142    0.55068  -4.034 5.48e-05 ***
AFE[20,27.5)      0.28506    0.31524   0.904 0.365868
AFE[27.5,35)      0.21961    0.34011   0.646 0.518462
AFE[35,100)      -0.10818    0.44412  -0.244 0.807556
YFE[1910,1915)    0.04826    0.27193   0.177 0.859137
YFE[1915,1920)   -0.56397    0.37585  -1.501 0.133483
YFE[1920,1925)   -0.42520    0.30017  -1.417 0.156614
EXP[0.5,4.5)      0.58373    0.21200   2.753 0.005897 **
EXP[4.5,8.5)      1.03175    0.28364   3.638 0.000275 ***
EXP[8.5,12.5)     1.18345    0.37406   3.164 0.001557 **
EXP[12.5,25)      1.28601    0.48236   2.666 0.007674 **
...
```

从该模型中我们可以看到,从初次被雇佣算起,存在着一个随着时间的增加而下降的效应。

如果同时给出比率和置信区间,这个结果的解释将更容易。这些可以通过和分析 eba1977 数据集一样的方法得到。

15.5　练习题

15.1　在 bcmort 数据集中,我们在练习题 10.2 中定义了 period 和 area。对该数据集拟合一个泊松回归模型,area 为描述符,而 age,period 为自变量,以及 3 个两因子交互项。period 和 area 的交互项可以被解释为筛选的效应。

15.2　在练习题 10.4 中,我们对 stroke 数据进行了划分。对其拟合一个泊松回归模型,每个区间具有常量风险,并且具有 age 和 sex 的可乘效应。

第 16 章

非线性曲线拟合

曲线拟合问题出现在很多科学领域中。最典型的应用场景是你希望通过调整参数 β，拟合出响应 y 和一个一维的回归变量 x 的关系。也就是

$$y = f(x;\beta) + \text{error}$$

其中，"error"通常被假定为标准差 σ 为常数的独立正态分布项。这一类模型可以很自然地扩展到多变量 x 的场景；对于误差的方差不是常数的情况扩展起来有些困难，但是我们这里只看一些简单的例子。

在第 6 章，我们给出了一个线性关系的特殊例子，线性关系为

$$y = \beta_0 + \beta_1 x + \text{error}$$

在第 12 章中，我们讨论了通过加入二阶项或者高阶项来拟合多项式。此外，还有一些其他的技术，尤其是三角回归和样条回归。它们可以用线性模型来表示，并且用多元回归分析的函数 lm 来实现。

然而，有时候线性模型是不合适的。最常见的例子是你已经先验地知道了函数的形式是非线性的。这种先验知识可能来自对于某物理或者化学系统的理论分析，而在这种情境中，函数中的参数都是有特殊的意义的。

最小二乘法在非线性数据参数关系的时候也是有用的。我们通过最小化残差平方和来估计 β：

$$\text{SSD}(\beta) = \sum [y - f(x;\beta)]^2$$

关于这个量的最小值点,并没有明确的公式,但是有一些数值优化的算法可以找到它的最小值,我们将在这里浅显地描述这些算法。这种通用的方法又被称为非线性回归分析。读者如需对此问题进行更深入的研究,可以参考 Bates 和 Watts(1988)。

如果一个模型是"良态"的(这里故意用一个模糊的术语),那么模型可以在最优点附近用一个线性模型来近似,然后便可以通过计算近似标准误来做参数估计了。

大多数最优化算法都是将问题线性化,比如

$$y - f(x; \beta + \delta) \approx y - f(x; \beta) + Df\delta$$

其中,Df 表示函数 f 对 β 求导得到的梯度矩阵。它可以看作一个线性模型的设计阵,你可以通过猜测给 β 一个初值,然后便可以计算 δ 的一个近似最小二乘估计;接下来,你用 $\beta + \delta$ 代替 β,如此迭代,直到结果收敛。这种基本的算法发展出了很多变化,包括对 Df 的数值计算,以及当初值离最优值点太远时的一些稳健计算技巧。

在 R 中,你可以通过 nls 函数来实现上述的最优化,这个函数与 lm 和 glm 大致上是类似的。

16.1 基本用法

在这一节,我们使用一个模拟的数据集,目的是让读者了解我们在做什么。真实的模型很简单,数据指数级衰减如下:

```
> t <- 0:10
> y <- rnorm(11, mean=5*exp(-t/5), sd=.2)
> plot(y ~ t)
```

模拟的数据展示在图 16.1 中。

下面我们使用 nls 函数对数据进行建模。与 lm 或 glm 不同,nls 不会使用线性项、分组因子、交互项等特殊编码。其公式右边是计算公式左边期望值的一个明确的函数表达式。该函数表达式可以依赖于外部变量以及函数参数,因此我们需要明确指代关系。最简单的方式是将初值指定为一个有名字的向量(或者有名字的 list)。

```
> nlsout <- nls(y ~ A*exp(-alpha*t), start=c(A=2, alpha=0.05))
> summary(nlsout)
```

```
Formula: y ~ A * exp(-alpha * t)

Parameters:
      Estimate Std. Error t value Pr(>|t|)
A      4.97204    0.21766   22.84 2.80e-09 ***
alpha  0.20793    0.01572   13.23 3.35e-07 ***
---
Signif. codes:  0 '***' 0.001 '**' 0.01 '*' 0.05 '.' 0.1 ' ' 1

Residual standard error: 0.2805 on 9 degrees of freedom

Number of iterations to convergence: 5
Achieved convergence tolerance: 2.223e-06
```

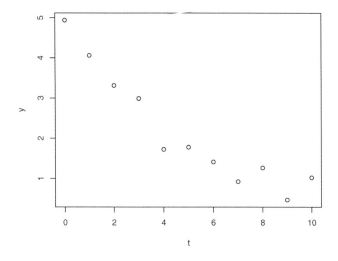

图 16.1　模拟的指数衰减

请注意，nls 将 t 作为变量而非参数，这是因为它在 start 参数中没有提及。每当拟合算法需要计算 A * exp(-alpha * t)时，都会从全局环境变量中提取 t，而 A 和 alpha 则随算法而变。

函数的输出形式大致上和 glm 相同，所以我们不会太深究它。值得注意的一件事是，在非线性模型中，针对参数是否为 0 的 t 检验和 p 值往往没有什么意义。

16.2　寻找初值

前一节的例子中，算法很快就收敛了，尽管我们（故意）选择的初值是严重偏离最优点的。不幸的是，事情往往没有这么简单；非线性模型的收敛极度依赖于选择一个好的初值。即便算法相对来说比较稳健，我们在选初值的时候也要保证至少数量级是正确的。

234　第 16 章　非线性曲线拟合

寻找初值的方法往往基于对函数形式的分析；通常的技巧包括将函数线性化，然后估计那些"标志性"的量，比如渐近数、极大值点、初始斜率等。

为了说明如何寻找初值，我们再次使用 Juul 数据集。这次我们关注年龄和身高之间的关系。为了得到一个相对均匀的数据集，我们只考察 5~20 岁之间男性的数据。

```
> attach(subset(juul2, age<20 & age>5 & sex==1))
> plot(height ~ age)
```

数据展示在了图 16.2 中。在该图中，大部分区域看起来是线性的，而在右侧结尾处有一些下降的趋势。这当然和基本的人类生物特征是相符合的，我们在青少年的后期基本上就停止了个头的生长。

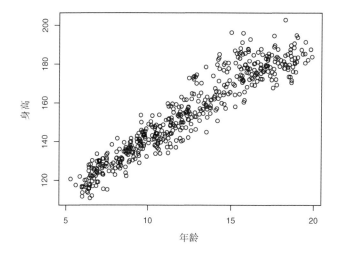

图 16.2　juul2 数据集中年龄和身高之间的关系

Gompertz 曲线往往被用来描述生长的情况。该曲线函数形式如下：

$$y = \alpha e^{-\beta e^{-\gamma x}}$$

该曲线是呈 S 型弯曲的（sigmoid）。当 x 增加时，会达到一个平稳的水平 α；当 x 是绝对值比较大的负数时，则几乎为 0。参数 β，γ 决定了这种变换的位置和陡峭程度。

为了获取非线性拟合的初值，我们首先注意到 y 和 x 之间的关系式在对数-对数变换下有线性关系：

$$\log y = \log \alpha - \beta e^{-\gamma x}$$

我们可以对这个式子进行整理,两边再做对数变换,得到

$$\log(\log \alpha - \log y) = \log \beta - \gamma x$$

这表明,如果我们能猜一个 α 的值,则我们就可以通过对数据的相关变换,用线性关系猜到另外两个参数。因为 α 是渐近极大值,所以我们猜 $\alpha = 200$ 应该是合理的。有了这个猜测,我们可以画出一个大致线性的关系($\log 200 \approx 5.3$):

```
> plot(log(5.3-log(height))~age)
Warning message:
In log(5.3 - log(height)) : NaNs produced
```

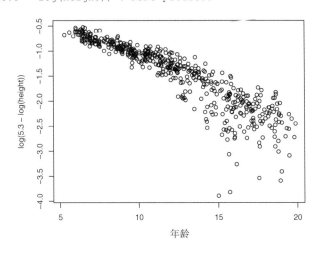

图 16.3 假设 $\alpha \approx 200$ 时,Gompertz 关系的线性化的图

注意,我们得到了一个产生 NaN(非数字)值的警告信息。这是因为有一个个体高于 200 cm,这样的话,我们是对一个负数求对数。在线性化的图中,我们明确看到方差是非常数的,而且残差分布也是不对称的,这和线性回归分析的假设是相违背的。然而,对于我们的目标而言,这已经足够好了,线性模型给出:

```
> lm(log(5.3-log(height))~age)

Call:
lm(formula = log(5.3 - log(height)) ~ age)

Coefficients:
(Intercept)          age
    0.4200       -0.1538

Warning message:
In log(5.3 - log(height)) : NaNs produced
```

因此，对于参数初值猜测为

$\log \alpha = 5.3$
$\log \beta = 0.42$
$\gamma = 0.15$

将此初值用在 nls 中，然后拟合 Gompertz 曲线，得到

```
> fit <- nls(height~alpha*exp(-beta*exp(-gamma*age)),
+            start=c(alpha=exp(5.3),beta=exp(0.42),gamma=0.15))
> summary(fit)

Formula: height ~ alpha * exp(-beta * exp(-gamma * age))

Parameters:
       Estimate Std. Error t value Pr(>|t|)
alpha 2.428e+02  1.157e+01  20.978   <2e-16 ***
beta  1.176e+00  1.892e-02  62.149   <2e-16 ***
gamma 7.903e-02  8.569e-03   9.222   <2e-16 ***
---
Signif. codes:  0 '***' 0.001 '**' 0.01 '*' 0.05 '.' 0.1 ' ' 1

Residual standard error: 6.811 on 499 degrees of freedom

Number of iterations to convergence: 8
Achieved convergence tolerance: 5.283e-06
  (3 observations deleted due to missingness)
```

最终得到的参数估计和初值有较大的差别。这反映了初值的估计方法是粗糙的。特别地，我们仅仅对函数部分而没有对误差部分进行数学变换。另外，重要的参数 α 是目测的。

我们来看看拟合出来的模型，会发现估计得到的 α 表明男孩子身高超过 243 cm 之后依然会生长这种事情不太可能发生。有可能是因为 Gompertz 曲线对这种数据的拟合不适合。

我们可以将原始数据叠加在拟合的曲线上（见图 16.4）：

```
> plot(age, height)
> newage <- seq(5,20,length=500)
> lines(newage, predict(fit,newdata=data.frame(age=newage)),lwd=2)
```

这幅图表现出，存在随着拟合值增加，分散程度也增加的趋势，所以我们准备在对数刻度上进行拟合。只需在等式两边同时进行对数变换即可。

```
>
> fit <- nls(log(height)~log(alpha*exp(-beta*exp(-gamma*age))),
+  start=c(alpha=exp(5.3),beta=exp(.12),gamma=.12))
> summary(fit)
```

```
Formula: log(height) ~ log(alpha * exp(-beta * exp(-gamma * age)))

Parameters:
       Estimate Std. Error t value Pr(>|t|)
alpha 255.97694   15.03920  17.021   <2e-16 ***
beta    1.18949    0.02971  40.033   <2e-16 ***
gamma   0.07033    0.00811   8.673   <2e-16 ***
---
Signif. codes:  0 '***' 0.001 '**' 0.01 '*' 0.05 '.' 0.1 ' ' 1

Residual standard error: 0.04307 on 499 degrees of freedom

Number of iterations to convergence: 8
Achieved convergence tolerance: 2.855e-06
  (3 observations deleted due to missingness)
> plot(age, log(height))
> lines(newage, predict(fit,newdata=data.frame(age=newage)),lwd=2)
```

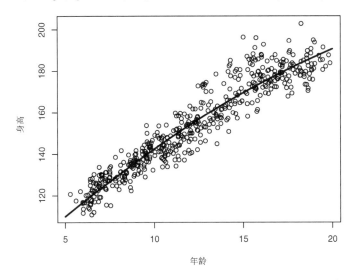

图 16.4　拟合的 Gompertz 曲线

在对数刻度的图（见图 16.5）中，沿着曲线的点的分布显得更加稳健。参数的估计并没有太大的改变，尽管高度的最大值现在增加了超过 13 cm（5 英尺），而作为补偿，γ 值则相应地减小了。

对图像（无论是否做过对数变换）的进一步考察表明，Gompertz 曲线倾向于将右端数据点的值放大，而一条更平缓的曲线则会在这 15 年里向上拟合。虽然看起来是一条总体上拟合很好的曲线，但是这对于含有三个参数的曲线族来说并不难。Gompertz 曲线看起来没法刻画人类生长的特征模式。

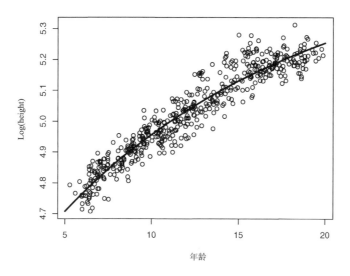

图 16.5 对数变换后拟合的 Gompertz 曲线

16.3 自启动模型

寻找初值更像是一种艺术,但是一旦我们拥有了一个稳健的方法,那么我们就可以假定这种方法在一个特定模型下可以应用在大部分数据集上。nls 允许我们通过在函数形式的右边加入表达式,从而在计算过程中自动计算初值。这类函数都以 "SS" 开头。特别地,有一个函数 SSgompertz,有了它,我们便可以在一定程度上从寻找初值中解放出来:

```
> summary(nls(height~SSgompertz(age, Asym, b2, b3)))

Formula: height ~ SSgompertz(age, Asym, b2, b3)

Parameters:
      Estimate Std. Error t value Pr(>|t|)
Asym 2.428e+02  1.157e+01   20.98   <2e-16 ***
b2   1.176e+00  1.892e-02   62.15   <2e-16 ***
b3   9.240e-01  7.918e-03  116.69   <2e-16 ***
...
```

注意,这里参数名称和之前有些区别:参数 b3 事实上是 e^γ,而另外两个参数为 α 和 β。

自启动模型有一个主要的缺点,即你不能对其进行变换,比如对数变换。也就是说如下代码是错误的:

```
> nls(log(height) ~ log(SSgompertz(age, Asym, b2, b3)))
Error in nlsModel(formula, mf, start, wts) :
  singular gradient matrix at initial parameter estimates
Calls: nls -> switch -> nlsModel
In addition: Warning message:
In nls(log(height) ~ log(SSgompertz(age, Asym, b2, b3))) :
  No starting values specified for some parameters.
Intializing 'Asym', 'b2', 'b3' to '1.'.
Consider specifying 'start' or using a selfStart model
```

报错信息表示自启动的模式被关闭了，所以 nls 函数猜测所有的参数初始值为 1，而这个初始值导致算法没有收敛。

使用表达式 log(SSgompertz(age, Asym, b2, b3)) 来计算 log(height) 的期望本身没有问题。我们可以从未经变换的拟合中选择初值，然而这依然不足以实现我们的目标。

我们再来仔细看看：SSgomertz 函数返回沿着拟合值方向的梯度。这是拟合值关于每一个模型参数的微分。这样会加速收敛的进程，但是对于变换后的模型显然就是错误的了，因此算法会不收敛。所以，只要我们计算了正确的梯度就可以达到目的。这里要注意，我们要将 SSgomertz 函数得到的梯度对象中的属性丢弃掉，简单的使用 as.vector 即可。

```
> cf <- coef(nls(height ~ SSgompertz(age, Asym, b2, b3)))
> summary(nls(log(height) ~
+               log(as.vector(SSgompertz(age,Asym, b2, b3))),
+          start=as.list(cf)))

Formula: log(height) ~ log(as.vector(SSgompertz(age, Asym, b2, b3)))

Parameters:
      Estimate Std. Error t value Pr(>|t|)
Asym 2.560e+02  1.504e+01   17.02   <2e-16 ***
b2   1.189e+00  2.971e-02   40.03   <2e-16 ***
b3   9.321e-01  7.559e-03  123.31   <2e-16 ***
...
```

你也可以开发自己的自启动模型。只要你拥有一些 R 的编程经验，这并不难做到，但是这里我们就不详细介绍了。写你自己的自启动模型需要两个基本的元素：模型表达式以及一个计算初始值的函数。你必须保证你的函数表达式满足一些标准的要求，并且构建的函数 selfStart 可以调用，从而生成一个真的自启动模型。

16.4 剖面分析

我们之前在 13.3 节介绍 glm 和逻辑回归之间的联系时讨论过剖面分析。对于非线性回归，它们之间有一些区别：函数的剖析不是似然函数，而是偏差平方和，渐近的置信区间是基于 t 分布而非正态分布。此外，对剖面的绘图并不默认使用带符号的版本，而仅仅是偏差平方和之差的平方根而已。

剖面分析用以消除参数的曲率。同样的模型会因参数化不同导致函数形式不同（比如对于 Gompertz 曲线，使用 γ 或者 $b_3 = e^\gamma$ 时，模型的函数形式是不同的）。模型参数化的不同选择会对参数估计的分布是否近似服从正态分布有着重要的影响，从而可能使得基于正态分布标准差计算得到的对称的置信区间产生误导。基于剖面（profile-based）的置信区间不依赖于参数化的方法——如果你对参数进行了变换，置信区间也会同样进行变换。

模型本身是存在内在曲率的，这个值描述了模型与线性模型的差距有多大。这种曲率与模型如何参数化是无关的，并且比参数的曲率更难调节。内在曲率导致计算基于剖面的置信区间所用到的 t 分布就不适用了。然而经验表明，这种效应比参数曲率带来的干扰要小得多。

我们在图 16.6 中绘制了 Gompertz 曲线的拟合（对数变换之后的）。

```
> par(mfrow=c(3,1))
> plot(profile(fit))
```

从图 16.6 中可以看到，参数 α 和 β 那弯曲与不对称的剖面意味着明显的曲率，而 γ 的剖面就更加线性和对称一些。我们也会看到，当使用 confint.default 来计算基于剖面的置信区间时，使用的是正态逼近和近似的标准误差。

```
> confint(fit)
Waiting for profiling to be done...
            2.5%        97.5%
alpha 233.49688706 294.76696435
beta    1.14429894   1.27416518
gamma   0.05505754   0.08575007
> confint.default(fit)
            2.5 %       97.5 %
alpha 226.50064512 285.45322721
beta    1.13125578   1.24772846
gamma   0.05443819   0.08622691
```

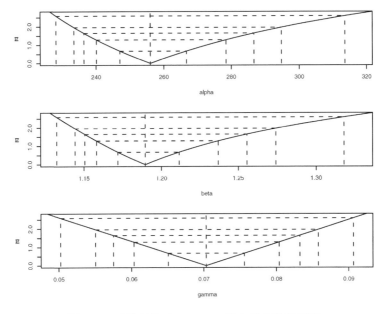

图 16.6 对数变换下 Gompertz 拟合的参数剖面图

16.5 更好地控制拟合算法

本章已经使用过 Juul 数据的例子，这个例子很好，因为其中包含了大量的观测以及一个相对平滑的目标函数。然而，在一些不那么好的例子中，算法的收敛性很容易出问题。非线性最优化本身是一个很复杂的话题，我们无法在短短的一章中展开来谈。最优化算法中含有几个参数，通过调节它们可以加快收敛。然而这里我们并没有描述算法的细节，因此到现在为止，我们也仅仅是对可以做什么有些感性认识而已。

稍早时候，我们提到了对拟合曲线关于其参数的梯度是可以计算的。如果曲线有一个简单的数学表达式，则可以使用 deriv 函数来自动计算梯度。如果梯度并不存在，则该函数内置的算法会使用数值方法来计算数值梯度；在实践中，该算法的速度很快。

函数 nls 有一个参数 trace，如果设为 TRUE，则允许你跟踪每次迭代的参数估计和标准差。有时候这是有意义的，比如我们要看看算法是否产生了不合理的大型波动。函数 nls 提供了参数 control，让我们真正去控制它的行为，我们可以将它设置为 nls.control 的返回值，该参数可以设置迭代次数和容忍限度（以及其他）。

你可以用 algorithm 参数来替换整个拟合方法。除了默认的算法，这个参数还可以设定为"plinear"和"port"。前者的模型如下：

$$y = \sum_i \alpha_i f_i(x; \beta_i)$$

该模型是部分线性的，因为如果认为 β_i 是固定的，则 α_i 可以通过多元线性回归来确定。如果模型包含两个及以上的项，你可以令模型等式右边的表达式返回一个矩阵而非向量。后一个算法使用朗讯科技的 PORT 包中的程序；它可以通过在 nls 函数中设定 upper 和 lower 来对你的参数进行限制。

还需要注意的是，所有算法都是在假设 $\text{SSD}(\beta)$ 非常平滑并且表现良好的情况下来做的，也就是说该函数有一个定义良好的全局最小值，并且在附近没有其他的局部最小值。当然，这种假设可能会不合理，这时你可以直接用 optim 函数来求解该最小值问题。

16.6 练习题

16.1 试着对 Juul 数据中的 girls 拟合 Gompertz 模型，并且尝试对两个性别的模型是否相同进行检验。

16.2 在 philion 数据集中包含了 4 个小样本的 EC50 试验数据，这些数据有点难处理。我们建议模型为 $y = y_{\max}/[1+(x/\beta)^\alpha]$。因为数据是计数型的，因此对 y 做开平方变换是有用的，同时 Poisson 分布的方差会更稳定。考虑如何对该模型取初始值，并且使用 nls 函数进行拟合。算法"port"在这些数据上看起来更稳健。对于剖面分析和计算置信区间，将参数 alphamax 设为 0.2 也许会有帮助。

16.3 （理论）继续使用 philion 数据，考虑将模型换成 $y = y_{\max}/(1+x/\beta)^\alpha$ 会是什么结果。

附录 A

获取并安装 R 以及 ISwR 包

获取 R 的方式是从 CRAN（Comprehensive R Archive Network）站点下载。主站是

http://cran.r-project.org/

你会看到很多镜像站点，可以选择离你最近的，从而享受更快的下载速度。

安装的细节可能因时而变，因此你需要阅读安装相关的文档，以及 CRAN 上面提供的其他信息。

二进制分布

本书写作之时，对 Windows 系统提供的最新版本的 R 是 R-2.6.2-win32.exe。你可以双击它，并按照弹出的指示进行安装。当安装完成后，你将在开始菜单中找到 R，桌面上或许也会有一个 R 的图标。

对于使用 RPM 包的 Linux 系统（RedHat，Fedora 和 SUSE）而言，R 的.rpm 文件以及一些推荐的添加包可以用 rpm 命令和系统软件管理工具来安装。Fedora 的标准库中已经包含 R 了，openSUSE.org 的库中也包含了 R。Debian 包可以通过 APT 来获取，Debian 的包维护工具可以对 Ubuntu 进行安装（这两种情况下，你要确保已经安装了 r-recommended 包）。更多细节请参看 FAQ。

对于 Macintosh 平台，只有 OS X 10.2 和更高版本的操作系统支持 R。通过下载光盘镜像 R-2.6.2.dmg，并且双击其中的 "R.mpkg" 来安装它。

从源代码安装

从源代码来安装 R 在各种平台上都是可以的，尽管对于 Windows 系统这样做非常奇怪，这主要是因为编译环境并不是这个系统的一部分。在 Unix 类的操作系统中（包括 Macintosh OS X），这个过程就简单得多，对源代码解压缩，然后输入

```
./configure
make
make install
```

上面的方法在很多平台都适用，只要相关的编译器和支持的库都已经安装好了。如果你的系统比较复杂，或者你希望使用特殊的编译器或库，那你就要更深入地了解了。

对 Windows 系统而言，src/gnuwin32 路径下有 INSTALL 文件，你可以从中找到更详细的安装信息。

安装包

要想跑通本书中的例子和练习题，你应该安装 ISwR 包，其中包含所需的数据集。

假设你的计算机能接入互联网，在 Windows 和 Macintosh 中，你可以简单地打开 R，使用一个方便的菜单交互界面来安装。

在其他平台中，你可以输入

```
install.packages("ISwR")
```

这样将出现一个无害的警告，然后把包安装在默认的路径下。

在 UNIX 和 Linux 系统中，你需要使用在系统路径下安装包的超级用户权限。类似地，在一些 Windows 系统版本中，也需要你具有管理员权限。

你也可以建立一个私人库，然后把你的包安装在那里。这可以通过设置 R_LIBS 环境变量为你私人的库来达到。你可以在 library 的帮助页面上获得更多信息。

如果你的 R 机器没有连接到互联网上，你也可以从另外的联网机器上下载包，这些包作为文件可以传递到 R 机器上。对于 Windows 和 Macintosh 系统，你需要下载二进制包（.zip 或者.tgz），然后通过菜单便可以安装这些包。对于 Unix 和 Linux 操作系统，你可以在 shell 提示符中输入如下（如果你需要安装私

入库，可以使用选项-1）：

```
R CMD INSTALL ISwR
```

更多信息

更多信息可以从 CRAN 和 R 主页获取：

http://www.r-project.org

要特别注意邮件列表，用户贡献的文档以及 FAQ 等。

附录 B

ISwR 中的数据集[1]

IgM	免疫球蛋白 G

描述

298 个 6 个月到 6 周岁的孩子血清中的 IgM 抗体

用法

IgM

格式

单一数值向量（g/l）

来源

D.G. Altman (1991), *Practical Statistics for Medical Research*, Table 3.2, Chapman& Hall.

示例

```
stripchart(IgM,method="stack")
```

---

[1] 从 ISwR 包的文档文件中得到复制许可。

alkfos	碱性磷酸酶数据

描述

随机化的他莫西芬治疗乳腺癌病人试验中对病人碱性磷酸酶的重复测量数据

用法

```
alkfos
```

格式

一个包含了如下 8 个变量，43 个观测的数据框。

grp 数值向量，分组编码 (1=placebo, 2=Tamoxifen)。
c0　数值向量，基线的浓度。
c3　数值向量，3 个月后的浓度。
c6　数值向量，6 个月后的浓度。
c9　数值向量，9 个月后的浓度。
c12 数值向量，12 个月后的浓度。
c18 数值向量，18 个月后的浓度。
c24 数值向量，24 个月后的浓度。

来源

原始数据。

参考文献

B. Kristensen et al. (1994), Tamoxifen and bone metabolism in postmenopausal low-risk breast cancer patients: a randomized study.

Journal of Clinical Oncology, 12(2):992–997.

ashina	Ashina 的交叉试验

描述

ashina 数据框有 16 行、3 列，包含了一个使用一氧化氮合酶来抑制头痛的交叉试验的数据。在基线和使用药物和安慰剂后的 5 个时间点记录了疼痛程度的视觉评分，然后通过比较与基线数据的差别来进行打分。数据来源于两组病人，其中 6 个病人首先获得治疗，然后开始服用安慰剂。剩下的 10 个病人首先使用安慰剂，然后获得治疗。治疗和安慰剂的顺序是随机化了的。

用法

```
ashina
```

格式

该数据框包含了如下几列：

```
vas.active 数值向量，给与治疗的得分。
vas.plac   数值向量，给予安慰剂的得分。
grp 数值向量编码，1: placebo first, 2: active first。
```

来源

原始数据。

参考文献

M.Ashina et al. (1999), Effect of inhibition of nitric oxide synthase onchronic tension-type headache: a randomised crossover trial. *Lancet* 353, 287–289。

示例

```
plot(vas.active~vas.plac,pch=grp,data=ashina)
abline(0,1)
```

---

bcmort   乳腺癌死亡数据

描述

丹麦对筛选乳腺癌的效应研究。

用法

```
bcmort
```

格式

包含 24 个观测，4 个变量的数据框。

```
age 因子，水平为 50-54, 55-59, 60-64, 65-69, 70-74,75-79。
cohort 因子水平为 Study gr., Nat.ctr., Hist.ctr.,Hist.nat.ctr.。
bc.deaths 数值向量，乳腺癌死亡数量。
p.yr 数值向量，被研究的每个人的年份。
```

细节

收集了 4 个群体。"study group"含有哥本哈根与腓特烈斯贝的适龄女性在常规乳房摄影术引入之后的数据。"national control group"含有丹麦没有乳房摄影术地区的数据。这两组数据都是在 1991—2001 年收集的。"historical control group"与"historical national control group"是 10 年前（1981—1991）的相似数据，这时乳房摄影术还没有被引进哥本哈根与腓特烈斯贝。研究组涵盖了所有人口，而不仅仅是那些接受了摄影邀请的人。

来源

A.H. Olsen et al. (2005), Breast cancer mortality in Copenhagen after introduction of mammography screening. *British Medical Journal*, 330: 220–222.

---

bp.obese　　肥胖和血压

描述

bp.obese 数据框有 102 行、3 列，包含了一个加利福尼亚小镇上随机抽样得到的墨西哥裔美国成年人数据。

用法

```
bp.obese
```

格式

这个数据框包含如下列：

`sex` 数值向量编码，0：男性，1：女性。
`obese` 数值向量，真实体重和纽约大都市生活表中的标准体重的比值。
`bp` 数值向量，血液收缩压（mm Hg）。

来源

B.W.Brown and M.Hollander(1977),

Statistics:A Biomedical Introduction,Wiley.

示例

```
plot(bp~obese,pch = ifelse(sex==1, "F", "M"), data = bp.obese)
```

---

caesarean　　剖腹产产妇鞋的大小

描述

表格 caesar.shoe 包含了剖腹产产妇和其鞋码大小的关系（英式尺寸）。

用法

```
caesar.shoe
```

格式

2 行 6 列的矩阵。

来源

D.G. Altman (1991), *Practical Statistics for Medical Research*, Table 10.1, Chapman & Hall.

示例

```
prop.trend.test(caesar.shoe["Yes",],margin.table(caesar.shoe,2)
)
```

---

coking	焦化数据

描述

焦化数据框包含 18 行、3 列，包含了在一项试验中使用不同宽度和温度的烤箱得到的焦化时间。

用法

```
coking
```

格式

该数据框包含了如下列：

width 因子，水平为 4, 8 和 12，表示烤箱宽度，单位为英尺。
temp 因子，水平为 1600 和 1900，表示温度，单位为华氏。
time 数值向量，焦化的时间。

来源

R.A. Johnson (1994), *Miller and Freund's Probability and Statistics for Engineers*, 5th ed., Prentice-Hall.

示例

```
attach(coking)
matplot(tapply(time,list(width,temp),mean))
detach(coking)
```

cystfibr	囊性纤维化肺功能数据

描述

该数据框包含 25 行、10 列，包含了囊性纤维化病人（7—23 岁）的肺功能数据。

用法

```
cystfibr
```

格式

该数据框包含如下列：

age 数值向量，年龄。
sex 数值向量，编码，0:男性，1:女性。
height 数值向量，身高（cm）。
weight 数值向量，体重（kg）。
bmp 数值向量，体重（与正常体重相比的百分比）。
fev1 数值向量，用力呼吸肺活量。
rv 数值向量，残余肺活量。
frc 数值向量，功能性残余肺活量。
tlc 数值向量，总肺活量。
pemax 数值向量，最大呼气压力。

来源

D.G. Altman (1991), *Practical Statistics for Medical Research*, Table 12.11, Chapman & Hall.

参考文献

O'Neill et al. (1983), The effects of chronic hyperinflation, nutritional status, and posture on respiratory muscle strength in cystic fibrosis, *Am. Rev. Respir. Dis.*, 128:1051–1054.

eba1977	丹麦 4 个城市 1968—1971 年的肺癌发病率

描述

该数据及包括了丹麦 4 个邻居城市的每个年龄段的肺癌发病数量以及城市的总人口数。

用法

`eba1977`

格式

包含 24 个观测和 4 个变量的数据框。

`city` 因子, 水平为 Fredericia, Horsens, Kolding, Vejle。
`age` 因子, 水平为 40-54, 55-59, 60-64, 65-69, 70-74, 75+。
`pop` 数值向量, 居民数量。
`cases` 数值向量, 肺癌病例数量。

细节

根据 Erling Anderson 的论文, 这是"1974 年丹麦公众最感兴趣的"数据。腓特烈西亚城在海滨地区有大量石油化工工业。

来源

E.B. Andersen (1977), Multiplicative Poisson models with unequal cell rates, *Scandinavian Journal of Statistics*, 4:153–158.

参考文献

J. Clemmensen et al. (1974), *Ugeskrift for Læger*, pp. 2260–2268.

---

energy	能量消耗

描述

该数据框包含 22 行、2 列, 包含了胖瘦女人的能量消耗。

用法

`energy`

格式

该数据框包含如下列:

`expend` 数值向量, 24 能量消耗 (MJ)。
`stature` 因子, 水平为 lean and obese。

来源

D.G. Altman (1991), *Practical Statistics for Medical Research*, Table 9.4,

Chapman & Hall.

示例

```
plot(expend~stature,data=energy)
```

ewrates	肺癌和鼻腔癌死亡率和总死亡率

描述

1936—1980 年英格兰和威尔士的肺癌、鼻腔癌死亡率数据以及得病总人数。为了兼容后续对镍的研究，1931 年的数据事实上是 1936 年数据的重复。

用法

```
ewrates
```

格式

包含 150 个观测和如下 5 个变量的数据框：

```
year 日期, 1931: 1931-35, 1936: 1936-40…
age 年龄层, 10: 10-14, 15:15-19,
lung 每年每百万人的肺癌死亡率。
nasal 每年每百万人的鼻腔癌死亡率。
other 每年每百万人的死亡率。
```

细节

从 Bendix Carstensen 等人的 "Epi" 包中获取。

来源

N.E. Breslow, and N. Day (1987). *Statistical Methods in Cancer Research.*

Volume II: The Design and Analysis of Cohort Studies, Appendix IX. IARC

Scientific Publications, Lyon.

fake.trypsin	不同年龄组的胰蛋白酶量

描述

该数据集包含 271 行、3 列，健康捐献者血清中的免疫胰蛋白酶水平（伪造的）。

用法

```
fake.trypsin
```

格式

该数据集中包含了如下列:

trypsin 数值向量, 血清中的胰蛋白酶含量, 单位为 ng/ml。
grp 数值向量, 年龄编码, 具体见下。
grpf 因子, 其水平如下: 1: age 10-19, 2: age 20-29, 3: age 30-39, 4: age 40-49, 5: age 50-59, and 6: age 60-69。

细节

这是根据给定的每组均值与方差模拟出来的。

来源

D.G. Altman (1991), *Practical Statistics for Medical Research*, Table 9.12, Chapman & Hall.

示例

```
plot(trypsin~grp, data=fake.trypsin)
```

graft.vs.host   移植物抗宿主疾病

描述

该数据集包含 37 行、7 列。它采集于接受骨髓移植的病人,目的是找到与急性移植物抗宿主疾病有关的变量。

用法

```
graft.vs.host
```

格式

这个数据集中包含了如下列:

pnr 数值向量, 病人编号。
rcpage 数值向量, 接受者年龄(年)。
donage 数值向量, 捐献者年龄(年)。
type 数值向量, 白血病种类编码, 1: AML, 2: ALL, 3: CML 分别表示急性骨髓, 急性淋巴与慢性骨髓白血病。
preg 数值向量, 捐献者是否怀孕, 0: 否, 1: 是。
index 数值向量, 混合的表皮淋巴细胞反应的索引。
gvhd 数值向量, 是否出现移植物抗宿主疾病, 0: 否, 1: 是。
time 数值向量, 跟踪事件。
dead 数值向量, 是否死亡, 0: 否, 1: 是。

来源

D.G. Altman (1991), *Practical Statistics for Medical Research*, Exercise 12.3, Chapman & Hall.

示例

```
plot(jitter(gvhd,0.2)~index,data=graft.vs.host)
```

---

heart.rate　　服用依那普利后的心跳速率

描述

该数据集包含 36 行、3 列，包含了 9 个充血性心力衰竭病人服用依那普利之前和之后的心跳数据。

用法

```
heart.rate
```

格式

该数据框包含如下列：

`hr` 数值向量，每分钟心跳数。
`subj` 因子，水平为 1 至 9。
`time` 因子，水平为 0（之前），30，60 和 120（分钟之后）。

来源

D.G. Altman (1991), *Practical Statistics for Medical Research*, Table 12.2, Chapman & Hall.

示例

```
evalq(interaction.plot(time,subj,hr), heart.rate)
```

---

hellung　　四膜虫细胞生长

描述

该数据集包含 51 行、3 列，四膜虫细胞生长过程中培养液中是否加了葡萄糖导致的细胞的直径和浓度。

用法

```
hellung
```

格式

该数据框包含如下列：

glucose 数值向量编码，1：是，2：否。
conc 数值向量，细胞浓度（counts/ml）。
diameter 数值向量，细胞直径（μm）。

来源

D. Kronborg and L.T. Skovgaard (1990), *Regressionsanalyse*, Table 1.1, FADLs Forlag (in Danish).

示例

```
plot(diameter~conc,pch=glucose,log="xy",data=hellung)
```

intake	能量摄入

描述

该数据集包含 11 行、2 列，包括 11 个妇女成对的能量摄入。

用法

```
intake
```

格式

该数据框包含如下列：

pre 数值向量，经前摄入（kJ）。
post 数值向量，经后摄入（kJ）。

来源

D.G. Altman (1991), *Practical Statistics for Medical Research*, Table 9.3, Chapman & Hall.

示例

```
plot(intake$pre, intake$post)
```

juul	*Juul's IGF data*

描述

该数据集包含 1 339 行、6 列，含有类胰岛素生长因子（IGF-I）分布的基准样本，对不同年龄主体的一个观测，学校体育课考试的大部分数据。

用法

juul

格式

该数据框包含如下列：

age 数值向量（年）。
menarche 数值向量，是否已经月经初潮（code 1：否，2：是）？
sex 数值向量（1：boy，2：girl）。
igf1 数值向量，胰岛素样生长因子（μg/l）。
tanner 数值向量，codes 1-5:青春期阶段。
testvol 数值向量，睾丸体积（ml）。

来源

原始数据。

示例

plot(igf1~age, data=juul)

juul2	*Juul's IGF data*，扩充版本

描述

该数据集包含 1 339 行、8 列，juul 数据集的扩充版本。

用法

juul2

格式

该数据集包含如下列：

age 数值向量（年）。
height 数值向量（cm）。
menarche 数值向量，是否月经初潮（code 1：否，2：是）？
sex 数值向量（1：boy，2：girl）。
igf1 数值向量，胰岛素样生长因子（μg/l）。
tanner 数值向量，codes 1-5:青春期阶段。

testvol 数值向量，睾丸体积（ml）。
weight 数值向量，体重（kg）。

来源

原始数据。

示例

plot(igf1~age, data=juul2)

kfm	母乳喂养数据

描述

该数据集包含 50 行、7 列，由 Kim Fleischer Michaelsen 收集到的 50 个大约 2 个月大婴儿的数据。母乳喂养前后的体重被记录，同时母乳摄入量和其他数据也被记录。

用法

kfm

格式

该数据框包含如下列：

no 数值向量，表示观测编号。
dl.milk 数值向量，母乳摄入量（dl/24h）。
sex 因子，水平为 boy 和 girl。
weight 数值向量，婴儿的体重（kg）。
ml.suppl 数值向量，补充牛奶替代品（ml/24h）。
mat.weight 数值向量，母亲体重（kg）。
mat.height 数值向量，母亲身高（cm）。

注意

牛奶替代品的供应量反映了数据收集前的一段时期。

来源

原始数据。

示例

plot(dl.milk~mat.height,pch=c(1,2)[sex],data=kfm)

lung	测定肺活量的方法

描述

该数据集包含 18 行、3 列，包括 3 种测定肺活量方法测得的肺活量数据。

用法

```
lung
```

格式

该数据集包含如下列：

volume 数值向量，测得的肺活量。
method 因子，水平为 A，B 和 C。
subject 因子，水平为 1-6。

来源

Anon. (1977), Exercises in Applied Statistics, Exercise 4.15, Dept. of Theoretical Statistics, Aarhus University.

malaria	疟疾抗体数据

描述

该数据集包含 100 行、4 列。

用法

```
malaria
```

格式

该数据框包含如下列：

subject 主题编码。
age 年龄。
ab 抗体水平。
mal 数值向量，Malaria（0：否，1：是）。

细节

来自于加纳一个村庄 100 名 2—15 岁儿童的随机样本。他们被跟进了 8 个月。一开始研究就测量了抗体的值。基于研究期间的观测，儿童被分成两类：出现与没出现疟疾症状的个体。

来源

未公开数据。

示例

```
summary(malaria)
```

---

melanom	恶性黑色素瘤后的生存数据

描述

该数据集包含 205 行、7 列，包含了患恶性黑色素瘤病人术后的生存数据，由 Odense 大学医院的 K.T.Drzewiecki 收集。

用法

```
melanom
```

格式

该数据框包含如下列：

no 数值向量，病人编号。
status 数值向量，编码表示生存状态；1：死于黑色素瘤，2：存活，3：死于其他原因。
days 数值向量，观测时间。
ulc 数值向量编码，ulceration；1：存在，2：缺失。
thick 数值向量，肿瘤厚度（1/100 mm）。
sex 数值向量编码；1：女性，2：男性。

来源

P.K. Andersen, Ø. Borgan, R.D. Gill, and N. Keiding (1991), *Statistical Models Based on Counting Processes*, Appendix 1, Springer-Verlag.

示例

```
require(survival)
plot(survfit(Surv(days,status==1),data=melanom))
```

---

nickel	南威尔士的镍冶炼厂

描述

该数据关注南威尔士镍冶炼厂的工人，包括暴露在镍环境下的信息、跟踪的时间以及死亡原因。

用法

`nickel`

格式

该数据集包含 679 个观测和如下 7 个变量：

id 数值变量，主体编号。
icd 数值向量，是否因为 ICD 致死，0 表示不是。
exposure 数值向量，产生暴露的工作环境索引。
dob 数值向量，生日。
age1st 数值向量，初次暴露时年龄。
agein 数值向量，开始跟踪时年龄。
ageout 数值向量，结束跟踪时年龄。

细节

从 Bendix Carstensen 等人的"Epi"包中获得。为了进行对比，英格兰和威尔士因肺癌（ICDs 162 和 163）、鼻癌（ICD 160）以及所有原因导致的死亡率（每百万人每年），都以年龄与时期分组包含在数据集 ewrates 中。

来源

N.E. Breslow and N. Day (1987).*Statistical Methods in Cancer Research.*

Volume II: The Design and Analysis of Cohort Studies, IARC Scientific

Publications, Lyon.

---

nickel.expand	南威尔士的镍冶炼厂，扩展

描述

该数据关注南威尔士镍冶炼厂的工人，包括暴露在镍环境下的信息、跟踪的时间以及死亡原因，与 nickel 数据一样。这个版本的数据以年龄分组对跟踪事件做了切分，并与 ewrates 中的死亡率做了合并。

用法

`nickel.expand`

格式

该数据集包含 3 724 个观测和如下 12 个变量：

agr 属性变量，年龄类别，10:10-14,15:15-19, …

ygr 属性变量，时间段，1931:1931-35,1936:1936-40, ⋯
id 数值变量，主体编号。
icd 数值向量，是否因为 ICD 致死，0 表示不是。
exposure 数值向量，产生暴露的工作环境索引。
dob 数值向量，生日。
age1st 数值向量，初次暴露时年龄。
agein 数值向量，开始跟踪时年龄。
ageout 数值向量，结束跟踪时年龄。
lung 数值变量，肺癌死亡率每百万人每年。
nasal 数值变量，鼻癌死亡率每百万人每年。
other 数值变量，所有其他死亡率每百万人每年。

来源

从 nickel 和 ewrates 数据集计算得到。

---

philion	剂量反应数据

描述

该数据集含有 4 个为了估计生物剂量反应关系中的 EC50 所做的小试验。

用法

philion

格式

该数据集包含 30 个观测和如下 3 个变量：

experiment 数值向量，1 到 4 的编码对应着试验编号。
dose 数值向量，剂量。
response 数值向量，响应变量（计数）。

细节

这些数据在 R 邮件列表中有讨论，一开始被建议使用对数线性 Poisson 回归，但是实际上，一个类似于 $y = y_{\max} / (1 + (x / \beta)^{\alpha})$ 的关系更合适。

来源

数据来源于 Vincent Philion, IRDA, Québec。

参考文献

http://tolstoy.newcastle.edu.au/R/help/03b/1121.html

react	结核菌素反应

描述

一个数值型向量,包含了 2 名护士对结核菌素反应大小判断的差。

用法

react

格式

一个向量,反应大小之间的差,单位为 mm。

来源

Anon. (1977), *Exercises in Applied Statistics*, Exercise 2.9, Dept. of

Theoretical Statistics, Aarhus University.

示例

```
hist(react) # not good because of discretization effects...
plot(density(react))
```

red.cell.folate	红细胞叶酸数据

描述

该数据集包含 22 行、2 列,病人在麻醉期三种不同通风条件下红细胞叶酸水平。

用法

red.cell.folate

格式

该数据框包含如下列:

folate 数值向量,叶酸浓度(μg/l)。
ventilation 因子,水平为 N2O+O2, 24h: 50%笑气和 50%氧气,持续 24 小时; N2O+O2, op: 50%笑气和 50%氧气,仅在手术期间施用; O2, 24h: 无笑气但含 35%~50% 氧气,持续 24 小时。

来源

D.G. Altman (1991), *Practical Statistics for Medical Research*, Table 9.10,

Chapman & Hall.

示例

```
plot(folate~ventilation,data=red.cell.folate)
```

---

rmr	静息代谢率

描述

该数据集包含 44 行、2 列，是 44 个女性的静息代谢率和体重数据。

用法

```
rmr
```

格式

该数据框包含如下列：

`body.weight` 数值向量，体重（kg）。
`metabolic.rate` 数值向量，静息代谢率（kcal/24hr）。

来源

D.G. Altman (1991), *Practical Statistics for Medical Research*, Exercise 11.2, Chapman & Hall.

示例

```
plot(metabolic.rate~body.weight,data=rmr)
```

---

secher	出生体重和超声

描述

该数据集包含 107 行、4 列，包含了出生前对胎儿的超声测量以及他们出生后的体重。

用法

```
secher
```

格式

该数据框包含如下列：

`bwt` 数值向量，出生体重（g）。

bpd 数值向量，顶骨间距（mm）。
ad 数值向量，腹部长度（mm）。
no 数值向量，观测个数。

来源

D. Kronborg and L.T. Skovgaard (1990), *Regressionsanalyse*, Table 3.1,

FADLs Forlag (in Danish).

Secher et al. (1987), European Journal of Obstetrics, Gynecology, and

Reproductive Biology, 24: 1–11.

示例

```
plot(bwt~ad, data=secher, log="xy")
```

---

secretin   分泌素诱导的血糖变化

描述

该数据集包含 50 行、6 列，是一个血糖反应试验的数据。

用法

```
secretin
```

格式

该数据集包含如下列：

gluc 数值向量，血糖水平。
person 因子，水平为 A-E。
time 因子，水平为 20，30，60，90（注射后），andpre（注射前）。
repl 因子，水平为 a：第 1 个样本；b：第 2 个样本。
time20plus 因子，水平为 20+：注射 20 分钟后；pre：注射之前。
time.comb 因子，水平为 20：20 注射 20 分钟；30+：注射 30 分钟；pre：注射前。

细节

促胰液素是一种十二指肠薄膜黏液分泌的激素，从 5 名高血压的病人身上提取了出来。在方格纸上画出血糖的 Primary registration（两次确认），随后便以两次测量中的较小值进行数值化。

来源

Anon. (1977), *Exercises in Applied Statistics*, Exercise 5.8, Dept. of

Theoretical Statistics, Aarhus University.

| stroke | 爱沙尼亚中风数据 |

描述

1991—1993 年，爱沙尼亚塔尔图所有中风病例的数据，数据更新到 1996 年 1 月 1 日。

用法

stroke

格式

该数据集包含 829 个观测，10 个变量：

sex 因子，水平为 Female 和 Male。
died 日期，死亡日期。
dstr 日期，中风日期。
age 数值向量，中风的年龄。
dgn 因子，诊断的水平，水平为 ICH（颅内出血），ID（不明）。INF（梗死），SAH（蛛网膜下腔出血）。
coma 因子，水平为 No 和 Yes，指示中风后是否昏迷。
diab 因子，水平为 No 和 Yes，是否有糖尿病史。
minf 因子，水平为 No 和 Yes，是否有心肌梗塞史。
han 因子，水平为 No 和 Yes，是否有高血压史。
obsmonths 数值向量，一个月内观测的次数（中风当天死亡时）。
dead 逻辑向量，在研究期间病人是否死亡。

来源

原始数据。

参考文献

J. Korv, M. Roose, and A.E. Kaasik (1997). Stroke Registry of Tartu, Estonia, from 1991 through 1993. Cerebrovascular Disorders 7:154–162.

| tb.dilute | 结核菌素稀释测定 |

描述

该数据框包含 18 行、3 列，包含了从药物试验稀释结核菌素得到的数据。

用法

```
tb.dilute
```

格式

该数据集包含如下列：

`reaction` 数值向量，皮肤测试结核菌反应大小。
`animal` 因子，水平为 1-6。
`logdose` 因子，水平为 0.5，0 和 -0.5。

细节

实际的稀释比例为 $1:100$，$1:100\sqrt{10}$，$1:1\,000$。将中间的数字变成 1 再取以 10 为底的对数就得到了 logdose 值。

来源

Anon. (1977), *Exercises in Applied Statistics*, part of Exercise 4.15, Dept.of Theoretical Statistics, Aarhus University.

---

thuesen　　心室收缩速度

描述

该数据集包含 24 行、2 列，包含了第一类糖尿病人心室收缩速度和血糖含量。

用法

```
thuesen
```

格式

该数据集包含如下列：

`blood.glucose` 数值向量，空腹血糖含量（mmol/l）。
`short.velocity` 数值向量，心室收缩速度均值（%/s）。

来源

D.G. Altman (1991), *Practical Statistics for Medical Research*, Table 11.6,

Chapman & Hall.

示例

```
plot(short.velocity~blood.glucose, data=thuesen)
```

tlc	全肺活量

描述

该数据集包含 32 行、4 列，其中包含心肺移植病人在移植前的总肺活量（使用体积描记法计量）。

用法

tlc

格式

该数据集包含如下列：

age 数值向量，病人的年龄。
sex 数值向量，女性：1，男性：2。
height 数值向量，病人身高（cm）。
tlc 数值向量，总肺活量（l）。

来源

D.G. Altman (1991), *Practical Statistics for Medical Research*, Exercise

12.5, 10.1, Chapman & Hall.

示例

plot(tlc~height,data=tlc)

vitcap	肺活量

描述

该数据集包含 84 行、3 列，镉工厂中工人的年龄和肺活量，vitcap2 数据集的子集。

用法

vitcap

格式

该数据集包含如下列：

group 数值向量，分组编码为 1：裸露大于 10 年，2：裸露小于 10 年，3：无裸露。
age 数值向量，年龄。
vital.capacity 数值向量，肺活量（单位 l）。

来源

P. Armitage and G. Berry (1987), *Statistical Methods in Medical Research*, 2nd ed., Blackwell, p.286.

示例

```
plot(vital.capacity~age, pch=group, data=vitcap)
```

vitcap2	肺活量，全数据集

描述

该数据集包含 84 行、3 列，镉工厂中工人的年龄和肺活量。

用法

```
vitcap2
```

格式

该数据集包含如下列：

group 数值向量，分组编码为 1：裸露大于 10 年，2：裸露小于 10 年，3：无裸露。
age 数值向量，年龄。
vital.capacity 数值向量，肺活量（单位 l）。

来源

P. Armitage and G. Berry (1987), *Statistical Methods in Medical Research*, 2nd ed., Blackwell, p.286.

示例

```
plot(vital.capacity~age, pch=group, data=vitcap2)
```

wright	赖特流量计峰值测量比较

描述

该数据集包含 17 行、2 列，该数据是用两个流量计测量 17 个测得的呼吸流量峰值。

用法

```
wright
```

格式

该数据框包含如下列：

`std.wright` 数值向量，大流量计测得的数值（l/min）。
`mini.wright` 数值向量，小流量计测得的数值（l/min）。

来源

J.M. Bland and D.G. Altman (1986), Statistical methods for assessing agreement between two methods of clinical measurement, *Lancet*, 1:307–310.

示例

```
plot(wright)
abline(0,1)
```

---

zelazo	学习行走的年龄

描述

zelazo 对象是一个包含 4 个元素的列表。

用法

`zelazo`

格式

这个列表中包含了四组婴儿走路的年龄（月份）数据：

`active` 测试组接受积极训练；这些婴儿在他们第 2 周到第 8 周的时间里，每天接受 4 次长度为 3 分钟的行走与位置反应训练。
`passive` 消极训练组；这些婴儿接受同样的大肌肉训练，但是没有行走与位置反应训练。
`none` 不训练；这些婴儿没有特殊训练，不过一直与积极和消极训练组的婴儿一起接受测试。
`ctr.8w` 8 周大的对照组；这些婴儿没有接受训练，只在 8 周的时候进行了测试。

说明

许多学生在需要将这个数据从一个文本源读入的时候，都会对每组使用一个向量，从而需要将数据重组为一个可用于其他用途的数据框。这个数据不常规的格式就模拟了这样的情况。

来源

P.R. Zelazo, N.A. Zelazo, and S. Kolb (1972), "Walking" in the newborn, *Science*, 176: 314–315.

附录 C

摘要

基础

命令

ls()或objects()	列出工作空间中的对象
rm(object)	删除 object
search()	搜索路径

变量名

字母、数字与句号的组合。禁止以数字开头。避免以句号开头。

赋值

<-	给变量赋值
->	"向右边"赋值
<<-	全局变量赋值（在函数体内）

运算符

代数运算

+	加法

-	减法，负号
*	乘法
/	除法
^	幂
%/%	整数除法
%%	取余

逻辑与关系运算

==	等于
!=	不等于
<	小于
>	大于
<=	小于等于
>=	大于等于
is.na(x)	是否缺失
&	逻辑与
|	逻辑或
!	逻辑否

&和|是逐个元素的运算符。在"编程"（p.282）部分查阅&&和||。

向量与数据类型

生成数据

numeric(25)	25 个 0
character(25)	25 个 ""
logical(25)	25 个 FALSE
seq(-4,4,0.1)	序列：-4.0,-3.9,-3.8,…,3.9,4.0
1:10	与 seq(1,10,1) 一样
c(5,7,9,13,1:5)	连接 5 7 9 13 1 2 3 4 5
rep(1,10)	1 1 1 1 1 1 1 1 1 1
gl(3,2,12)	3 个水平的属性变量，每个水平重复两次，总长度为 12（1 1 2 2 3 3 1 1 2 2 3 3）

强制类型转换

as.numeric(x)	转换为数字
as.character(x)	转换为字符串
as.logical(x)	转换为逻辑变量
factor(x)	从向量 x 中创造属性

对于属性变量,亦可参考"制表,分组与记录"(p.277)。

数据框

data.frame(height=c(165,185), weight=c(90,65))	两个已命名向量构成的数据框
data.frame(height.weight)	将向量并成数据框
dfr$var	选择数据框 dfr 中的向量 var
attach(dfr)	将数据框放入搜索路径
detach()	——然后从路径中去掉

放入搜索路径的数据框永远在.GlobalEnv 下。

放入搜索路径的数据框是副本,后续对 dfr 的变化没有影响。

数值函数

数学类

log(x)	x 的对数,自然(以 e 为底)对数
log10(x)	以 10 为底的对数
exp(x)	指数函数 e^x
sin(x)	正弦
cos(x)	余弦
tan(x)	正切
asin(x)	反正弦
acos(x)	
atan(x)	
min(x)	向量中的最小值
min(x1,x2,…)	多个向量中的最小值(一个数)

max(x)	向量中的最大值
range(x)	如同 c(min(x),max(x))
pmin(x1,x2,…)	对多个等长向量求平行（逐个的）最小值
pmax(x1,x2,…)	平行最大值
length(x)	向量中的元素个数
sum(complete.cases(x))	向量中的非缺失值个数

统计类

mean(x)	平均值
sd(x)	标准差
var(x)	方差
median(x)	中位数
quantile(x,p)	分位数
cor(x,y)	相关系数

下标/选择

x[1]	第一个元素
x[1:5]	以前五个元素组成的子向量
x[c(2,3,5,7,11)]	第 2，3，5，7，11 个元素
x[y<=30]	以逻辑表达式选取
x[sex=="male"]	以属性变量选取
i<-c(2,3,5,7,11); x[i]	以数值变量选取
l <- (y<=30); x[l]	以逻辑变量选取

矩阵与数据框

m[4,]	第四行
m[,3]	第三列
dfr[dfr$var<=30,]	数据框的一部分
subset(dfr,var<=30)	同上，一般更简洁

数据输入

`data(name)`	内置的数据集
`read.table("filename")`	从外部文件读入

函数 read.table 的常用参数

`header=TRUE`	第一行是变量名称
`sep=","`	数据以逗号分隔
`dec=","`	数位符号是逗号
`na.strings="."`	缺失值是点

函数 read.table 的其他形式

`read.csv("filename")`	读入以逗号分隔的文件
`read.delim("filename")`	制表符分隔
`read.csv2("filename")`	读入以分号分隔，逗号为数位符号的文件
`read.delim2("filename")`	制表符分隔，逗号为数位符号

这些函数都默认 header=TRUE。

缺失值

函数

`is.na(x)`	逻辑向量，在 x 是 NA 的地方返回 TRUE
`complete.cases(x1,x2,…)`	x1，x2，…中不是缺失值的地方

其他函数的参数

`na.rm=`	在统计函数中使用，TRUE 时去掉缺失值，FALSE 时返回 NA
`na.last=`	在函数 sort 中；TRUE，FALSE，NA 分别表示"最后一个"，"第一个"和"移除"
`na.action=`	在函数 lm 等地方，取值可以是 na.fail, na.omit, na.exclude；也在 options("na.action") 中

`na.print=`	在函数 summary 和 print.default 中；如何输出 NA
`na.strings=`	在函数 read.table() 中；表示输入中的 NA

制表，分组与记录

`table(f1,...)`	（交叉）列表
`xtabs(~f1+...)`	同上，方程接口
`ftable(f1~f2+...)`	"平"表
`tapply(x,f,mean)`	均值表
`aggregate(df,list(f),mean)`	若干变量的均值
`by(df,list(f),summary)`	以组别对数据框分别输出概况
`factor(x)`	将向量转成属性
`cut(x,breaks)`	把连续型变量以分隔点分组

函数 factor 的参数

`levels`	对 x 编码后的值。在数据不包含某些值或是顺序错误的情况下使用
`labels`	与属性水平联系的值
`exclude`	需要排除的值，默认为 NA，设为 NULL 会将缺失值引入并作为一个水平

函数 cut 的参数

`breaks`	分隔点，落在 breaks 以外的 x 值会返回 NA
`labels`	各组的名字，默认是（0，30）
`right`	是否包括了右端点？（FALSE：左端点）

记录属性

`levels(f) <- names`	新的水平名字
`levels(f) <- list( new1=c("old1", "old2"),new2="old3" )`	合并水平

统计分布

正态分布

dnorm(x)	密度
pnorm(x)	累积分布函数,$P(X \leqslant x)$
qnorm(p)	p 分位数,x:$P(X \leqslant x)=p$
rnorm(n)	n 个服从正态分布的(伪)随机数

分布

pnorm(x,mean,sd)	正态分布
plnorm(x,mean,sd)	对数正态分布
pt(x,df)	Student t 分布
pf(x,n1,n2)	F 分布
pchisq(x,df)	卡方分布
pbinom(x,n,p)	二项分布
ppois(x,lambda)	泊松分布
punif(x,min,max)	均匀分布
pexp(x,rate)	指数分布
pgamma(x,shape,scale)	Gamma 分布
pbeta(x,a,b)	Beta 分布

同样的指代密度,分位数和随机数的习惯(d-q-r)用法与正态分布一致。

标准统计方法

连续型变量

t.test	单样本与多样本 t 检验
pairwise.t.test	配对比较
cor.test	相关性检验
var.test	比较两个方差(F 检验)
lm(y~x)	回归分析
lm(y~f)	单因素方差分析

`lm(y~f1+f2)`	双因素方差分析
`lm(y~f+x)`	协方差分析
`lm(y~x1+x2+x3)`	多元回归分析
`bartlett.test`	巴特利特球形检验（k 个方差）

非参数方法：

`wilcox.test`	单样本与多样本 Wilcoxon 检验
`kruskal.test`	Kruskal-Wallis 检验
`friedman.test`	Friedman 的双因素方差分析

cor.test 的其他形式：

`method="kendall"`	Kendall's τ
`method="spearman"`	斯皮尔曼 ρ

离散型变量

`binom.test`	二项检验（包含符号检验）
`prop.test`	比例检验
`prop.trend.test`	相关部分的趋势检验
`fisher.test`	小表格的精确检验
`chisq.test`	卡方检验
`glm(y~x1+x2+x3,binomial)`	逻辑回归

模型

模型方程

`~`	以……描述
`+`	可加效应
`:`	交互作用
`*`	主要效应+交互作用
`-1`	去掉截距

把解释变量设为属性变量而进行分类。

线性，非线性与广义线性模型

`lm.out<-lm(y~x)`	拟合模型并保存结果
`summary(lm.out)`	系数等内容
`anova(lm.out)`	方差分析表
`fitted(lm.out)`	拟合值
`resid(lm.out)`	残差值
`predict(lm.out, newdata)`	在新数据框上做预测
`glm(y~x,binomial)`	逻辑回归
`glm(y~x,poisson)`	泊松回归
`nls(y~a*exp(-b*x), start=c(a=5,b=.2))`	非线性回归

诊断

`rstudent(lm.out)`	学生化残差
`dfbetas(lm.out)`	移除观测值后 β 的变化
`dffits(lm.out)`	移除观测值后拟合值的变化

生存分析

`S <- Surv(time, ev)`	创建生存对象
`survfit(S)`	Kaplan-Meier 估计
`plot(survfit(S))`	生存曲线
`survdiff(S~g)`	（对数秩）生存曲线的相等性检验
`coxph(S~x1+x2)`	Cox 比例风险模型

作图

标准制图

`plot()`	散点图（以及其他）
`hist()`	直方图

boxplot()	盒须图
stripplot()	带形图
barplot()	条形图
dotplot()	点图
piechart()	饼图
interaction.plot()	交互效应图

制图元素

lines()	画线
abline()	给出截距和斜率画线（以及其他）
points()	画点
segments()	线段
arrows()	画箭头（注：angle=90 即是误差线）
axis()	坐标轴
box()	图的边框
title()	标题（图的上方）
text()	图中文字
mtext()	图边缘的文字
legend()	符号列表

这些都能加到已有图形上。

图像参数

pch	符号（绘制字符）
mfrow, mfcol	合并多幅图形（多框架）
xlim, ylim	作图区域
lty, lwd	线的类型/宽度
col	颜色
cex, mex	字符大小与边缘线段空间

详见函数 par 的帮助页面。

编程

条件语句	`if (p<0.05)` `print("Hooray!")`

——含有可选择项	`if (p<0.05)`
	    `print("Hooray!")`
	`else`
	    `print("Bah.")`

对 list 循环	`for (i in 1:10)` `print(i)`

循环	`i <- 1`
	`while (i<10){`
	    `print(i)`
	    `i <- i+1`
	`}`

用户自定义函数	`f <- function(a,b,doit=FALSE){`
	    `if (doit)`
	        `a + b`
	    `else`
	        `0`
	`}`

在流控制过程中，我们可以使用 a && b 和 a ǁ b，其中 b 只有在需要的时候才会被计算；这就是 if a then b else FALSE 和 if a then TRUE else b。	

附录 D

练习题答案

1.1 一种可能是

```
x <- y <- c(7, 9, NA, NA, 13)
all(is.na(x) == is.na(y)) & all((x == y)[!is.na(x)])
```

注意，FALSE & NA 是 FALSE，所以不同 NA 形式的情形被正确处理了。

1.2 因子 x 被视为它所包含的整数代码。

```
x <- factor(c("Huey", "Dewey", "Louie", "Huey"))
y <- c("blue", "red", "green")
x
y[x]
```

（这是有用的，比如在选择图形符号的时候。）

1.3

```
juul.girl <- juul[juul$age >=7 & juul$age < 14 & juul$sex == 2,]
summary(juul.girl)
```

1.4 同样名称的水平被合并成一个。

1.5 `sapply(1:10, function(i) mean(rexp(20)))`

2.1 在 x[7] 和 x[8] 之间插入 1.23：

```
x <- 1:10
z <- append(x, 1.23, after=7)
z
```

否则，考虑

```
z <- c(x[1:7],1.23,x[8:10])
z
```

或者，更一般地，在指标 k 之后插入 v（边界的情形需要小心）：

```
v <- 1.23; k <- 7
i <- seq(along=x)
z <- c(x[i <= k], v, x[i > k])
z
```

2.2 （仅第一部分）使用

```
write.table(thuesen, file="foo.txt")
# edit the file
read.table("foo.txt", na.strings=".")
```

或者

```
write.table(thuesen, file="foo.txt", na=".")
read.table("foo.txt", na.strings=".")
```

（注意，如果你没有在第一种情形下编辑文档，那么第二列作为一个字符向量读取。）

3.1

```
1 - pnorm(3)
1 - pnorm(42, mean=35, sd=6)
dbinom(10, size=10, prob=0.8)
punif(0.9) # this one is obvious...
1 - pchisq(6.5, df=2)
```

在(a)，(b)和(e)中使用 lower.tail=FALSE 而不是用 1 减可能是更好的选择。注意，问题(c)是关于一个点概率的，而其他都与累积分布函数相关。

3.2 计算下列值。注意，标准正态分布可用于所有的问题。

```
pnorm(-2) * 2
qnorm(1-.01/2)
qnorm(1-.005/2)
qnorm(1-.001/2)
qnorm(.25)
qnorm(.75)
```

再强调一次，lower.tail 可用于某些情形。

3.3 `dbinom(0, size=10, prob=.2)`

3.4 以下都可以执行：

```
rbinom(10, 1, .5)
ifelse(rbinom(10, 1, .5) == 1, "H", "T")
c("H", "T")[1 + rbinom(10, 1, .5)]
```

第一个给出了 0/1 结果，其他两个 H/T 类似于文中的 sample 例子。用 rbinom 的一个好处是它的 prob 参数可以是向量，所以对结果的每一个元素可以有不同的成功概率。

4.1 例如：

```
x <- 1:5 ; y <- rexp(5,1) ; opar <- par(mfrow=c(2,2))
plot(x, y, pch=15) # filled square
plot(x, y, type="b", lty="dotted")
plot(x, y, type="b", lwd=3)
plot(x, y, type="o", col="blue")
par(opar)
```

4.2 使用一个填满符号，设置填充颜色等于绘图背景：

```
plot(rnorm(10),type="o", pch=21, bg="white")
```

4.3 你可以使用 qqnorm，其中，plot.it=F，从你能提取的距离信息中得到一个返回值（你当然也可以'by eye'得到它）。

```
x1 <- rnorm(20)
x2 <- rnorm(10)+1
q1 <- qqnorm(x1, plot.it=F)
q2 <- qqnorm(x2, plot.it=F)
xr <- range(q1$x, q2$x)
yr <- range(q1$y, q2$y)
qqnorm(x1, xlim=xr, ylim=yr)
points(q2, col="red")
```

这里，qqnorm 用于得到正确标签的基本作图，然后 points 使用参数 q2 进行叠加。

设置 type="l"给出一个凌乱的图形，因为这些值不是按顺序绘制的。补救的方法是使用 sort(x1) 和 sort(x2)。

4.4 中断发生于整数值，正如数据所显示的。边界上的数据被计数在左侧的柱形中，从而使直方图向左偏移半个单位，truehist 函数可以允许你指定一个更好的断点集。

```
hist(react)
library(MASS)
truehist(react,h=1,x0=.5)
```

4.5 需要注意的是两点之间的线性插值：

```
z <- runif(5)
curve(quantile(z,x), from=0, to=1)
```

5.1 该分布看起来是正态的，但是包含了一些离散效应，以及两个弱异常点（一边一个）。显著地不等于 0 ($t = -7.75, p = 1.1 \times 10^{-13}$)。

```
qqnorm(react)
t.test(react)
```

5.2 `t.test(vital.capacity~group,conf=0.99,data=vitcap)`.

不同组间年龄的差异也会造成偏差。

5.3 这是一个并行的 t.test 的用法。

```
wilcox.test(react)
wilcox.test(vital.capacity~group, data=vitcap)
```

5.4 下面的代码生成一个 post-vs.-pre 图，一个差异-vs.平均（Bland-Altman）图，以及差异的直方图和 Q-Q 图。

```
attach(intake) ; opar <- par(mfrow=c(2,2))
plot(post ~ pre) ; abline(0,1)
plot((post+pre)/2, post - pre,
    ylim=range(0,post-pre)); abline(h=0)
hist(post-pre)
qqnorm(post-pre)
detach(intake)
par(opar)
```

5.5 异常值点是排序后向量的第一个和最后一个观测，可以按照如下方式去除

```
shapiro.test(react)
shapiro.test(react[-c(1,334)])
qqnorm(react[-c(1,334)])
```

这个检验结果即使在移除离群值的情况下也高度显著，因为它受到了离散化的影响。

5.6 如果没有周期的效应，那么一个配对 t 检验是合理的。但是即使有周期效应（假设可加）的存在，你也应该假设如果没有处理的话，两组在两个周期之间的差异也是一样的。下面的代码可以检验处理效应：

```
attach(ashina)
t.test(vas.active, vas.plac, paired=TRUE)
t.test((vas.active-vas.plac)[grp==1],
       (vas.plac-vas.active)[grp==2])
```

请注意，其中一组的减法是反向的。你也会看到，第二个案例中的置信区间是为了使得治疗效果增加一倍。

5.7 这正是函数 replicate 所擅长的。最后的图是一个对数坐标轴的 PP 图，展示了极端的 p 值容易被夸大。

```
t.test(rnorm(25))$p.value      #repeat 10x
t.test(rt(25,df=2))$p.value    #repeat 10x
t.test(rexp(25), mu=1)$p.value #repeat 10x
x <- replicate(5000, t.test(rexp(25), mu=1)$p.value)
qqplot(sort(x),ppoints(5000),type="l",log="xy")
```

6.1 下面的代码给出了基本与更一般的回答。注意对 confint 的应用。

```
fit<- lm(metabolic.rate~body.weight,data=rmr)
summary(fit)
811.2267+7.0595 * 70#,or:
predict(fit,newdata=data.frame(body.weight=70))
qt(.975,42)
7.0595+c(-1,1) * 2.018 * 0.9776#,or:
confint(fit)
```

6.2 `summary(lm(sqrt(igf1)~age,data=juul,subset=age>25))`

6.3 我们可以拟合一个线性模型，然后如下画出数据：

```
summary(lm(log(ab)~age,data=malaria))
plot(log(ab)~age,data=malaria)
```

图像显示出了一个周期模式。不过，我们不清楚它有没有显著地偏离模型。疟疾是一种带有流行病行为的疾病，所以周期现象是可以接受的。

6.4 （这可以通过将随机数生成器打包进一个函数而变得复杂。）

```
rho< -.90;n<- 100
x<- rnorm(n)
y<- rnorm(n,rho * x,sqrt(1-rho^2))
```

```
plot(x,y)
cor.test(x,y)
cor.test(x,y,method="spearman")
cor.test(x,y,method="kendall")
```

你很有可能发现 Kendall 相关系数会一定程度上比另外两个要小一些。

7.1

```
walk<-unlist(zelazo)#or c(..,recursive=TRUE)
group<- factor(rep(1:4,c(6,6,6,5)),labels=names(zelazo))
summary(lm(walk~group))
t.test(zelazo$active,zelazo$ctr.8w)#first vs.last
t.test(zelazo$active,unlist(zelazo[-1]))#first vs.rest
```

7.2 A 和 C 在与 B 比较的时候是不同的，没有显著地彼此不同。（B 和 C 之间的比较在 summary 的输出中不可得到，但是因为平衡设计，差别的标准误与另外两个一样，是 0.166 56。）

```
fit<- lm(volume~method+subject,data=lung)
anova(fit)
summary(fit)
```

7.3

```
kruskal.test(walk~group)
wilcox.test(zelazo$active,zelazo$ctr.8w)#first vs.last
wilcox.test(zelazo$active,unlist(zelazo[-1]))#first vs.rest
friedman.test(volume~method|subject,data=lung)
wilcox.test(lung$volume[lung$method=="A"],
            lung$volume[lung$method=="C"],paired=TRUE)#etc.
```

7.4 （只展示了平方根变换；你可以对对数变换与原始数据进行同样的操作。）

```
attach(juul)
tapply(sqrt(igf1),tanner,sd,na.rm=TRUE)
plot(sqrt(igf1)~jitter(tanner))
oneway.test(sqrt(igf1)~tanner)
```

平方根看起来很好，对数变换后则偏向了另一边。变换并没有对检验结果造成很大的影响。不过一个问题是很强的年龄因素被忽略了，Tanner 的第 1 类中尤其明显。

8.1 对 10 个病人来说，$p = 0.107\,4$。需要 14 个或者更多的病人使得在 0.05 的水平下达到显著。

```
binom.test(0,10,p=.20,alt="less")
```

```
binom.test(0,13,p=.20,alt="less")
binom.test(0,14,p=.20,alt="less")
```

8.2 是的,这是高度显著的。

```
prop.test(c(210,122),c(747,661))
```

8.3 置信区间(来自 prop.test)是(−0.085,0.507)。

```
M<- matrix(c(23,7,18,13),2,2)
chisq.test(M)
fisher.test(M)
prop.test(M)
```

8.4 下面是一个简化了的分析,因为每一格的个数很小,所以选择 fisher.test:

```
tbl<- c(42,157,47,62,4,15,4,1,8,28,9,7)
dim(tbl)<- c(2,2,3)
dimnames(tbl)<-list(c("A","B"),
                    c("not pierced","pierced"),
                    c("ok","broken","cracked"))
ftable(tbl)
fisher.test(tbl["B",,])# slice analysis
fisher.test(tbl["A",,])
fisher.test(margin.table(tbl,2:3)) # marginal
```

也许你希望检验鸡蛋的个头与破裂程度的关系,从而使得这个边际分析更坚固。你也可以尝试将"破口"和"碎裂"两个类别合并起来。

8.5 这个曲线在概率质量从一端转移到另一端时展示出了重要的不连续性,以及许多局部最小值。可以把置信区域定义为在水平 α 下,其中没有出现显著 p 值的区域,但是对于一些 α 而言,这不是一个区间。

```
p<- seq(0,1,0.001)
pval<- sapply(p,function(p)binom.test(3,15,p=p)$p.value)
plot(p,pval,type="l")
```

9.1 估计到的样本量为每组 6.29 或者 8.06,这取决于你使用单边还是双边检验。双边情况下,近似函数的结果为 6.98。由于不平衡抽样导致的功效衰减可以认为是由于 2 个 SEDM 的比例减少了 delta 值。

```
power.t.test(power=.8,delta=.30,sd=.20)
power.t.test(power=.8,delta=.30,sd=.20,alt="one.sided")
(qnorm(.975)+qnorm(.8))^2*2*(.2/.3)^2 # approx. formula
power.t.test(n=8, delta=.30, sd=.20) # power with eq.size
d2 <- .30 * sqrt(2/8) / sqrt(1/6+1/10) # corr.f.uneq. size
power.t.test(n=8, delta=d2, sd=.20)
```

9.2 这很直接：

```
power.prop.test(power=.9, p1=.6, p2=.75)
power.prop.test(power=.8, p1=.6, p2=.75)
```

9.3 注意，非中心化的 t 分布是不对称的，右尾较厚。

```
curve(dt(x-3, 25), from=0, to=5)
curve(dt(x, 25, 3), add=TRUE)
```

9.4 与理论相矛盾的是，这导致了在原假设下，功效是显著性水平的一半。而在相对真实的效应下，该差别就不那么重要了。

9.5 那种情况下，功效约为 0.5；如果方差假设已知，则确切的为 0.5。

10.1

```
attach(thuesen)
f <- cut(blood.glucose, c(4, 7, 9, 12, 20))
levels(f) <- c("low", "intermediate", "high", "very high")
```

10.2

```
bcmort2 <- within(bcmort,{
  period <- area <- cohort
  levels(period) <- rep(c("1991-2001","1981-1991"), each=2)
  levels(area) <- rep(c("Cph+Frb","Nat"),2)
})
summary(bcmort2)
```

10.3 一种方法如下（为了后续使用，我们需要把变量转换为因子）：

```
ashina.long <- reshape(ashina, direction="long",
                       varying=1:2, timevar="treat")
ashina.long <- within(ashina.long, {
    m <- matrix(c(2,1,1,2),2)
    id <- factor(id)
    treat <- factor(treat)
    grp <- factor(grp)
    period <- factor(m[cbind(grp,treat)])
    rm(m)
})
```

这里要注意 array 的索引。我们也可以如下使用 ifelse 语法（注意，当 grp=1 时，3-grp=2；反之，grp=2 时，3-grp=1）：

```
within(ashina.long,
  period2 <- ifelse(treat != "active",
```

```
        as.numeric(grp), 3 - as.numeric(grp))
)
```

关于 grp 的算术运算在其转换为 factor 之后失效，因此，这里加入了类型转换函数 as.numeric。

10.4 通过使用函数 subset 和 transform，这个可以比 nickel 例子中做的更简单些。同时也有助于所有观测周期都从 0 开始。

```
stroke.trim <- function(t1, t2)
    subset(transform(stroke,
                    entry=t1, exit=pmin(t2, obsmonths),
                    dead=dead & obsmonths <= t2),
           entry < exit)
stroke2 <- do.call(rbind, mapply(stroke.trim,
        c(0,0.5,2,12), c(0.5,2,12,Inf), SIMPLIFY=F))
table(stroke$dead)
table(stroke2$dead)
```

注意，这里使用了 mapply 函数。该函数类似 sapply 和 lapply，但是允许套用的函数带多个参数。

此外，你也可以整理 stroke.trim 数据使其只有单一的 interval 参数，从而对这些区间组成的列表使用 lapply 函数。

代码最后的表格化目的是做一次"完整性检查"，从中可以看到死亡数量和之前一样，但是在做了时间划分之后，多了很多截断的案例。

11.1 不使用任何自变量的残差为 0.281，使用单一腹径的为 0.128，而使用两个直径的为 0.107。如果胎儿的指标被变换为各项同性，则存在体重的三次效应，你应该可以推测这个效应是使用对数变换后系数之和的一个映射。

```
summary(lm(log(bwt) ~ log(bpd) + log(ad), data=secher))
summary(lm(log(bwt) ~ log(ad), data=secher))
```

11.2 如果你使用 attach(tlc)，则 tlc 变量将掩盖数据框中的同名变量，因此当你需要获取数据框中的数据时就有些尴尬。如果该数据框是全局变量，而不是处在哪个包里，你将会得到相反的结果，由数据框中的变量掩盖该变量。最简单的方法是避免使用 attach。

```
pairs(tlc)
summary(lm(log(tlc) ~ ., data=tlc))
opar <- par(mfrow=c(2,2))
plot(lm(log(tlc) ~ ., data=tlc), which=1:4)

drop1(lm(log(tlc) ~ ., data=tlc))
```

```
drop1(lm(log(tlc) ~ . - age, data=tlc))

par(mfrow=c(1,1))
plot(log(tlc) ~ height, data=tlc)
par(mfrow=c(2,2))
plot(lm(tlc ~ ., data=tlc), which=1:4) # slightly worse
par(opar)
```

上面的代码介绍了一些新的模型公式的变种。等式右边的点表示除了左边的变量之外，数据框中剩下的所有变量都在右边。

11.3 回归系数描述了对于女性的增加值。

11.4 在第一个分析中，年龄是高度显著的，但是去除身高和体重之后的第二个分析中，年龄的显著性明显降低。你也许会期待同样的结果，但是由于缺失值的存在，两个例子观测数量不同，所以也许会得到不同结果。

```
summary(lm(sqrt(igf1) ~ age, data=juul2, subset=(age >= 25)))
anova(lm(sqrt(igf1) ~ age + weight + height,
        data=juul2, subset=(age >= 25)))
```

11.5 性别被处理为一个二元指标。注意存在母亲和孩子的尺寸效应。至于母亲的体重为何进入了方程，解释起来有些晦涩，但是我们应该可以推测，怀孕后的体重是不可靠的。

```
summary(lm(dl.milk ~ . - no, data=kfm))
summary(lm(dl.milk ~ . - no - mat.weight, data=kfm))
summary(lm(dl.milk ~ . - no - mat.weight - sex, data=kfm))
summary(lm(dl.milk ~ weight + mat.height, data=kfm))
```

这里用到的模型方程的形式上的变化在练习 11.2 中有过描述。

12.1 使用练习 10.3 中的 ashina.long

```
fit.ashina <- lm(vas ~ id + period + treat, data=ashina.long)
drop1(fit.ashina, test="F")
anova(fit.ashina)

attach(ashina)
dd <- vas.active - vas.plac
t.test(dd[grp==1], -dd[grp==2], var.eq=T)
t.test(dd[grp==1], dd[grp==2], var.eq=T)
```

注意，由于组大小的差异，对周期和治疗效应的检验出现了顺序依赖。t 检验与 drop1 函数的 F 检验等价，但是与 anova 的不同。

12.2

```
attach(tb.dilute)
anova(lm(reaction ~ animal + logdose))
ld <- c(0.5, 0, -0.5)[logdose]
anova(lm(reaction ~ animal + ld))
summary(lm(reaction ~ animal + ld))
4.7917 + 0.6039 * qt(c(.025,.975), 11)
# or:
confint(lm(reaction ~ animal + ld))["ld",]

slopes <- reaction[logdose==0.5] - reaction[logdose==-0.5]
t.test(slopes)

anova(lm(reaction ~ animal*ld))
```

注意，因为做了减法，所以 $\bar{x}=0$，因此拟合的斜率为 $\hat{\beta}=\sum xy/\sum x^2$（该计算依赖于数据正确的排列顺序）。

置信区间比 t 检验的更宽，这表明在估计斜率变化时，自由度比较少。

最终的 ANOVA 包含了多个斜率并列的检验，F 统计量小于 1，所以在数据中，斜率比期望的变化要少，自由度在估计置信区间时一定是重要的因素。

12.3 变化是无止境的，但是可以考虑如下的例子：

```
model.matrix(~ a:b)   ; lm(z ~ a:b)
model.matrix(~ a * b) ; lm(z ~ a * b)
model.matrix(~ a:x)   ; lm(z ~ a:x)
model.matrix(~ a * x) ; lm(z ~ a * x)
model.matrix(~ b * (x + y)) ; lm(z ~ b * (x + y))
```

第一个模型是奇异的，因为指标变量是对所有的四个组一起产生的，而截距项并未删除。当主效应之一存在时，R 仅仅会从设计阵的变量中剔除分类变量交互项中的一项。这两个例子中都只包含了一个分类变量和一个连续变量，因此不存在奇异性。但是第一个例子少了一个参数（截距项）。而第二个例子则包含了一个 R 无法探知的"意外"的奇异性（x 和 y 是 b 的每个水平下的占比）。

12.4 模型可以通过绘制拟合值与每个人不同的特征的时间之间的散点图来验证，比如：

```
tt <- c(20,30,60,90,0)[time]
plot(fitted(model4)~tt,pch=as.character(person))
```

模型 1 中没有强加的结构，模型 2 则是完全的可加结构，所以二者的轨迹是平行的。模型 3 允许从 "前面" 的值跳到 20 分钟时的值，而最后，模型 4 与模型 3 相似，不同点是 30 分钟后就不发生变化了。所以模型 3 是嵌入在模型 1 中，而模型 2 和模型 4 则嵌入在模型 3 中。而模型 2 和模型 4 之间没有嵌入关系。

12.5

```
bp.obese <- transform(bp.obese,sex=factor(sex, labels=c("M","F")))
plot(log(bp) ~ log(obese), pch=c(20,21)[sex], data=bp.obese)
summary(lm(log(bp) ~ sex, data=bp.obese))
summary(lm(log(bp) ~ sex + log(obese), data=bp.obese))
summary(lm(log(bp) ~ sex*log(obese), data=bp.obese))
```

12.6

```
vitcap2 <- transform(vitcap2,group=factor(group,
                                          labels=c("exp>10",
                                          "exp<10", "unexp")))
attach(vitcap2)
plot(vital.capacity~age, pch=(20:22)[group])
vit.fit <- lm(vital.capacity ~ age*group)
summary(vit.fit)
drop1(vit.fit, test="F")
for (i in 1:3) abline(lm(vital.capacity ~ age,
                         subset=as.numeric(group)==i), lty=i)
legend(20, 3.5 ,legend=levels(group), pch=20:22, lty=1:3)
```

注意，存在一个显著的交互效应，因为图中的线不是平行的。

12.7

```
juul.prepub <- subset(juul, tanner==1)

summary(lm(sqrt(igf1)~age, data=juul.prepub, subset= sex==1))
summary(lm(sqrt(igf1)~age, data=juul.prepub, subset= sex==2))
summary(lm(sqrt(igf1)~age*factor(sex), data=juul.prepub))
summary(lm(sqrt(igf1)~age+factor(sex), data=juul.prepub))
```

12.8

```
summary(fit.aicopt <- step(lm(dl.milk ~ . - no, data=kfm)))
opar <- par(mfrow=c(2,2))
plot(fit.aicopt, which=1:4)
kfm[32,]
summary(kfm)
summary(update(fit.aicopt, ~ . - sex))
plot(update(fit.aicopt, ~ . - sex - ml.suppl), which=1:4)
par(opar)
```

第 32 个观测的 ml.suppl 变量包含了极大值，因此对回归系数有大的影响，如果模型中去除 ml.suppl 变量，则 Cook 距离会小很多。

12.9

```
juulyoung <- subset(juul, age < 25)
juulyoung <- transform(juulyoung,
             sex=factor(sex), tanner=factor(tanner))
fit.untf <- lm(igf1 ~ age * sex * tanner, data=juulyoung,
            na.action=na.exclude)
plot(fitted(fit.untf) ~ age, data=juulyoung,
    col=c("red","green")[sex])
fit.log <- update(fit.untf, log(igf1) ~ .)
fit.sqrt <- update(fit.untf, sqrt(igf1) ~ .)
opar <- par(mfrow=c(2,2))
plot(fit.untf, which=1:4)
plot(fit.log, which=1:4)
plot(fit.sqrt, which=1:4)
par(opar)
```

13.1

```
summary(glm(mal~age+log(ab), binomial, data=malaria))
```

（也许你想加入交互效应试试。）

13.2

```
attach(graft.vs.host)
type <- factor(type,labels=c("AML", "ALL", "CML"))
m1 <- glm(gvhd~rcpage+donage+type+preg+log(index), binomial)
m1a <- glm(gvhd~rcpage+donage+type+preg+index, binomial)
summary(m1)
summary(m1a)
```

log(index)的效应更为显著，但是包含 index 的模型的偏差更好。很难讲 log 变换在减少两个极大的 index 取值对整个模型影响时是有优势的。

```
drop1(m1, test="Chisq")
drop1(update(m1, ~ . - rcpage), test="Chisq")
drop1(update(m1, ~ . - rcpage - type), test="Chisq")
drop1(update(m1, ~ . - rcpage - type - preg), test="Chisq")
summary(m2 <- glm(gvhd~donage + log(index), binomial))
```

除了 log(index)之外，剩下的那些变量入选模型其实是随意的。Altman(1991) 将这类分类问题处理为分别进行的二元变量，最终得到的模型中结合了 ALL 和

AML，模型中包含了 preg 但是不包含 donage。

13.3 比如，

```
confint(m2)
## normal approximation:
est <- coefficients(summary(m2))[,1]
se <- coefficients(summary(m2))[,2]
est + cbind(qnorm(.025)*se, qnorm(.975)*se)
confint.default(m2)
```

注意，函数 confint 生成的置信区间并不是在估计值周围对称分布的。在这种情况下，两端区间都偏离了 0，因此 drop1 函数得到的基于偏差的检验的 p 值要比近似 t 检验中的小。

13.4 模型可如下拟合

```
counts <- c(13,40,157,40,21,61)
total <- c(108,264,375,310,181,162)
age <- gl(3,1,6)
type <- gl(2,3,6)
anova(glm(counts/total~age+type,weights=total, binomial),
      test="Chisq")
```

type 的效应被摒弃，而 age 的效应被包含在模型中，这表明这真的是同一种疾病，影响了东区的大多数年轻（并且体重适中）的个体。

13.5

```
juul.girl <- transform(subset(juul,age>8 & age<20 &
                              complete.cases(menarche)),
                       menarche=factor(menarche))
logit.menarche <- glm(menarche~age+I(age^2)+I(age^3),
                      binomial, data=juul.girl)
probit.menarche <- glm(menarche~age+I(age^2)+I(age^3),
                       binomial(probit), data=juul.girl)
summary(logit.menarche)
summary(probit.menarche)
Age=seq(8,20,.1)
newages <- data.frame(age=Age)
p.logit <- predict(logit.menarche,newdata=newages,type="resp")
p.probit <- predict(probit.menarche,newdata=newages,type="resp")
matplot(Age,cbind(p.probit,p.logit),type="l")
```

14.1

```
attach(graft.vs.host)
plot(survfit(Surv(time,dead)~gvhd))
survdiff(Surv(time,dead)~gvhd)
summary(coxph(Surv(time,dead) ~ gvhd)) # for comparison
summary(coxph(Surv(time,dead) ~
              gvhd + log(index) + donage + rcpage + preg))
```

连续的消除表明 preg 相比 gvhd 是更好的自变量。

14.2

```
attach(melanom)
cox1 <- coxph(Surv(days, status==1) ~
              log(thick) + sex + strata(ulc))
new <- data.frame(sex=2, thick=c(0.1, 0.2, 0.5))
svfit <- survfit(cox1,newdata=new)
plot(svfit[2], ylim=c(.985, 1))
```

14.3

```
summary(coxph(Surv(obsmonths, dead)~age+sex, data=stroke))
summary(coxph(Surv(obsmonths, dead)~sex, data=stroke))
with(stroke, tapply(age,sex,mean))
```

男性得中风的年龄比女性更低，这也许可以解释为什么他们能更好地生存。

14.4 使用练习 10.4 中的 stroke2 数据集，

```
summary(coxph(Surv(entry, exit, dead)~age+sex, data=stroke2))
```

注意，这个结果和不分开的分析本质上是一样的，只有 n 和 R 方发生了改变。

15.1 使用练习 10.2 中的 bcmort2 数据集，

```
bcfit <- glm(bc.deaths ~ (age + period + area)^2, poisson,
             offset=log(p.yr), data=bcmort2)
summary(bcfit)
drop1(bcfit, test="Chisq")
confint(bcfit, parm="period1981-1991:areaNat")
```

15.2 继续使用练习题 10.4 中的 stroke2 数据集，唯一区别是将输入转换为 factor，以确定相对时间段。

```
summary(glm(dead~sex+age+factor(entry), poisson,
            offset=log(exit-entry), data=stroke2))
```

注意，这与练习题 14.3 中 Cox 分析的结果是多么相似。

16.1 对女孩的数据进行曲线拟合，直接复制对男孩数据所做的步骤即可。尽管生长曲线不同，但我们也没有理由重置初值，所以我们可以对男孩、女孩都按照如下的方法进行曲线拟合

```
girls <- subset(juul2, age<20 & age>5 & sex==2)
boys <- subset(juul2, age<20 & age>5 & sex==1)
young <- subset(juul2, age<20 & age>5)
stval <- c(alpha=exp(5.3),beta=exp(0.42),gamma=0.15)
fit.boys <- nls(height~alpha*exp(-beta*exp(-gamma*age)),
     start=stval, data=boys)
fit.girls <- nls(height~alpha*exp(-beta*exp(-gamma*age)),
     start=stval, data=girls)
fit.young <- nls(height~alpha*exp(-beta*exp(-gamma*age)),
     start=stval, data=young)
```

为了检验我们是否可以对男孩、女孩使用同样的模型，有两种方法。一种是使用 F 检验：

```
ms.pooled <- (deviance(fit.boys) + deviance(fit.girls))/(499+625)
ms.diff <- (deviance(fit.young) -
         deviance(fit.boys) - deviance(fit.girls))/3
ms.diff/ms.pooled
```

计算得到 $F = 90.58$，自由度为 3 和 1 124，这是高度显著的。

另一种方法是，我们可以在联合模型中对男女分别设置参数，然后检验这与使用同一套参数的模型孰好孰坏，如下：

```
fit.young2 <- nls(height~(alpha+da*(sex==1))*
              exp(-(beta+db*(sex==1))*
              exp(-(gamma+dg*(sex==1))*age)),
         start=c(alpha=exp(5.3),beta=exp(0.42),gamma=0.15,
         da=0, db=0, dg=0), data=young)
summary(fit.young2)
anova(fit.young, fit.young2)
```

注意，da，db 和 dg 表示两个性别之间参数的差异。sex==1 对于女孩来说为 0，对于男孩来说为 1。

16.2 我们只考虑试验 1。y_{max} 的初始值可以用 0 点的观测值目测确定，β 的初值可以用 $y_{max}/2$ 处的 x 值。可以使用 0 点的观测。值 α 可以猜测为常数 1。下面，我们使用 α 的对数，记为 la。

```
e1 <- subset(philion, experiment==1)
fit <- nls(sqrt(response) ~ sqrt(ymax / (1 + (dose/ec50)^exp(la))),
```

```
        start=list(ymax=28, ec50=.3, la=0), data=e1,
        lower=c(.1,.0001,-Inf), algorithm="port")
summary(fit)
confint(fit)
p <- profile(fit, alphamax=.2)
par(mfrow=c(3,1))
plot(p)
confint(p)
```

16.3 另一个模型也有类似的尾部行为，但是当 x 接近 0 时，行为有所差别。（尤其是原模型中有一个正比于 $-x^{\alpha-1}$ 的项。在 0 点，当 $\alpha < 1$ 时为 $-\infty$，当 $\alpha > 1$ 时为 0，所以模型表示，该曲线既不是非常陡峭，也不是在 0 附近很平坦。）注意，在修正的模型中，β 不再是 EC50；后者是 $(1+x/\beta)^\alpha = 2$ 的解 x。二者的联系是因子 $2^{1/\alpha} - 1$。

```
e1 <- subset(philion, experiment==1)
fit1 <- nls(sqrt(response) ~ sqrt(ymax / (1 + dose/b)^exp(la)),
        start=list(ymax=28, b=.3, la=0), data=e1,
        lower=c(.1,.0001,-Inf), algorithm="port")
summary(fit1)
fit2 <- nls(sqrt(response) ~ sqrt(ymax / (1 +
        dose/(d50/(2^(1/exp(la))-1)))^exp(la)),
        start=list(ymax=28, d50=.3, la=0), data=e1,
        lower=c(.1,.0001,-Inf), algorithm="port")
summary(fit2)
```

这里 fit1 和 fit2 是等价的模型，除了后者在 ec50 这一项上参数化了。我们可以按照如下方法比较上一个练习题和这个练习题中的曲线：

```
dd <- seq(0,1,200)
yy <- predict(fit, newdata=data.frame(dose=dd))
y1 <- predict(fit2, newdata=data.frame(dose=dd))
matplot(dd,cbind(yy,y1)^2, type="l")
```

（注意，拟合的值需要做平方，因为模型中用了开平方变换。）